AF549652

V
H
S

Manfred Krapf

Der deutsche Sozialstaat: Geschichte, Aufgabenfelder und Organisation

Eine Einführung

2. korr. und ergänzte Auflage

Schneider Verlag Hohengehren GmbH

Umschlaggestaltung: Gabriele Majer, Aichwald

Umschlagfoto: © momius – fotolia.com

Gedruckt auf umweltfreundlichem Papier (chlor- und säurefrei hergestellt).

Bibliografische Information der Deutschen Nationalbibliothek

Die Deutsche Nationalbibliothek verzeichnet diese Publikation in der Deutschen Nationalbibliografie; detaillierte bibliografische Daten sind im Internet über ›http://dnb.dnb.de‹ abrufbar.

ISBN 978-3-8340-2081-9
Schneider Verlag Hohengehren, 73666 Baltmannsweiler
Homepage: www.paedagogik.de

Printed in Germany. Druck: Format Druck, Stuttgart

Inhaltsverzeichnis

1. Einführung

„Der Sozial- oder Wohlfahrtsstaat ist eine kulturelle Errungenschaft. So dürfen wir (West)Europäer nicht ohne Stolz behaupten. Er ist die politisch organisierte Form unseres Zusammenlebens, welche wenigstens im Grundsätzlichen unseren kulturellen Idealen gleicher Würde aller Menschen, individueller Freiheit, sozialer Sicherheit, Gerechtigkeit und Solidarität entspricht."[1] Mit diesen Feststellungen beginnt das neueste Werk des renommierten Soziologen und Forschers des Wohlfahrtsstaates Franz-Xaver Kaufmann. Der Sozialstaat tangiert und bestimmt vielfach unser alltägliches Leben und nahezu jeder Bürger ist auf die eine oder andere Weise mit ihm verflochten. Seit den im letzten Viertel des 20. Jahrhunderts einsetzenden wirtschaftlichen und gesellschaftlichen Veränderungen – u. a. sei das Stichwort der beschleunigten Globalisierung genannt – ist der Sozialstaat aber unter Legitimationsdruck geraten und sieht sich vielfältigen Reformen bzw. Umbaumaßnahmen ausgesetzt. Somit, um es kurz und bündig auf den Punkt zu bringen, ist der „Sozialstaat – seine Krise, seine Kritik, sein Umbau, seine Zukunft – ein großes Thema unserer Zeit"[2] und verdient eine nähere Betrachtung.

Das vorliegende Buch beinhaltet eine kompakte und aktualisierte Übersicht über den Sozialstaat in der Bundesrepublik Deutschland (Stand: 2018/2019), wobei seine historische Genese, seine vielfältigen Aufgabenfelder, Anspruchsvoraussetzungen, Leistungen und seine Organisation behandelt werden.

Die Arbeit gliedert sich in drei Abschnitte: Zunächst erfolgt ein historischer Abriss zur Geschichte des Sozialstaates in Deutschland bis zur Gründung der Bundesrepublik Deutschland 1949, dem sich eine Skizze zum Verlauf der sozialstaatlichen Entwicklung seit 1949 bis in unsere unmittelbare Gegenwart anschließt. Im Hauptteil werden die Institutionen und Leistungen des deutschen Sozialstaates sowie seine Organisation überblicksartig dargestellt. Die beiden Schlusskapitel befassen sich schließlich zum einen mit dem deutschen Sozialstaat im internationalen Vergleich und diskutieren zum anderen die Herausforderungen, mit denen der gegenwärtige Sozialstaat in der Epoche der Globalisierung konfrontiert wird.

Das Buch richtet sich zum einen an Studenten in der Ausbildung insbesondere in sozialen bzw. sozialwissenschaftlichen Fächern wie auch an Studierende auf Studienplätzen in den verschiedenen Beamtenlaufbahnen des öffentlichen Dienstes. Zielsetzung ist demzufolge eine Einführung und ein Überblick zum Gegenstand des deutschen Sozialstaates und seinen breit gefächerten, kaum mehr zu erfassenden Zweigen. Zum anderen bietet es den bereits in der beruflichen Praxis Tätigen notwendige Informationen und Orientierungswissen über das umfangreiche Feld

1 Franz-Xaver Kaufmann, Sozialstaat als Kultur. Soziologische Analysen II, Wiesbaden 2015, S. 11.

2 Ulrich Becker/Hans Günter Hockerts/Klaus Tenfelde, Einleitung, in: dies. (Hg.), Sozialstaat Deutschland. Geschichte und Gegenwart, Bonn 2010, S. 7.

der Sozialpolitik bzw. den deutschen Sozialstaat. Insofern geht die Arbeit über ein reines Studienbuch bzw. kompaktes Lehrbuch hinaus und ist als Nachschlagewerk auch für die berufliche Praxis gut geeignet.

Hinweis: Um eine bessere Lesbarkeit zu erreichen, wird im Folgenden sprachlich nicht zwischen männlicher und weiblicher Form unterschieden.

2. Zur Geschichte des Sozialstaats in Deutschland

Der historische Überblick über die Geschichte des Sozialstaats und der Sozialpolitik in Deutschland erfolgt im Bewusstsein, dass eine Sozialordnung kein „statisches, unveränderliches System“ [1] ist. Vielmehr ist der jeweilige Status quo des vorherrschenden Sozialstaats nur zu verstehen, wenn man seine Entstehungsgeschichte und seine Entwicklungstendenzen mitbedenkt. Der moderne Sozialstaat als eine „zentrale politische Errungenschaft der entwickelten Demokratien“ ist somit „in permanenter Veränderung begriffen“ [2]. Der Blick in die Vergangenheit soll dazu beitragen, gegenwärtige Probleme grundlegend zu verstehen und sie „in ihrer historischen Dimension erkennbar“ zu machen. Somit „gilt auch für die Geschichte des Sozialstaates, daß Vergangenheit immer Zukunft ist“ [3].

Gerade im Blick auf die gravierenden politischen Zäsuren der jüngeren deutschen Geschichte 1918/19, 1933, 1945 und 1989/90 hat sich aber gezeigt, dass die grundlegenden Entscheidungen aus der Phase der Implementationszeit weitgehend noch gültig sind, die sog. Pfadabhängigkeit demzufolge sehr wohl zu beachten ist. Diese „geradezu frappierende Kontinuität des Systems der sozialen Sicherheit“ legt es nahe, dass der Historiker auch gefragt ist, „wenn man heutige Probleme unseres Sozialstaates verstehen will“ [4]. Wenn man wissen möchte, „wohin die Reise gehen wird“, muss man den „großen Tanker“ [5], zu dem der Sozialstaat seit der zweiten Hälfte des 19. Jahrhunderts bei nahezu durchgängigem Wachstum geworden ist, in seinen Grundlinien nachgehen.

2.1 Von den Anfängen bis zur Gründung der Bundesrepublik Deutschland 1949

Im *Mittelalter* und in der *frühen Neuzeit* war das Gemeinwesen nicht in der Lage, bei Agrarkrisen, Wetter- und Klimaeinflüssen auf die Nahrungsproduktion,

[1] Lothar F. Neumann/Klaus Schaper, Die Sozialordnung der Bundesrepublik Deutschland, Bonn 2008⁵, S. 16.

[2] Hans Günter Hockerts, Einleitung, in: ders., Der deutsche Sozialstaat. Entfaltung und Gefährdung seit 1945, Göttingen 2011, S. 7.

[3] Gabriele Metzler, Der deutsche Sozialstaat. Vom bismarckschen Erfolgsmodell zum Pflegefall, Stuttgart/München 2003, S. 7.

[4] Gerhard A. Ritter, Soziale Frage und Sozialpolitik in Deutschland seit Beginn des 19. Jahrhunderts, Opladen 1998, S. 8.

[5] Stephan Leibfried, Der Wohlfahrtsstaat: Ursprünge, Entwicklungen, Herausforderungen. Eine vergleichende Hinführung, in: Peter Masuch/Wolfgang. Spellbrink/Ulrich Becker/Stephan Leibfried (Hg.), Grundlagen und Herausforderungen des Sozialstaats. Denkschrift 60 Jahre Bundessozialgericht. Eigenheiten und Zukunft von Sozialpolitik und Sozialrecht, Bd. 1, Berlin 2014, S. 4.

Seuchen oder Kriegen den betroffenen Menschen soziale Sicherheit zu bieten.[6] Für die Betreuung der Alten, Kranken, Witwen und Waisen sowie der Armen insgesamt war zuvörderst die Familie zuständig. Zusätzlich bestand eine Schutzverpflichtung der Grundherren und Arbeitgeber, der Herrscher im Allgemeinen und auch sozialer Einrichtungen wie den Gilden und Zünften. Alle diejenigen, die von diesen Instanzen nicht erfasst wurden, konnten Hilfe von den Kirchen und Klöstern erwarten. Überhaupt spielte der christliche Glaube für solidarische Hilfe eine große Rolle. Extreme Armut war in diesen Epochen ein „Massenphänomen" und galt als Schicksal sowie nahezu dauernder Wegbegleiter eines erheblichen Anteils der Bevölkerung.

Infolge großer Bevölkerungsverschiebungen, von Landflucht oder auch stark sinkenden Reallöhnen war im Spätmittelalter und im 16. Jahrhundert eine Vielzahl von Betroffenen als Bettlerscharen unterwegs. Diese Zustände betrafen vor allem die Städte, die sich im Rahmen der Armenfürsorge um diese Armen kümmern mussten. Städte wie auch die entstehenden Flächenstaaten intensivierten ihre Armenpolitik mit strengen Vorschriften und Überwachung der Betroffenen im Gefolge der sog. „Sozialdisziplinierung" und einer allzuständigen „Policey". Arbeitszwang und Erziehung bildeten den charakteristischen Kern der ergriffenen Maßnahmen. Die Epoche der Aufklärung wollte die bislang weitgehend repressive Armenpolitik in Richtung mehr Solidarität und Achtung vor der Würde des Menschen umgestalten. Das Allgemeine Preußische Landrecht von 1794 legte die Pflicht des Staates für die Sorge um das Wohl aller seiner Bürger fest.

In der ersten Hälfte des *19. Jahrhunderts* trat noch einmal Massenarmut, der sog. Pauperismus, auf, bevor die seit der Jahrhundertmitte nachhaltig einsetzende Industrialisierung diese Armutserscheinungen allmählich verschwinden ließ. Prozesse der Auflösung oder auch Freisetzung von überkommenen, feudalen Bindungen vor der Epoche der Industrialisierung offenbarten ein ambivalentes Bild. Die eingeführte Gewerbefreiheit oder die abgeschaffte Abhängigkeit der Bauern von ihren Grundherren beispielsweise brachten nicht nur die Loslösung von feudalen Abhängigkeiten. Diese Abhängigkeiten beinhalteten ursprünglich auch einen gewissen Schutz und lösten sich auf, ohne dass neue existenzsichernde Strukturen sie ersetzten.

Somit traten im Kontext von Industrialisierung und Urbanisierung neue soziale Probleme auf, denn der Staat musste nunmehr erste Maßnahmen zum Schutz der „arbeitenden Classen" ergreifen. Es kristallisierte sich die „Soziale Frage" heraus, die immer zugleich auch eine Arbeiterfrage war. Diese ersten Eingriffe – im

6 Vgl. zur Entwicklung vom Mittelalter bis in die erste Hälfte des 19. Jahrhunderts Gerhard A. Ritter, Der Sozialstaat. Entstehung und Entwicklung im internationalen Vergleich, München 1991², S. 30–56; Metzler, Sozialstaat, S. 8ff.; nur kurz sei auf die Feststellung von Winfried Süß, Die Geschichte der Sozialpolitik als Teil der Neueren und Neuesten Geschichte/Zeitgeschichte, in: Deutsche Rentenversicherung 1 (2015) S. 112, verwiesen: „Die Geschichte des deutschen Sozialstaates weist einen hohen Forschungsstand auf".

Arbeiterschutz ging England als Vorreiter voran – betrafen in Preußen Einschränkungen der Kinderarbeit (1839) und die Zuschreibung der Zuständigkeit der Wohngemeinde für die Armen anstelle der Geburtsgemeinde. Diese Regelung zum Unterstützungswohnsitz wurde seit 1870 auf nahezu das ganze Deutsche Reich – bis auf Bayern und das Reichsland Elsaß-Lothringen – ausgeweitet. Damit fungierten vor allem in der zweiten Hälfte des 19. Jahrhunderts die Kommunen neben dem Staat, kirchlicher Fürsorge und zumeist bürgerlichen Vereinen als handelnde Akteure in der Armenfürsorge.

Vom Beginn des Sozialstaates in Deutschland im modernen Sinn lässt sich aber erst seit dem letzten Drittel des 19. Jahrhunderts im Verlauf der Regierungszeit des damaligen Reichskanzlers Otto von Bismarck sprechen. Der Einstieg in die Sozialgesetzgebung durch die Errichtung der verschiedenen Zweige der Sozialversicherung im deutschen Kaiserreich geschah im Übrigen durch ein überwiegend obrigkeitliches politisches Regime. Dieses System der sozialen Sicherung, ein „sozialpolitisches Jahrhundertwerk“[7] bzw. die „ersten Meilensteine in der Entwicklung des modernen deutschen Sozialstaates“[8] und die „bedeutendste institutionelle Erfindung des Sozialstaates“[9] hat die traditionelle Armenfürsorge zurückgedrängt. Die Sozialversicherung gilt zumindest in den Industriestaaten als die „wichtigste Form der Daseinsvorsorge“ und sie weist wesentliche Strukturmerkmale auf, die heute noch in Kraft sind:

Das Sozialversicherungsprinzip mit Beitragsfinanzierung durch Arbeitnehmer und Arbeitgeber (außer bei der ausschließlich von den Arbeitgebern finanzierten Unfallversicherung), das Prinzip der Pflichtmitgliedschaft, das Prinzip des Rechtsanspruchs auf Leistung ohne Bedürftigkeitsprüfung und ohne politische Diskriminierung, das Prinzip der Selbstverwaltung und das in verschiedene Zweige gegliederte System, d.h. keine Einheitsversicherung. Zunächst nur auf Industriearbeiter als wichtigste Zielgruppe beschränkt, erfuhr es in den folgenden Jahren und Jahrzehnten einen Ausbau und immer mehr Personengruppen wurden integriert.

Nach der kaiserlichen Botschaft an den Reichstag vom 17. November 1881, in der Gesetzesinitiativen zur Unfall- und Krankenversicherung sowie zur invaliditäts- und altersbedingten Erwerbsunfähigkeit angekündigt worden waren, folgte 1883 die Einführung der gesetzlichen Krankenversicherung. Hier trugen die Arbeitnehmer zwei Drittel der Beiträge und sie erfasste alle gewerblichen Arbeitnehmer bis zu einem Jahresverdienst von 2000 Reichsmark. Ein Jahr später kam die Unfallversicherung, die angesichts zahlreicher Unfälle in den Betrieben bedeutsam war. Die

---

[7] Neumann/Schaper, Sozialordnung, S. 28; zum folgenden historischen Überblick Ritter, Sozialstaat, S. 46–159 und Manfred G. Schmidt, Der deutsche Sozialstaat. Geschichte und Gegenwart, München 2012, S. 10–30; Metzler, Sozialstaat, S. 16ff.

[8] Metzler, Sozialstaat, S. 12, ebenda auch der grundsätzliche Verweis auf den Sozialstaat als ein „Projekt der industriegesellschaftlichen Moderne“.

[9] Ritter, Sozialstaat, S. 62, ebenda (auch das folgende Zitat).

Unfallversicherung drängte das vorher umstrittene Verursacherprinzip in den Hintergrund und galt für alle nicht vorsätzlich herbeigeführten Arbeitsunfälle. 1889 schloss die Invaliditätsversicherung bzw. heutige Rentenversicherung die Reformphase zunächst ab. Zur Invaliditätsversicherung leistete das Reich noch einen Zuschuss von jährlich fünfzig Reichsmark zu jeder Rente. Bismarck wollte ursprünglich die Invaliden- und Altersversicherung vollständig aus staatlichen Mitteln finanzieren, was aber der Reichstag verhinderte.

Die Leistungen dieser ersten Sozialversicherungen bewegten sich noch auf sehr niedrigem Niveau, so genügte die Alterssicherung, die man mit Vollendung des 70. Lebensjahres im Umfang eines Sechstel bzw. Fünftel eines durchschnittlichen Arbeitnehmerverdienstes zugesprochen bekam, kaum zur Existenzsicherung im Alter. Bei einem Arbeitsunfall erhielt ein Arbeiter eine Rente in Höhe von zwei Drittel des letzten Arbeitseinkommens und bei Unfalltod hatten die Hinterbliebenen ebenfalls Anspruch auf eine Rente, die einem Fünftel des letzten Arbeitseinkommens entsprach. Zunächst war dieses neue Sozialversicherungssystem weitgehend nur auf den Erwerbstätigen selbst beschränkt. Erst die Reichsversicherungsordnung von 1911 (RVO) ermöglichte beispielsweise unter bestimmten Bedingungen Renten für Witwen. Längere Krankheit blieb auch nach Einführung der Krankenversicherung ein existentielles Problem, aber zumindest konnten Krankheiten nun ärztlich auch bei Arbeitern behandelt werden.

Die Motive Bismarcks zur Einführung der Sozialversicherung, die er ursprünglich aus Steuern finanzieren wollte, waren unterschiedlich. Sicher spielte die Abwehr der allmählich im Entstehen begriffenen Sozialdemokratie eine Rolle, was aber nicht erreicht wurde, wie die nachmaligen Wahlergebnisse offenbarten. „Zuckerbrot und Peitsche“ waren die Mittel, wobei die Sozialgesetzgebung als Zuckerbrot und die repressive Polizeigewalt vor dem Hintergrund des bis 1890 geltenden Sozialistengesetzes als Peitsche fungierte. Daneben waren in Anknüpfung an eine ältere Tradition der Verantwortung der Obrigkeit für das Wohl der Untertanen noch „patriarchische“ und konservative Zielvorstellungen im Spiel. Bismarck beabsichtigte – deutlich erkennbar an seinen Plänen für die Unfallversicherung und seiner ursprünglich weitgehenden Reichsfinanzierung der Sozialversicherung – die Arbeiter wie „Staatsbeamte“ eng an den herrschenden monarchischen Staat zu binden. Schließlich strebte Bismarck auch eine Stärkung der Reichsexekutive und eine zunehmende innere Reichseinheit im neuen deutschen Kaiserreich an, daneben grenzte er sich deutlich vom Liberalismus ab.

Fragt man nach den allgemeinen Ursachen, die zur Einführung der Sozialversicherung führten, ist eine Reihe von Faktoren zu nennen:[10]

[10] Vgl. dazu Ritter, Sozialstaat, S. 64ff.

Ein rascher ökonomischer und sozialer Wandel aufgrund des Bevölkerungswachstums, der Industrialisierung, Urbanisierung und Binnenwanderung erforderte Eingriffe und Lösungsansätze. Sodann spielten eine zunehmende politische Massenmobilisierung, die Auflösung der bisherigen Ständegesellschaft, der sinkende Stellenwert der Familie als Schutz- und Produktionsgemeinschaft, ein flexibler und konjunkturell schwankender Arbeitsmarkt mit einer wachsenden Zahl des neuen industriellen Proletariats eine Rolle. Dennoch genügen diese Erklärungshinweise nicht, denn dann hätte die Sozialversicherung nicht in Deutschland, das industriell im Vergleich etwa zu Großbritannien noch rückständig war, entstehen dürfen. Auch die politische Mobilisierung seitens der Arbeiterbewegung kann allein nicht die Sozialversicherung in Deutschland plausibel machen, denn sowohl die Gewerkschaften wie auch die Sozialdemokratie standen diesen neuen Institutionen zunächst ablehnend gegenüber. Die Einführung der Sozialversicherung fungierte nicht nur als Mittel zur Zurückdrängung der wachsenden Arbeiterbewegung, wenngleich dies Bismarck sicher auch im Sinne hatte. Vielmehr müssen zu den bisher genannten Erklärungsansätzen noch spezifische politische Ideen als wirkungsmächtige Faktoren angeführt werden.

Ohne dies hier näher zu vertiefen, ist damit auf eine speziell in Deutschland vorhandene Tradition der Zuständigkeit des Staates für die allgemeine und individuelle Wohlfahrt zu verweisen, die sich bereits zu Zeiten des Pietismus und der Kameralistik im ausgehenden 17. Jahrhundert herausgebildet hatte und im 19. Jahrhundert weiter präsent war bzw. neu formuliert wurde. Staatliche Intervention war hier bei Denkern wie Georg Wilhelm Friedrich Hegel (1770–1831) und später vor allem bei Lorenz von Stein (1815–1890) als unverzichtbar angesichts der sich entwickelnden industriellen Gesellschaft angesehen. Die Überlegungen Steins beeinflussten im Übrigen einige der wichtigsten Berater und Mitarbeiter Bismarcks.

Es waren somit mehrere konkrete Einflüsse für die Implementierung der Sozialversicherung im Kaiserreich verantwortlich: Ideengeschichtlich die Traditionen staatlicher Intervention in die Gesellschaft und die Reform von oben, dann die – letztlich erfolglose – Bekämpfung der Sozialdemokratie und der ihr nahestehenden Gewerkschaften, die Entlastung der Armenfürsorge, die Konflikte zwischen Arbeitgebern und Arbeitnehmern u.a. wegen der Verantwortlichkeiten bei Betriebsunfällen, die Ausweitung des Schutzes bei Krankheit und auch die Verelendung invalider und/oder alter Arbeitnehmer.

In der Ära nach Bismarck im sog. Wilhelminismus seit 1890 folgte ein weiterer sozialpolitischer Ausbau: 1891 wurden Gewerbegerichte und 1904 Kaufmannsgerichte als kommunale Einrichtungen errichtet, wie überhaupt der Stellenwert der Kommunen sozialpolitisch gewürdigt werden muss. Die für das Armenfürsorgewesen traditionell zuständigen Kommunen betrieben auch Wohnungsförderung und leiteten infrastrukturelle Modernisierungen in die Wege (Abfallbeseitigung, Kanalisation usw.), die der Gesundheit zugutekamen. Noch 1892 waren bei einer Choleraepidemie in Hamburg 8000 Menschen ums Leben gekommen. Auch kommunale Arbeitsnachweise – das erste städtische Arbeitsamt eröffnete 1894 in Esslingen – gehen auf kommunale Initiativen zurück.

1911 wurde auf Drängen der neuen Arbeitnehmergruppe der Angestellten die Angestelltenrentenversicherung mit besseren Leistungen und in eigenständiger Organisation gegründet. Die Privilegierung der Angestellten sollte als Mittel dienen, die Sozialdemokratie und die sozialistischen Gewerkschaften von dieser neuen Arbeitnehmergruppe fernzuhalten.

Der *Erste Weltkrieg* brachte Bewegung in die Sozialpolitik im deutschen Kaiserreich, wobei die Nahrungsmittelversorgung angesichts der alliierten Blockade ins Zentrum der inneren Politik rückte. 1916 wurde zur Verteilung der sich verknappenden Lebensmittel ein „Kriegsernährungsamt“ geschaffen. Die Fürsorge für Hinterbliebene und Kriegsbeschädigte zählte zunächst weitgehend zu den kommunalen Aufgaben. Die „entscheidende Weichenstellung in der Geschichte der deutschen Arbeitsbeziehungen“[11] bildete das von der 3. Obersten Heeresleitung (OHL) mit Hindenburg und Ludendorff an der Spitze in die Wege geleitete Hilfsdienstgesetz vom Dezember 1916, das der weiteren Ausschöpfung und Intensivierung der Kriegsanstrengungen mittels Arbeitszwang dienen sollte. Erstmals rückten Vertreter der Gewerkschaften in obligatorische und paritätische Betriebsausschüsse und die Gewerkschaften erreichten ihre Anerkennung als legitime Vertretung der Arbeitnehmer.

Das Kriegsende 1918 hatte den Sturz der Monarchie zur Folge und mit der *Weimarer Republik* entstand die erste deutsche Demokratie. Die Novemberrevolution 1918 markierte durch das sog. Stinnes-Legien-Abkommen zwischen Unternehmerverbänden und Gewerkschaften vom 15. November 1918 einschneidende Wegmarken, nämlich die endgültige Anerkennung der Gewerkschaften und der Koalitionsfreiheit sowie den Achtstundentag. Am 23. Dezember 1918 erließ der Rat der Volksbeauftragten eine Tarifvertragsordnung mit kollektiven Tarifverträgen.

Die Durchsetzung der demokratischen Staatsverfassung der Weimarer Republik mit erstmalig sozialen Grundrechten – die jedoch nicht einklagbar waren – wie der uneingeschränkten Koalitionsfreiheit (Artikel 159) oder der Mitbestimmung (Artikel 165) sowie zur Sozialversicherung (Artikel 161) schien den Boden für eine expansivere Sozialpolitik zu bereiten. Insbesondere da nunmehr neben der sozialpolitisch aktiven Sozialdemokratie mit der Deutschen Zentrumspartei ebenfalls eine sozialpolitisch bejahende Kraft vorhanden war. Diese stellte im Übrigen mit Heinrich Brauns von 1920 bis 1928 den neuen Reichsarbeitsminister. Jedoch war

[11] Metzler, Sozialstaat, S. 47.

einer allzu expansiven Sozialpolitik in der Weimarer Republik aufgrund einer insgesamt zu schwachen Wirtschaftsentwicklung Grenzen gesetzt. Als besonders einschneidende Zäsuren wirkten die Hyperinflation 1923 und vor allem die sich zuspitzende Wirtschaftskrise seit 1929/30 mit ihrer Massenarbeitslosigkeit.

Einige sozialpolitische Neuerungen zwischen 1918/19 und 1933 seien kurz vorgestellt: Am Beginn der Republik standen vorrangig die Bewältigung der Kriegsfolgen und die Umstellung von der Kriegs- auf die Friedenswirtschaft. Neben der Kriegsopferversorgung rückte die Bekämpfung der unmittelbaren Nachkriegsarbeitslosigkeit stärker in den Mittelpunkt und am 13. November 1918 errichtete man eine Erwerbslosenfürsorge, finanziert vom Reich, den Ländern und den Gemeinden. 1920 folgte das Reichsamt für Arbeitsvermittlung. Ebenfalls 1920 wurde das heftig umstrittene Betriebsrätegesetz mit allerdings stark eingeschränkten Mitspracherechten beschlossen. Im Jahre 1923 kam die Schlichtungsverordnung mit Reichsbeamten als Schlichter, wodurch der Staat in Lohnkämpfe involviert wurde.

Weitere sozialpolitische Reformen betrafen die öffentliche Fürsorge (1924), die die herkömmliche Armenhilfe beseitigte und Wohlfahrts-, Gesundheits- und Jugendämter auf kommunaler Ebene schuf. 1924 trat das Reichsjugendwohlfahrtsgesetz in Kraft. 1926 folgte noch der Ausbau der Arbeitsgerichtsbarkeit durch die Einführung von Arbeitsgerichten anstelle der bisherigen Gewerbe- und Kaufmannsgerichte.

Fortschritte in Richtung eines modernen Sozialstaates brachten Erweiterungen in den Sozialversicherungen, so wurde 1924 der Wegeunfall in die Unfallversicherung integriert. Im Bereich der Sozialversicherung gelang im Jahr 1927 in der Phase einer günstigeren Wirtschaftsentwicklung mit der Einführung der Arbeitslosenversicherung die vierte Säule der Sozialversicherung. Damit fand ein Prozess seinen vorläufigen Endpunkt, der im November 1918 mit der Erwerbslosenfürsorge begonnen hatte und in dem sukzessive die Verantwortung für die Arbeitslosen von den Gemeinden zum Reich hin verlagert wurde. Allerdings war diese „arbeitnehmerfreundlichste Weichenstellung der Weimarer Sozialpolitik“[12] mit einem schwerwiegenden Fehler behaftet:

Ihr Leistungsvermögen war nur auf überschaubare Krisen ausgerichtet, keinesfalls konnte sie den Anforderungen der Wirtschaftskrise ab 1930 genügen. Die Beiträge stammten zu gleichen Teilen von Arbeitgebern und Arbeitnehmern, und, falls diese Einnahmen nicht genügten, gab es vom Reich Darlehen. Einen Leistungsanspruch hatte derjenige, der im vorausgegangenen Jahr zumindest 26 Wochen versicherungspflichtig beschäftigt war. Die Anspruchsdauer betrug im Normalfall 26 Wochen, blieb man danach immer noch arbeitslos, trat eine Krisenunterstützung

[12] Schmidt, Sozialstaat, S. 19 und S. 21 (das folgende Zitat).

mit nunmehriger Bedürftigkeitsprüfung ein, bevor als letztes Auffangsystem die kommunale Wohlfahrtsunterstützung fungierte. Ende 1932 mussten die Gemeinden rund 2,5 Millionen Erwerbslose unterstützen, die aus dem eigentlichen reichsrechtlichen Erwerbslosensystem ausgeschieden waren.

Die 1929/1930 einsetzende Weltwirtschaftskrise hatte einen Abbau des Sozialstaates zur Folge, denn die Haushaltskrise und die unter Reichskanzler Brüning (1930-1932) vorherrschende Deflationspolitik machte auch nicht vor zum Teil massiven Sozialkürzungen Halt. Man kann somit von einem „beträchtlichen Rückbau der Sozialpolitik" gerade zu dem Zeitpunkt sprechen, in dem verstärkt Sozialleistungen wegen der sich verschärfenden Wirtschaftskrise nachgefragt wurden. Hierzu zählen auch die heftigen Auseinandersetzungen um die staatliche Zwangsschlichtung, die Ende der 1920er Jahre im sog. Ruhreisenstreit eskalierte. Der Abbau der Sozialpolitik in der Endphase der Weimarer Republik war aber auch die Folge eines politischen Machtkampfes, in dem die Sozialstaatskritiker Oberwasser für eine Umverteilungspolitik nach oben bekamen. Die (partei)politische Spaltung der Linken in eine sozialdemokratische und eine kommunistische Richtung trug zur Schwächung im Abwehrkampf gegen die rechten Sozialstaatskritiker bei.

Inwieweit die *nationalsozialistische Sozialpolitik* ab 1933 völlig von den politischen Zielen und Inhalten dieser Diktatur bestimmt worden ist, oder vielmehr Kontinuität in diesem Politikfeld geherrscht habe, ist in der Forschung umstritten. Ein umfassendes Konzept zum Sozialstaat findet sich im Nationalsozialismus im Übrigen nicht.[13]

Am Beispiel von drei sozialpolitischen Gebieten kann man die Frage nach der Charakteristik der NS-Sozialpolitik näher beleuchten. Das Feld der Arbeitsbeziehungen erstens wurde von den neuen Machthabern nach ihren politischen Vorgaben radikal umgebaut. An Stelle freiheitlicher Beziehungen der beteiligten Gruppierungen von Arbeitgebern und Gewerkschaften rückte eine autoritäre, nach dem Führerprinzip organisierte Arbeitsverfassung. Die Gewerkschaften wurden verboten, ebenso verschwanden das Koalitions- und Streikrecht und die gesamte Tarifautonomie wie auch jegliche betriebliche Mitbestimmung. Die neue Deutsche Arbeitsfront (DAF) – nach Branchen organisiert – sollte als von oben gelenkte Einheitsorganisation der Arbeiter, Angestellten und Unternehmer fungieren. Sog. Treuhänder der Arbeit übernahmen die Regelung der Arbeitsbedingungen einschließlich der Löhne und Gehälter. Auch der bisher freie Arbeitsmarkt mit u. a. dem Recht auf freie Arbeitswahl wurde beseitigt.

Im Übrigen wurde die Selbstverwaltung in der Sozialversicherung aufgehoben und auch hier das Führerprinzip installiert, wenngleich das System der Sozialversicherung als solches erhalten blieb. Konzepte aus den Reihen der DAF in Richtung

[13] Vgl. dazu die knappen Anmerkungen von Schmidt, Sozialstaat, S. 23ff.; zum Folgenden auch Metzler, Sozialstaat, S. 112–139.

eines einheitlichen „Sozialwerk" für alle Beschäftigten wurden nicht umgesetzt. Punktuell erfuhr die Sozialversicherung sogar eine Ausweitung, so wurden Rentner in die gesetzliche Krankenversicherung einbezogen, 1939 wurden Handwerker versicherungspflichtig in der Rentenversicherung und zumindest theoretisch wurde der Leistungskatalog in der Unfallversicherung erweitert.

Einen ebenfalls tiefen Einschnitt setzte das NS-Regime zweitens auf dem Gebiet der Beschäftigungspolitik durch. Begleitet von wachsender Propaganda konnte man hier tatsächlich relativ rasch Erfolge vorweisen, wobei alle diesbezüglichen Maßnahmen auf eine baldige und schnelle Aufrüstung ausgerichtet waren, der sich nahezu alle, auch sozialpolitische, Politikfelder unterordnen mussten.

In weiteren Feldern der Sozialpolitik betrieb das NS-Regime drittens eine einschneidende Wende mit biologisch-rassischer Motivation und daraus resultierenden Praktiken von Einschluss bzw. Ausschluss. Gleich am Beginn der nationalsozialistischen Herrschaft wurden diesbezüglich die Einrichtungen der Sozialstaatsverwaltung und des Gesundheitswesens personell „gesäubert". Zukünftige bevölkerungs-, familien- und fürsorgepolitische Maßnahmen sollten sich an rassischen bzw. völkischen Gesichtspunkten orientieren. Stichpunktartig sei genannt die Förderung der „Erbgesundheit", die Ausgrenzung „rassisch Minderwertiger", „Arbeitsscheuer" oder „Erbkranker" sowie zunehmend jüdischer Bedürftiger. Diese wurden von der „Volksgemeinschaft" ausgestoßen. Das bereits im Juli 1933 in Kraft getretene „Gesetz zur Verhütung erbkranken Nachwuchses" erlaubte die Sterilisation von Trägern von „Erbkrankheiten", worunter „angeborener Schwachsinn", „Schizophrenie", „schwerer Alkoholismus" usw. fielen. Von daher führte dieses rassenbiologische Denken letztendlich auch zur Euthanasie, die sich im Reich zumindest bis 1941 verbreitete und immer mehr Betroffene ins Visier nahm. Die Volksgemeinschaft sollte durch pronatalistische Maßnahmen ihren erforderlichen Nachwuchs bekommen, die Rolle der „arischen" Frau als Mutter wurde überhöht, ein Muttertag eingeführt, ein „Mutterkreuz" verliehen und ab 1936 für das fünfte Kind Kindergeld gezahlt, ab 1940 bereits ab dem dritten Kind.

Mit der *Kapitulation NS-Deutschlands* am 8. Mai 1945 endete der Zweite Weltkrieg in Europa. Die Besatzungszeit von 1945 bis zur Konstituierung der beiden deutschen Staaten 1949 war geprägt von den gewaltigen Hypotheken der NS-Herrschaft, des Zweiten Weltkriegs und den Kriegsfolgen. Bis 1950 gelangten mehr als 12 Millionen Flüchtlinge und Vertriebene nach Deutschland. Dazu kamen Millionen von Kriegsopfern und Evakuierten, ehemaligen Zwangsarbeitern, Überlebende der Konzentrationslager und mehr als drei Millionen Kriegssachbeschädigte. Die Zerstörungen in den Städten, millionenfach zerstörte oder schwer beschädigte Wohnungen und Hunger prägten die Nachkriegsgesellschaft.

Auch die Institutionen der Sozialpolitik waren schwer getroffen, das Vermögen der Sozialversicherung weitgehend verloren. Zumindest auf der Ebene der Länder konnten sie im Zusammenspiel mit Wohlfahrtsverbänden und kommunaler Fürsorge ein gewisses Maß an Hilfe leisten. Eine durchgreifende Verbesserung der Lebensbedingungen setzte aber erst mit dem Wirtschaftsaufschwung nach der Gründung der Bundesrepublik Deutschland ein.

Inwieweit das Jahr 1945 auch für die Geschichte des deutschen Sozialstaats eine „Stunde Null" bedeutete, wird in der historischen Forschung analog zur gesamten Entwicklung eher relativiert. Auch der Sozialstaat sei „gleichermaßen im Zeichen von Kontinuität und Neubeginn"[14] gestanden. Eine grundlegende Neugestaltung des bestehenden Systems der Sozialversicherung blieb infolge des Widerstands von Interessengruppen wie Ärzten, Angestellten, Handwerkern und privaten Versicherungen zumindest in den drei Westzonen aus. Der weitere Entwicklungsverlauf des deutschen Sozialstaats ist im Kontext der deutschen Zweistaatlichkeit und damit in einer Konkurrenzsituation zwischen den beiden deutschen Staaten zu sehen. Für beide deutschen Staaten gilt aber, dass es sich um eine Expansionsgeschichte handelte.

Als Rahmenbedingungen müssen für den Westteil die Entscheidung für die „Soziale Marktwirtschaft" als neues Ordnungsmodell und für die Ostzone die Implementierung einer am sowjetischen Vorbild orientierten sozialistischen Wirtschafts- und Gesellschaftsordnung bedacht werden. In den drei Westzonen blieb es beim bismarckschen Sozialversicherungssystem, hingegen wurde das Feld der Arbeitsbeziehungen zwischen den nun titulierten „Sozialpartnern" teilweise neu gestaltet.

2.2 Etappen der Entwicklung des Sozialstaates in der Bundesrepublik Deutschland seit 1949

Dieses Kapitel bringt einen historischen Überblick über die Entwicklung des Sozialstaates in der Bundesrepublik Deutschland von ihrer Gründung 1949 bis zur unmittelbaren Gegenwart. Für die 40jährige Geschichte der Bundesrepublik bis 1989 wird konstatiert, es sei die „größte Expansionsperiode des Wohlfahrtsstaats in der deutschen Geschichte"[15] gewesen. Im Zuge der Wiedervereinigung seit 1990 wurde das System des westdeutschen Sozialstaates nahezu identisch auf das Gebiet der ehemaligen Deutschen Demokratischen Republik ausgedehnt. Ein kurzer Abriss zur Entwicklung der Sozialpolitik in der DDR von ihrer Staatsgründung 1949 bis 1990 folgt im nächsten Kapitel.

Die 1949 neu gegründete Bundesrepublik wurde wie bereits angedeutet auch sozialpolitisch mit großen Herausforderungen wie Kriegszerstörungen, Wohnungsnot,

[14] Metzler, Sozialstaat, S. 140 und zu den unmittelbaren Nachkriegsjahren dies., Sozialstaat, S. 140–152.

[15] Hans Günter Hockerts, Metamorphosen des Wohlfahrtsstaates, in: ders., Der deutsche Sozialstaat. Entfaltung und Gefährdung seit 1945, Göttingen 2011, S. 139f.; zum Folgenden auch Metzler, Sozialstaat, S. 169–190.

Bewältigung des Flüchtlingszustroms konfrontiert: 7,9 Millionen Flüchtlinge aus dem Osten und 1,5 Millionen Flüchtlinge aus der SBZ bzw. DDR bis 1950, 4,1 Millionen Kriegsopfer wie Invaliden, Witwen und Waisen, Opfer des NS-Systems, Evakuierte, Displaced Persons, 3,4 Millionen Kriegssachbeschädigte. Diese enormen Belastungen müssen vor dem Hintergrund der „katastrophalen Wohnungsnot" und eines Systems der sozialen Sicherheit, das schwere Defizite in den Anfangsjahren wie etwa die Rentnerarmut aufwies, gesehen werden. Man spricht in den ersten Jahren der Bundesrepublik auch von einer Gründungskrise, die durch Kriegs- und Diktaturfolgen, Mängel in der sozialen Sicherung und politischen Spannungen zwischen einem sozialdemokratischen Block und der Bundesregierung gekennzeichnet war.[16]

In der von 1949 bis 1966 „währenden heroischen ersten Phase ihrer Sozialpolitik"[17] gelang der Bundesrepublik die Bewältigung der großen Kriegsfolgen, d. h. der krassen Not der ersten Nachkriegszeit, die Integration der Benachteiligten und die Entschädigung der enormen Verluste. Dass hierbei ein rapides Wirtschaftswachstum als eine wesentliche Erfolgsbedingung fungierte, sei nur kurz angemerkt. Zunächst sollte das 1950 verabschiedete Bundesversorgungsgesetz Entschädigung und Hilfe für die Kriegsopfer bringen. Des Weiteren wurden bis 1956 mittels eines umfangreichen Wohnungsbauprogrammes zwei Millionen Sozialwohnungen errichtet und die Wiedergutmachung für jüdische NS-Opfer gestartet. Aber die „mit Abstand imponierendste Leistung" bildete der Lastenausgleich zur Integration der Vertriebenen in die Gesellschaft seit 1952. Der Lastenausgleich erfolgte durch eine auf dem Sachvermögen basierende Abgabe, die über 30 Jahre gestreckt wurde und das Produktivvermögen nicht beeinträchtigte. Insgesamt wurden hier 140 Milliarden Mark umverteilt. Vertriebene, Flüchtlinge, Spätaussiedler, DDR-Flüchtlinge, Kriegssachbeschädigte usw. wurden entschädigt. Auch das Bundesentschädigungsgesetz von 1953 zur Wiedergutmachung nationalsozialistischen Unrechts gehört zur Bewältigung der Kriegsfolgen. „Entschädigung, Wiedergutmachung und Wiederaufbau"[18] waren die Charakteristika des expansiven westdeutschen Sozialstaats in den 1950er Jahren gewesen.

Auf dem Gebiet der *Sozialversicherung* herrschte letztendlich Kontinuität, wenngleich die Alliierten zunächst durchaus Reformwillen zeigten. Der damals viel diskutierte Beveridge-Plan aus Großbritannien, der einen völligen Umbau des Systems der sozialen Sicherung unter Einbeziehung aller Bürger und einen steuer-

---

[16] Vgl. dazu Hans Günter Hockerts, Integration der Gesellschaft: Gründungskrise und Sozialpolitik in der frühen Bundesrepublik, in: ders., Der deutsche Sozialstaat. Entfaltung und Gefährdung seit 1945, Göttingen 2011, S. 23f. und S. 23–42 (zum Folgenden).

[17] Hans-Ulrich Wehler, Deutsche Gesellschaftsgeschichte. Bd. 5: Bundesrepublik und DDR 1949–1990, München 2008, S. 258 und S. 259 (das folgende Zitat); zum Folgenden auch ders., Gesellschaftsgeschichte, S. 257–267.

[18] Metzler, Sozialstaat, S. 175.

finanzierten staatlichen Gesundheitsdienst sowie eine allgemeinen Grundsicherung durch einen gemeinsamen staatlichen Versicherungsträger zur Folge gehabt hätte, wurde bald nicht weiter verfolgt. Auch eine an Überlegungen aus der Weimarer Republik orientierte Einheitsversicherung in Form einer allgemeinen Staatsbürgergrundrente aus Steuermitteln anstelle der Beitragsfinanzierung, wie von SPD und Gewerkschaften zunächst angestrebt, fand in den Westzonen bzw. in der frühen Bundesrepublik keine mehrheitliche Zustimmung.[19] Nach der ersten Bundestagswahl 1949 verfolgte die neue Regierung Adenauer das Ziel, die traditionelle deutsche Sozialversicherung entschlossen zu verteidigen. Bereits 1951 wurde die aus der Weimarer Republik stammende Selbstverwaltung in der Sozialversicherung mit paritätischer Besetzung durch Arbeitgeber- und Arbeitnehmervertreter wieder eingeführt und ein Jahr später wurde ebenfalls anlehnend an eine aus der Weimarer Republik stammende Institution die Bundesanstalt für Arbeitslosenvermittlung und Arbeitslosenversicherung gegründet. Die Trennung von Arbeiter- und Angestelltenrentenversicherung wurde beibehalten. Neben diesen Elementen der Kontinuität finden sich aber auch neue Akzente wie die 1953 ins Leben gerufene Sozialgerichtsbarkeit. Beseitigt wurden völkisch-biologistische Konzepte aus der NS-Zeit im Bereich der öffentlichen Fürsorge.

Auch das System der *Arbeitsbeziehungen* wurde weitgehend restauriert: Noch vor der Gründung der Bundesrepublik beschloss der Wirtschaftsrat der Bizone 1948 das Tarifvertragsgesetz. Die Tarifautonomie wurde dann im neuen Grundgesetz verankert. Die in Weimar so umstrittene Zwangsschlichtung bei Arbeitskämpfen wurde nicht wiederhergestellt. 1952 folgte das Betriebsverfassungsgesetz mit begrenzten Rechten ähnlich dem Gesetz von 1920 aus der Weimarer Republik und ein Jahr zuvor war die Montanmitbestimmung mit starken Mitbestimmungsrechten der Arbeitnehmer beschlossen worden.

Eines der drängendsten Probleme in den Anfangsjahren der noch jungen Bundesrepublik war die weit verbreitete Altersarmut, die 1957 durch die Einführung der dynamischen Rente, also die automatische Anpassung der Renten an die allgemeine Lohn- und Gehaltsentwicklung, nachhaltig behoben wurde.[20] Erst dadurch wurde eine Existenzsicherung mit Erhalt des Lebensstandards durch Anbindung an die allgemeine Lohnentwicklung erreicht. Die Rentenreform von 1957 war wahrscheinlich das „populärste Gesetz, das je in der alten Bundesrepublik“[21] ver-

---

19 Vgl. zur Rezeption des Beveridge-Plans in der deutschen Nachkriegszeit Hans Günter Hockerts, Das Gewicht der Tradition: Die deutsche Nachkriegssozialpolitik und der Beveridge-Plan, in: ders., Der deutsche Sozialstaat. Entfaltung und Gefährdung seit 1945, Göttingen 2011, S. 43–70.

20 Vgl. Hans Günter Hockerts, Wie die Rente steigen lernte: Die Rentenreform 1957, in: ders., Der deutsche Sozialstaat. Entfaltung und Gefährdung seit 1945, Göttingen 2011, S. 71–85.

21 Wehler, Gesellschaftsgeschichte, S. 262.

abschiedet worden ist bzw. das „wichtigste Gesetz zum Ausbau der Sozialversicherung in der Bundesrepublik“[22]. Diese „Richtungsentscheidung“[23] – wie ein „Paukenschlag“ – von 1957 stellte eine „Epochenzäsur“ dar, die die gesetzliche Rentenversicherung auf neue Grundlagen stellte. Sie verwandelte die Rente zu einer „Lohnersatzfunktion“ mit dem Ziel der Absicherung des Lebensstandards und verwies auf die „individuelle Lebensarbeitsleistung“. Nunmehr verlor die Rente ihren ärmlichen Charakter als bloßes Existenzminimum. Die laufenden Renten wurden gleichzeitig einmalig um durchschnittlich 65% angehoben! Das seit Bismarck gültige Prinzip der Äquivalenz von Beitrag und Leistung genügte nicht mehr den Ansprüchen in einer dynamischen Wirtschaft mit erheblichen Lohn- und Preissteigerungen.

Als neuer Leitbegriff fungierte aufgrund des Umbaus des Finanzierungsverfahrens der sog. Generationenvertrag: Das bis dahin geltende Kapitaldeckungsverfahren wurde aufgegeben und ein Umlageverfahren eingeführt, d.h. die Beitragszahler bauen keinen Kapitalstock mehr auf, sondern sie finanzieren die Renten der aktuellen Rentengeneration. Dabei vertrauen sie natürlich darauf, dass die nächste Generation ebenfalls ihre Renten finanziert.

Letztlich setzte sich Adenauer gegen den Willen des Wirtschaftsministers Erhard und den eher fürsorgerechtlich orientierten Vorstellungen des Finanzministers Schäffer durch, die sich beide gegen eine automatische Anpassung der Renten an die Lohnentwicklung wandten. Die Rentenreform 1957 war aber auch durch massiven Druck der SPD zustande gekommen, dennoch errang die CDU/CSU bei den Bundestagswahlen 1957 wohl auch wegen der Rentenreform einen großen Sieg. Einer neueren Studie zufolge bildete diese Reform parteipolitisch „den Anfang einer über Jahrzehnte wirksamen informellen großen Koalition von Union und SPD in der Rentenpolitik“[24]. Die Rentenreform von 1957 beendete endgültig die sozialdemokratischen Präferenzen für eine am britisch-skandinavischen Vorbild angelehnte einheitliche staatsfinanzierte Grundrente für alle Staatsbürger einschließlich eines staatsfinanzierten Gesundheitssystems. Vor allem aus heutiger Perspektive ist allerdings kritisch anzumerken, dass die Reform von 1957 berufstätige Hausfrauen und Mütter nicht einbezog.

Der weitere Ausbau des westdeutschen Sozialstaats betraf auch die bisherige Fürsorge, denn das 1961 beschlossene Bundessozialhilfegesetz beinhaltete einen einklagbaren Rechtsanspruch auf Unterstützung zu einem „menschenwürdigen Dasein“. 1961/64 folgten Verbesserungen beim 1954 wieder eingeführten Kindergeld und 1963 wurde das Wohngeld installiert.

[22] Ritter, Sozialstaat, S. 159.
[23] Hockerts, Einleitung, S. 12 und ders., Gründungskrise, S. 36 (der folgende Begriff).
[24] Thomas Ebert, Die Zukunft des Generationenvertrags, Bonn 2018, S. 46.

Die Jahre von 1966 bis 1974 werden gemeinhin als große Reformära eingestuft.[25] Bereits die große Koalition von 1966 bis 1969 war auch sozialpolitisch aktiv: Die Arbeiter- und Angestelltenrentenversicherung wurde finanzpolitisch verschmolzen, 1969 regelte das Berufsbildungsgesetz die Bundeszuständigkeit in diesem Feld und das im gleichen Jahr verabschiedete Arbeitsförderungsgesetz (AfG) strebte u. a. eine aktive Arbeitsmarktpolitik an.

Die Kanzlerschaft Brandts (1969–1974) brachte die „Phase der größten Beschleunigung der Sozialstaatsexpansion in der Geschichte der Bonner Republik“[26], die Sozialleistungsquote stieg von 25,5 % (1969) auf 33,4 % (1975). Parteipolitisch gilt im Übrigen der Befund, dass vielfach die großen Parteien gemeinsam die Vorhaben verabschiedeten, so dass „Sozialstaatsgeschichte der Jahre 1966 bis 1974 daher als Konsensgeschichte“[27] darstellbar ist. Im Hinblick auf den ausgebauten deutschen Sozialstaat ist die deutsche Besonderheit zu bedenken, dass es im Unterschied zu den USA und Großbritannien mit CDU/CSU und SPD zwei große „Sozialstaatsparteien“[28] gibt.

Ein markantes Beispiel für die Parteienkonkurrenz in der Sozialpolitik ist die Rentenreform von 1972. Die Rentenreform 1972 kam innerhalb einer besonderen politischen und ökonomischen Konstellation zustande: Zum einen bestand infolge der Ostpolitik der neuen sozialliberalen Koalition ein politisches Patt im Bundestag und der Wahlkampf für die vorgezogenen Bundestagswahlen setzte ein. Zum anderen herrschte eine wirtschaftliche Boomphase vor, so dass man von einer anhaltenden Vollbeschäftigung und Überschüssen in der Rentenkasse ausging.[29] Letztlich beschloss der Bundestag in einem von allen politischen Kräften – auch die FDP wollte die Rentenversicherung für freie Berufe und Fabrikanten öffnen – betriebenen Überbietungswettbewerb eine große, kostenträchtige Rentenreform. Das allgemeine Leistungsniveau wurde vor allem auf Betreiben der Opposition erhöht, die die SPD „auf der sozialpolitischen Bahn links überholen“ wollte und eine flexible Altersgrenze ab dem 63. Lebensjahr ohne Abschläge eingeführt, was wiederum das sozialdemokratische Hauptziel war. Von der Erhöhung des Rentenniveaus profitierten im Übrigen rund 12 Millionen Rentner. Darüber hinaus wurde die gesetzliche Rentenversicherung auf Selbstständige, Hausfrauen, Landwirte und Studenten ausgeweitet.

[25] Vgl. Hans Günter Hockerts, Im Zenit der staatlichen Wohlfahrtsproduktion: Die Reformära 1966–1974, in: ders., Der deutsche Sozialstaat. Entfaltung und Gefährdung seit 1945, Göttingen 2011, S. 181–201.

[26] Hockerts, Einleitung, S. 13.

[27] Hockerts, Zenit, S. 185.

[28] Schmidt, Sozialstaat, S. 46.

[29] Vgl. Hans Günter Hockerts, Vom Nutzen und Nachteil parlamentarischer Parteienkonkurrenz, in: ders., Der deutsche Sozialstaat. Entfaltung und Gefährdung seit 1945, Göttingen 2011, S. 150–180, S. 178 (das folgende Zitat).

Die expansive Entwicklung des bundesdeutschen Sozialstaats von den 1950er Jahren bis Mitte der 1970er Jahre muss auch vor dem Hintergrund einer außerordentlich dynamischen Wirtschaft gesehen werden, dem sog. Wirtschaftswunder, das die sozialpolitischen Fortschritte ermöglichte. Nach dem Ende des Zweiten Weltkriegs expandierte im Zeitraum von 1950 bis 1975 der deutsche Sozialstaat enorm, so stieg der Anteil der Sozialausgaben am Bruttoinlandsprodukt in dieser Zeit von 19,2 % auf 33,9 %. Allein in der Phase von 1966 bis 1974 wuchs dieser Wert von 24,1 % auf 30,3 %, drei Viertel des Zuwachses fielen in die Regierungszeit Brandt/Scheel!

Die Epoche von 1966 bis 1974 wird auch als die „hohe Zeit der arbeitnehmerorientierten Sozialpolitik“[30] charakterisiert, denn die realisierten Reformen betrafen vielfach gewerkschaftliche Forderungen wie die Lohnfortzahlung, die flexible Altersgrenze, das Betriebsverfassungsgesetz oder auch den verbesserten Arbeitsschutz. Weniger positiv ist der Blick auf die Ausländerpolitik, denn die Integration der „Gastarbeiter“ verlief nur zaghaft.

Mitte der 1970er Jahre endete die Epoche der Expansion des Sozialstaates nicht nur in der Bundesrepublik Deutschland. Die erste Ölkrise 1973 und eine anschließende Rezession 1974/75 bildeten eine „Wendemarke“[31] und den Beginn einer Konsolidierung und Kostendämpfung der Aufwendungen für den Sozialstaat.

Als Fazit am Ende der Boomphase kann man in Bezug auf den deutschen Sozialstaat festhalten: Es blieb bei der „Vorherrschaft des Sozialversicherungsprinzips“, dessen Kern ein „System der Versicherung abhängiger Arbeit [bildete], das sich überwiegend durch bruttolohnbezogene Beiträge finanzierte und eine Familienkomponente aufwies, die vom Modell der Hausfrauenehe geprägt war“[32].

Die beiden Ölkrisen 1973 und dann 1979 konnte Westdeutschland ungeachtet negativer Jahreswachstumsraten zwischen 1975 und 1982, einem starken Anstieg der Arbeitslosigkeit und einer Verdoppelung der Schuldenquote relativ glimpflich noch verkraften. Sozialpolitische Einschnitte fokussierten sich unter der seit 1974 amtierenden neuen Bundesregierung mit dem Bundeskanzler Helmut Schmidt auf Ausgabenkürzungen in der Arbeitsmarktpolitik und in der Arbeitslosenversicherung, später dann auch in der Rentenversicherung auf Niveausenkungen.

„Krise“ tauchte seit den 1970er Jahren als Fixpunkt der sozialpolitischen Diskussion auf, wobei sich bereits strukturelle Krisenfaktoren abzeichneten.[33] Ein demographischer Wandel, ein verändertes Selbstverständnis der Frauen gerade im

[30] Hockerts, Zenit, S. 187.

[31] Hockerts, Metamorphosen, S. 145 und Peter Starke, Krisen und Krisenbewältigung im deutschen Sozialstaat: Von der Ölkrise zur Finanzkrise von 2008 (= ZeS-Arbeitspapier Nr. 02/2015), S. 13f.

[32] Hockerts, Problemlöser, S. 341.

[33] Dazu Metzler, Sozialstaat, S. 189f. Eingehender zur Krisenthematik unten im Abschnitt 6.

gebärfähigen Alter oder die „Transformation der Erwerbsgesellschaft“, die die menschliche Arbeitskraft zurückdrängte, seien hier nur kurz genannt.

Ungeachtet des Endes der sozialstaatlichen Boomphase und des aufkommenden Krisendiskurses kann von einem Stillstand in der Sozialpolitik nicht die Rede sein. 1976 begann die sukzessive Einführung des zusammenfassenden Sozialgesetzbuches, von dem bis zur Gegenwart zwölf Bücher erschienen sind. Das lange diskutierte Mitbestimmungsgesetz von 1976 war ein weiterer sozialpolitischer Baustein, wenngleich es die von den Gewerkschaften geforderte volle Parität in den Aufsichtsräten nicht verwirklichte.

In den 1980er Jahren in der Ära Bundeskanzler Kohls erfolgte zwar ein gewisser Rückbau des Sozialstaates verbunden mit mehr Flexibilität am Arbeitsmarkt und mehr Selbstbeteiligung der Versicherten, dennoch gab es auch zukunftsweisende Neuerungen wie 1986 die Einführung des Erziehungsurlaubs. Die Frühverrentung mit ambivalenten Folgewirkungen wurde eingeführt. In Reaktion auf den sozialen und demographischen Wandel kam es 1995 zur Einführung der Pflegeversicherung als nunmehr fünften Säule der Sozialversicherung. Neu war deren Finanzierung, denn die Arbeitnehmer trugen durch Mehrarbeit infolge der Streichung eines bisher gesetzlichen Feiertags den Arbeitgeberbeitrag faktisch mit.

Die deutsche Wiedervereinigung im Jahre 1990 brachte die nahezu vollständige Ausweitung des bundesrepublikanischen Sozialstaates auf das Gebiet der ehemaligen DDR durch den Vertrag über die Währungs-, Wirtschafts- und Sozialunion vom 1. Juli 1990. In der Folgezeit belastete vor allem die Arbeitslosigkeit die sozialen Sicherungssysteme. Die verschiedenen Zweige der Sozialversicherung wurden in Ostdeutschland neu und eigenständig eingerichtet: Im Gesundheitswesen wurde das bisherige kostenlose System in ein beitragsbasiertes Versicherungssystem mit zahlreichen Krankenkassen umgebaut, in der Rentenversicherung waren u. a. Transferzahlungen notwendig, um das niedrige ostdeutsche Niveau anzuheben. Weitere Transformationen betrafen die Arbeitsbeziehungen mit dem Aufbau echter Gewerkschaften und dem Tarifwesen. Blickt man auf die Kosten der deutschen Vereinigung, verlief die „Wiedervereinigung im Sozialversicherungsmodus“[34], d. h. sie wurde durch Sozialversicherungsbeiträge finanziert. Zur Abfederung der enormen Begleiterscheinungen des fast vollständigen Zusammenbruchs der ostdeutschen Wirtschaft übernahm der Sozialstaat „hier eine Schlüsselrolle“[35]. Zum Krisenmanagement in Ostdeutschland zählten die Ausweitung der Frühverrentung und eine aktive Arbeitsmarktpolitik vor allem mittels Arbeitsbeschaffungsmaß-

[34] Frank Nullmeier, Die Sozialstaatsentwicklung im vereinten Deutschland. Sozialpolitik der Jahre 1990 bis 2014, in: Peter Masuch/Wolfgang Spellbrink/Ulrich Becker/ Stephan Leibfried (Hg.), Grundlagen und Herausforderungen des Sozialstaats. Denkschrift 60 Jahre Bundessozialgericht. Eigenheiten und Zukunft von Sozialpolitik und Sozialrecht, Bd. 1, Berlin 2014, S. 183.

[35] Starke, Krisen, S. 15.

nahmen. Infolge der Bewältigung der Einigungslasten stieg die Sozialleistungsquote der Bundesrepublik innerhalb weniger Jahre auf über 26 %.

In den 1990er Jahren intensivierten sich die Reformdebatten vor dem Hintergrund eines immer mehr sich abzeichnenden demographischen Wandels und einer zunehmend global verflechtenden wirtschaftlichen Entwicklung.[36] Ein „Dauerbrenner" in diesem Krisendiskurs waren die zahlreichen Gesundheitsreformen seit den späten 1970er und dann in den 1980er Jahren mit den Versuchen, die Effizienz im System zu steigern, die Kostenexplosionen zu bremsen und zu einer Beitragssatzstabilität zu gelangen.[37] Es seien hier nur stichpunktartig genannt das Gesundheits-Reformgesetz 1989 mit u. a. mehr Zuzahlungen, Abbau von Überversorgungen, das Gesundheitsstrukturgesetz 1993 u. a. mit Begrenzung der Arztzahlen, Ausgabenbudgetierung – auch für die Arzneimittel und die Verwaltungsausgaben der Krankenkassen, die man ab 1996 frei wählen konnte –, dann das GKV-Gesundheit-Reformgesetz von 2000 und das GKV-Modernisierungsgesetz von 2004, das u. a. Einschnitte im Leistungskatalog beinhaltete und das GKV-Wettbewerbsstärkungsgesetz von 2007 mit dem neuen Gesundheitsfonds, der Beitragsfestsetzung durch die Bundesregierung, der Einführung des Zusatzbeitrags nur für die Versicherten usw. Letztendlich handelte es sich hier durch das Abweichen von der bislang paritätischen Beitragsfinanzierung um eine partielle Abkehr vom bisherigen Sozialstaatsmodell, das auf der paritätischen Finanzierung der Sozialversicherung durch Arbeitgeber und Arbeitnehmer basiert.

Die Gesundheitsausgaben sind in den letzten 30 Jahren dennoch insgesamt stärker gestiegen als das Bruttoinlandsprodukt. Letztlich scheiterten diese Ansätze im Gesundheitswesen, ungeachtet punktueller und kurzfristiger Einsparungen, wegen vielfältiger „Bremsfaktoren" aus den Reihen involvierter Gruppen wie der Ärzteschaft, Pharmaindustrie, Krankenhäuser, Länder und Kommunen. Inwieweit eine Kostendämpfung im Gesundheitswesen angesichts des medizinisch-technischen Fortschritts und einer alternden Gesellschaft überhaupt eine realistische Zielvorgabe darstellt, sei hier nur angedeutet.

Große, bis in unsere unmittelbare Gegenwart umstrittene Reformen nahm die Bundesregierung unter der Kanzlerschaft Gerhard Schröders (1998 – 2005) in Angriff. Die rot-grüne Sozialpolitik „schillert in vielen Farben", d. h. sie ist nicht nur durch Kontinuität, sondern auch durch Diskontinuität – 'Pfadabweichungen'"[38] gekennzeichnet. So weicht etwa die kapitalfinanzierte sog. Riesterrente im Rahmen der Alterssicherung vom paritätisch finanzierten System der Sozialversicherung ab.

[36] Vgl. dazu ausführlicher den 6. Abschnitt.

[37] Vgl. dazu ausführlich die jeweiligen Gesetzesvorhaben bei Bundesministerium für Arbeit und Soziales (Hg.), Übersicht über das Sozialrecht 2015/2016, Nürnberg 2015[12], S. 152ff.

[38] Manfred G. Schmidt, Sozialpolitik in Deutschland. Historische Entwicklung und internationaler Vergleich, Wiesbaden 2005[3], S. 116.

Durch diese „grundlegende Sozialstaatsreform“[39] der Regierung Schröder sei eine „Neujustierung des Sozialstaates in Gang gekommen“[40], wobei die Alterssicherung und die Arbeitsmarktreformen, die sog. Hartzreformen[41] – die „Gesetze über moderne Dienstleistungen am Arbeitsmarkt“ (Hartz I–IV) – die zentralen Felder bildeten.

Hartz I und II sollten die Arbeitsvermittlung und Eingliederung von Erwerbslosen durch u. a. Personalservice Agenturen, Bildungsgutscheine, Ich-AGs, Mini und Midi-Jobs reformieren. Hartz III beinhaltete die grundsätzliche Neuorganisation und Umbenennung der bisherigen Bundesanstalt für Arbeit in die Bundesagentur für Arbeit mit den Agenturen für Arbeit anstelle der bisherigen Arbeitsämter. Hartz IV brachte die Einführung einer einheitlichen, niedrigeren, mit Bedürftigkeitsprüfung verbundenen Grundsicherung durch die Zusammenlegung von Sozialhilfe und Arbeitslosenhilfe, das neue Arbeitslosengeld II sowie u. a. sog. Ein-Euro-Jobs zum Test der Arbeitsbereitschaft. Als zentrale Leitlinie der Reformen fungierte ein „Fördern und Fordern“, was auch mehr Druck auf Erwerbslose zur Aufnahme einer Arbeit beinhaltete, den Berufsschutz bei anhaltender Arbeitslosigkeit erheblich minderte, den Einsatz von Vermögen bis auf kleine Freibeträge verlangte und einen Niedriglohnbereich und Minijobs anvisierte. Damit war auch für ältere Arbeitnehmer im Falle einer Arbeitslosigkeit die Gefahr verbunden, erhebliche Einschnitte hinnehmen zu müssen. Im Gefolge dieser Arbeitsmarktreformen wurde auch die Bezugsdauer des Arbeitslosengeldes I von, je nach Lebensalter, bisher maximal 32 Monaten auf nunmehr höchstens 18 Monaten verkürzt.

Der andere Baustein der rot-grünen Reformen betraf die Alterssicherung, nämlich zum einen die sog. Riesterrente (2001) als private und staatlich geförderte zusätzliche Altersvorsorge und das Nachhaltigkeitsgesetz (2004), das nunmehr das Verhältnis der Rentner zur Anzahl der Beitragszahler in Rechnung stellte.[42] Damit wurde zumindest partiell von der 1957 eingeführten Rentendynamisierung und dem Prinzip der Lebensstandardsicherung abgewichen. Zielvorgabe war nunmehr die Beitragsstabilität. Das Rentenniveau wurde abgesenkt und zu dessen Kompensation die private Altersvorsorge in Form der kapitalbasierten, jedoch freiwilligen Riesterrente implementiert. Diese auch aufgrund massiver Lobbyarbeit der Finanzindustrie zustande gekommene private Altersvorsorge stellte „eine tiefgreifende Zäsur in der Sozialstaatsgeschichte der Bundesrepublik“ dar. Als

[39] Nullmeier, Sozialstaatsentwicklung, S. 183. Der Autor grenzt diese Reformphase auf die Jahre 2000 bis 2007 ein; vgl. auch Schmidt, Sozialpolitik, S. 112–124, der im Übrigen die These einer „neoliberalen“ Umgründung der rot-grünen Sozialpolitik zurückweist und eher von einem partiellen „Reformstau“ und von „Nichtentscheidungen“ (z. B. Anhebung des Renteneintrittsalters) spricht.

[40] Hockerts, Einleitung, S. 16.

[41] Vgl. dazu auch Neumann/Schaper, Sozialordnung, S. 148–152.

[42] Vgl. dazu Hans Günter Hockerts, Abschied von der dynamischen Rente. Über den Einzug der Demographie und der Finanzindustrie in die Politik der Alterssicherung, in: ders., Der deutsche Sozialstaat. Entfaltung und Gefährdung seit 1945, Göttingen 2011, S. 294–324, S. 295 (das folgende Zitat).

wesentliches Argument für diese Reform in der Alterssicherung fungierte der demographische Faktor, zum einen gekennzeichnet durch einen massiven Geburtenrückgang zwischen 1965 und 1975, der bis in die Gegenwart anhält und zum anderen durch eine gleichzeitig älter werdende Bevölkerung. Damit eng verbunden begannen auch Diskussionen über die Möglichkeit, durch Kapitalbildungen das bisher ausschließliche Finanzierungssystem des Umlageverfahrens zu ergänzen. 2007 schließlich beschloss die Große Koalition die schrittweise Anhebung der Altersgrenze in der gesetzlichen Rentenversicherung auf 67 Jahre bis zum Jahr 2029.

Die Alterssicherung war im Übrigen bereits während der Kanzlerschaft Helmut Kohls in den 1990er Jahren ein Reformbereich gewesen. Eine 1992 in Kraft getretene Rentenreform berücksichtigte erstmals demographische Gesichtspunkte und stellte – um einen deutlichen Beitragsanstieg in der Zukunft zu vermeiden – die Rentenanpassung von der Bruttolohn- zur Nettolohnorientierung um. Des Weiteren hob man schrittweise die Altersgrenzen an. Letzteres hatte Abschläge zur Folge bei vorzeitigem Renteneintritt. Dennoch galt noch das Prinzip der Rente als Lebensstandardsicherung. Im Kontext der Rentenreformdiskussionen ist neben der demographischen Entwicklung die in den 1990er Jahren sich verstärkende Lohnnebenkostendebatte zu verankern. Dieser Diskussionspunkt muss vor dem Hintergrund einer intensivieren Standortdebatte im Gefolge der sich verdichtenden Globalisierung gesehen werden. Ein Rentenreformgesetz von 1997 baute erstmals einen demographischen Faktor ein.

Die im Herbst 2008 ausgebrochene Finanzkrise erfasste auch die Bundesrepublik Deutschland nachhaltig, 2009 kam es mit einem -5,0 % Wachstum zum schwersten Wachstumseinbruch seit 1945.[43] Zur Bekämpfung der Krise verabschiedete die Bundesregierung jeweils unter der Bundeskanzlerin Angela Merkel vier sog. Konjunkturpakete und ein Sparpaket, wobei hier nur die sozialpolitischen Implikationen interessieren.[44] Die Pakete beinhalteten Beitragssenkungen bei der Arbeitslosen- und Krankenversicherung, eine bessere steuerliche Absetzbarkeit von Kranken- und Pflegeversicherungsbeiträgen, Erhöhungen von Kindergeld und Kinderfreibeträgen, mehr Arbeitsvermittlerstellen bei der Bundesagentur für Arbeit und vor allem die Ausweitung der Kurzarbeit von 12 auf schließlich 24 Monate sowie die Erstattung von Arbeitgeberbeiträgen bei Kurzarbeit. Die ergriffenen sozialpolitischen Maßnahmen standen somit „ganz im Zeichen der Kurzarbeit“[45], dieses Instrument war das „Flaggschiff der deutschen Krisenreaktion“. Kurzarbeit verhinderte durch vorübergehende Produktionsanpassungen der Unternehmen das Auftreten von Massenentlassungen und erklärt den Erfolg der

---

[43] Vgl. dazu Starke, Krisen, S. 16ff.

[44] Vgl. die informative Übersicht zu den deutschen Krisenmaßnahmen bei Starke, Krisen, S. 18 (Tabelle 3).

[45] Starke, Krisen, S. 21 und S. 22 (das folgende Zitat).

deutschen Beschäftigungspolitik in der großen Krise. Insgesamt gesehen nahmen die sozialpolitischen Maßnahmen zur Bewältigung dieser großen Krise einen hohen Stellenwert ein, denn gut die Hälfte der aufgewendeten Krisenbekämpfungsmaßnahmen betrafen in einem weiteren Sinn Sozialpolitik.

Im Jahre 2010 allerdings wurde diese antizyklische Politik der Bundesregierung durch „das größte Ausgabenkürzungsprogramm in der Geschichte der Bundesrepublik“ abrupt beendet. Es beinhaltete Subventionsabbau, Kürzungen bei der Bundeswehr, beim Elterngeld (komplette Streichung bei Langzeitarbeitslosen) und die Abschaffung des bis dahin gewährten Übergangsgeldes für Arbeitslose, die keinen Anspruch auf das Arbeitslosengeld I mehr besaßen.

Nachdem die erste Große Koalition mit der Bundeskanzlerin Angela Merkel schon seit 2007 „moderate Korrekturen“[46] der zum Teil einschneidenden Reformpolitik der vorausgegangenen Jahre in die Wege geleitet hatte, setzte die zweite Große Koalition Merkel seit 2013 einige sozialpolitische Erweiterungen durch. So besteht ab 2014 für eine bestimmte Altersgruppe die Möglichkeit nach 45 Beitragsjahren – einschließlich von Zeiten der Arbeitslosigkeit – mit 63 Jahren abschlagsfrei in Rente zu gehen. Dieses Zugangsalter wird entsprechend dem allgemeinen Renteneintrittsalter schrittweise auf 65 Jahre erhöht. Des Weiteren wurde eine „Mütterrente“ eingeführt, die die Kindererziehung besser anerkennen soll. Über die 1992 getroffenen Regelungen hinausgehend erhalten dann, in der Regel Mütter, für vor 1992 geborene Kinder einen zusätzlichen Entgeltpunkt in der Alterssicherung gutgeschrieben, was eine höhere Rente zur Folge hat. Schließlich kam es nach langen Debatten zur Einführung eines staatlichen, flächendeckenden und branchenübergreifenden Mindestlohns, wenngleich dennoch Minderjährige ohne Berufsausbildung bzw. Schüler, Auszubildende. Pflichtpraktikanten, Langzeitarbeitslose in den ersten sechs Monaten ihres Wiedereinstiegs, Ehrenamtliche und Zeitungszusteller (bis zum 31.12.2016) davon ausgenommen wurden. Weiterhin erfolgte eine Erweiterung von Leistungen der sozialen Pflegeversicherung und auch familienpolitische Ergänzungen durch das Elterngeld plus sowie das umstrittene Betreuungsgeld.

Weitere Modernisierungen des deutschen Sozialstaates in den letzten Jahren erfolgten durch z. B. die erleichterte Fachkräftezuwanderung seit 2020 und Änderungen bei der Teilzeitarbeit, die vor allem den Frauen zugutekommen sollen. Eine größere Reform trat auch bei der Pflegeversicherung in Kraft, ein Bereich, dessen Bedeutung in den nächsten Jahren weiter zunehmen wird. Dazu gehören gesetzliche Maßnahmen zur Erhöhung der Zahl der Pflegekräfte und deren bessere Entlohnung. Im Dezember 2016 wurde das Bundesteilhabegesetz beschlossen, das in mehreren Stufen bis zum Jahr 2023 eine umfangreiche Reform des bisherigen Behindertenrechts im SGB IX zum Ziel hat.

[46] Nullmeier, Sozialstaatsentwicklung, S. 189.

Vor allem aber seit 2015 wurde der deutsche Sozialstaat von der in diesem Jahr enorm gestiegenen Zuwanderung (Flüchtlinge) betroffen und hat die umfangreiche Integration der Zuwanderer zu bewältigen. Dies betraf vor allem das Asylbewerberleistungsgesetz (subsumiert unter der Sozialhilfe), dessen Ausgaben deutlich zunahmen. Die sozialpolitischen Folgen der aktuellen sog. Coronakrise sind nicht abzusehen und werden hier auch nicht berücksichtigt.

Ein abschließender Blick auf den aktuellen deutschen Sozialstaat verdeutlicht an Hand einiger statistischer Daten zum Sozialbudget dessen enormen Stellenwert.[47] Nach zweckbestimmten Funktionen unterscheidet das Sozialbudget die Funktionen Krankheit, Invalidität, Alter, Hinterbliebene, Kinder, Ehegatten, Mutterschaft, Arbeitslosigkeit, Wohnen und Allgemeine Lebenshilfen. Nach Institutionen differenziert das Sozialbudget gruppenmäßig nach Sozialversicherungssystemen, Sondersystemen, Systemen des öffentlichen Dienstes, Arbeitgebersystemen, Entschädigungssystemen und Förder- und Fürsorgesystemen.

Zunächst sei auf die Gesamtbilanz verwiesen: Im Jahr 2018 wies das gesamte Sozialbudget Leistungen in Höhe von 996 Milliarden Euro auf, bei einer Sozialleistungsquote – diese ist ein Verhältniswert der Leistungen des Sozialbudgets in Relation zum nominalen Bruttoinlandsprodukt – von 29,4 %.

Nach den erwähnten Funktionen aufgelistet, also abzielend auf die Lebensrisiken, wurden für die Funktionen Krankheit und Invalidität – dazu zählen neben den Leistungen zur Wiederherstellung und Erhaltung der Gesundheit auch die Lohnfortzahlung bei Krankheit und die Invaliditätsrenten – rund 417 Milliarden Euro (= 43,8 % aller sozialen Leistungen) ausgegeben, davon rund 335 Milliarden für Krankheit. Dann folgten die Ausgaben für die Alters- und Hinterbliebenenversorgung mit rund 367 Milliarden Euro (= 38,5 % aller sozialen Leistungen). An dritter Stelle rangierten die Ausgaben für Kinder, Ehegatten und Mutterschaft mit rd. 110 Milliarden Euro. Deutlich zurückgegangen sind im Vergleich zu den vorherigen Jahren und ein Indiz für die wiedererstarkte deutsche Wirtschaft 2018 die Leistungen für Arbeitslosigkeit mit nun 30,6 Milliarden Euro.

Entsprechend den Institutionen dominiert 2018 auch in finanzieller Hinsicht das Sozialversicherungssystem mit seinen fünf Zweigen und bildet mit rund 598 Milliarden Euro mit Abstand den größten Posten. Innerhalb der Sozialversicherung liegt die Rentenversicherung deutlich vor den Ausgaben für die Krankenversicherung mit 313 Milliarden Euro zu 237 Milliarden Euro. Im Vergleich dazu beanspruchen die entsprechenden Systeme des öffentlichen Dienstes nur rund 80 Milliarden Euro. Den zweithöchsten Ausgabeposten gemäß den Institutionen nehmen mit 188 Milliarden Euro die Förder- und Fürsorgesysteme ein wie z. B. Kindergeld, Grundsicherung für Arbeitsuchende, Sozialhilfe, Kinder- und Jugendhilfe.

[47] Die folgenden Angaben nach Bundesministerium für Arbeit und Soziales (Hg.), Sozialbudget 2018/2019 (Schätzungen).

Nimmt man schließlich noch die Finanzierung der sozialen Sicherung ins Visier, so dominieren mit rund 65 % die Beiträge, insbesondere sind sie bei den Zweigen der Sozialversicherung die Haupteinnahmequelle. Die Staatszuschüsse betragen rund 33 %, wobei ihr außerordentlicher Anstieg in den 1990er Jahren vor allem auf den wachsenden Staatszuschuss zur gesetzlichen Rentenversicherung zurückzuführen ist. Die anderen Sozialleistungen neben der Sozialversicherung werden überwiegend aus Steuermittel finanziert.

2.3 Exkurs: Zur Entwicklung der Sozialpolitik in der Deutschen Demokratischen Republik (1949–1990)

Der folgende Exkurs zeichnet Grundlinien der Entwicklung der Sozialpolitik von der Gründung der Deutschen Demokratischen Republik im Jahre 1949 bis zur Wiedervereinigung 1990 nach. Die Wiedervereinigung übertrug dann das System des bundesdeutschen Sozialstaates mit seinen Institutionen und Leistungen durch den Vertrag über die Währungs-, Wirtschafts- und Sozialunion vom 1. Juli 1990 nahezu vollständig auf das Gebiet der DDR.

Aus der Perspektive der Staatsführung der DDR suchte man die Legitimation des eigenen Staates „im hohen und zunehmenden Maße in der Sozialpolitik“[48]. Zunächst wurde Sozialpolitik von der Staatsführung kritisch beurteilt, da diese nur der Erhaltung des kapitalistischen Systems diene. Sozialpolitik galt „als eine Art Lazarettstation für die Opfer des Kapitalismus“ auf niedrigem Niveau. Da eine sozialistische Wirtschafts- und Gesellschaftsordnung fortschrittlich und human sei, benötige sie eigentlich keine sozialpolitischen Instrumente. Doch spätestens in den 60er Jahren wurde deutlich, dass die DDR auf dem Feld der wirtschaftlichen Leistungsfähigkeit immer weiter gegenüber dem „Konkurrenten“ Bundesrepublik Deutschland zurückfiel und nunmehr die „soziale Sicherheit“ als Legitimation ihres SED-Staates heranzog. Der Ausbau des Sozialstaates in der Bundesrepublik übte auf das SED-Regime zunehmend Druck aus.

Seit den 1970er Jahren rückte für die Staatsführung der DDR immer mehr die Vorstellung der „sozialen Geborgenheit“ in den Vordergrund und man wandte sich vom im Westen vorherrschenden Begriff der „sozialen Sicherheit“ ab. Mit dieser

[48] Gerhard A. Ritter, Über Deutschland. Die Bundesrepublik in der deutschen Geschichte, München 1998, S. 162 (ebenda auch das folgende Zitat), zum Folgenden ders., Deutschland, S. 162–171; Schmidt, Sozialstaat, S. 49–61; Hans Günter Hockerts, Grundlinien und soziale Folgen der Sozialpolitik in der DDR, in: ders., Der deutsche Sozialstaat. Entfaltung und Gefährdung seit 1945, Göttingen 2011, S. 224–248; Hans Günter Hockerts, Soziale Errungenschaften? Zum sozialpolitischen Legitimitätsanspruch der zweiten deutschen Diktatur, in: ders., Der deutsche Sozialstaat. Entfaltung und Gefährdung seit 1945, Göttingen 2011, S. 249–266; Manfred G. Schmidt, Grundlagen der Sozialpolitik in der Deutschen Demokratischen Republik, in: Geschichte der Sozialpolitik in Deutschland seit 1945, Bd. 1: Grundlagen der Sozialpolitik, Baden-Baden 2001, S. 685–798; Metzler, Sozialstaat, S. 152–169; Wehler, Gesellschaftsgeschichte, S. 342–347.

Zielvorgabe reihte sich die DDR in eine spezifisch deutsche, noch vordemokratische und eher obrigkeitlich orientierte Tradition ein. Das oben beschriebene bismarcksche Sozialversicherungssystem bildete im Rahmen dieser Tradition ein wesentliches Element. Das Konzept einer umfassenden, staatlich bestimmten Sozialpolitik der „Geborgenheit", insbesondere ausgebaut in der Ära Honecker, belastete die wirtschaftliche Leistungsfähigkeit der DDR immer nachhaltiger, indem es die wirtschaftliche Entwicklung beeinträchtigte und somit zum Zusammenbruch des zweiten deutschen Staates beitrug. Der Ausbau der sozialpolitischen Leistungen diente der Legitimation des SED-Staates, erreichte aber das Niveau des westdeutschen Konkurrenten nicht.

Blickt man zunächst auf das System der Arbeitsbeziehungen, sind im Vergleich zur bundesdeutschen Entwicklung seit 1949 erhebliche Unterschiede festzustellen:

Zunächst war in der DDR das Recht auf Arbeit verankert, was aber angesichts des permanenten Arbeitskräftemangels keine größere Bedeutung erlangte. Das Recht auf Arbeit war das „Prunkstück der DDR-Sozialpolitik"[49] und garantierte für den Großteil der Bevölkerung einen Arbeitsplatz einschließlich eines rigiden Kündigungsschutzes und für Betriebe vielfältige staatliche Hilfen zur Sicherung ihres Überlebens. Allerdings war die Durchsetzung dieses Rechts wegen der großen Arbeitsnachfrage und dem knappen Angebot an Arbeitskräften nicht allzu schwer. Zusätzlich verschärfte die im Vergleich zu Westdeutschland erheblich geringere Arbeitsproduktivität und die hohe Abwanderung in den Westen durchgehend die Arbeitskräftenachfrage. Das Recht auf Arbeit habe sozialpolitisch die „stärkste Legitimierungskraft" dargestellt und sei auch von einem Großteil der Bevölkerung geschätzt worden. Da Konflikte in den Arbeitsbeziehungen in der sozialistischen Gesellschaftsordnung nicht mehr vorkamen, so die herrschende Meinung, bedurfte es im Übrigen auch keiner gerichtlichen Regelung durch Arbeitsgerichte, die allmählich in die Bedeutungslosigkeit versanken.

Freie Gewerkschaften im Rahmen einer Tarifautonomie mit dem Recht zum Abschluss von Tarifverträgen und dem Streikrecht existierten nicht in der DDR. Der 1946 als staatliche Einheitsgewerkschaft gegründete Freie Deutsche Gewerkschaftsbund (FDGB) und seine einzelnen Verbände unterstanden der Kontrolle der SED, die sie als Instrumente zur Machtdurchsetzung nutzten. In begrenztem Umfang übernahmen demgegenüber auf betrieblicher Ebene die Arbeitsbrigaden die kollektive Interessenvertretung der Arbeitnehmer. Neben ihren systemimmanenten Aufgaben der Steigerung der Arbeitsproduktivität, der politischen Schulung wie auch der Kontrolle der Arbeitnehmer konnten die Arbeitsbrigaden aber doch den Arbeitnehmern gewisse Mitsprachemöglichkeiten bei Fragen der Arbeitsbedingungen einräumen. Dies entsprach in beschränktem Umfang der

[49] Schmidt, Sozialstaat, S. 53 und S. 57 (das folgende Zitat).

Funktion eines Betriebsrates wie es ihn im westdeutschen System gibt, der aber letztlich über mehr Einflussmöglichkeiten verfügt.

Der FDGB übernahm andere Aufgaben als die „eigentlichen" Betätigungen von Gewerkschaften. Dem FDGB übertrug man 1956 als wesentliches Aufgabenfeld die Organisation und Umsetzung der Sozialversicherung, die als Einheitsversicherung der Arbeiter und Angestellten konzipiert war und die die Trennung zwischen Arbeitern und Angestellten beseitigte. Die Sozialversicherung in der DDR erfasste nahezu vollständig die gesamte erwerbstätige Bevölkerung und private Versicherungen verschwanden. Die Leistungen waren insgesamt weitgehend gleich hoch, jedoch rangierten gerade die Renten auf niedrigem Niveau. Eine Äquivalenz zwischen Beitragshöhe und Leistung wie etwa im bundesdeutschen Rentensystem bestand nicht.

Der Beitragssatz der Arbeitnehmer für die gesamte Sozialversicherung war mit 10 % ziemlich niedrig, die Arbeitgeber mussten seit 1978 12,5 % entrichten. Da die Beitragsbemessungsgrenze von 600 Mark seit 1947 nie mehr erhöht wurde, führten die Arbeitnehmer einen immer geringeren Teil ihres Arbeitseinkommens für die Sozialversicherung ab, was umgekehrt einen wachsenden staatlichen Zuschuss – in der Endphase der DDR lag dieser bei 45 % der Einnahmen – erforderlich machte. Kein Bürger der DDR hat somit jemals mehr als 60 Mark monatlichen Pflichtbeitrag bezahlt! Die Lohnsteigerungen schlugen sich nicht in den Beitragszahlungen nieder.

Die durchschnittliche Rente erreichte nur 35 % des durchschnittlichen Nettoeinkommens und eine Dynamisierung wie im Westen erfolgte nicht, lediglich alle 3 bis 5 Jahre kam es zu Erhöhungen. Deshalb mussten somit viele Rentner weiterhin eine Beschäftigung ausüben, um ihren Lebensstandard halten zu können. Das dürftige Rentenniveau entwickelte sich demzufolge immer mehr zum „schwächsten Glied im Sozialleistungssystem der DDR"[50]. Das ostdeutsche Rentensystem verharrte auf einem die Existenz minimal sichernden Niveau im Unterschied zum westdeutschen Rentensystem, das seit 1957 den Einkommensstand des vorausgegangenen Erwerbslebens beizubehalten suchte. Als Gegensteuerung beschloss die DDR-Staatsführung im Jahre 1971 die Einführung einer freiwilligen Zusatzrentenversicherung für diejenigen, die mehr als 600 Mark verdienten und später eine höhere Rente erzielen wollten. Schließlich nahmen bis zu 80 % der Erwerbstätigen dieses Angebot in Anspruch.

Da es, auch aufgrund einer vielfachen personellen Überbesetzung in den Betrieben, offiziell keine Arbeitslosigkeit in der DDR mehr gab, wurde 1978 die Arbeitslosenversicherung abgeschafft. Eine offene Arbeitslosigkeit existierte spätestens seit den 1960er Jahren nicht mehr, vielmehr kann man von einem chronischen

[50] Hockerts, Grundlinien, S. 237.

Arbeitskräftemangel sprechen. Massenhafte Abwanderung nach Westdeutschland zumindest bis zum Mauerbau 1961, eine relativ geringe Arbeitsproduktivität der Zentralverwaltungswirtschaft, ein überbesetzter Verwaltungs- und Sicherheitsapparat und die Erhaltung einer Arbeitskräftereserve in den Betrieben waren dafür verantwortlich, dass Arbeitslosigkeit nahezu völlig verschwand. Somit ließ sich das „Recht auf Arbeit" problemlos durchsetzen bzw. bildete praktisch die Kehrseite des Arbeitskräftemangels.

Neben der Einheitsversicherung bestand seit 1956 noch die Deutsche Versicherungsanstalt (DVA), 1969 umbenannt in „Staatliche Versicherung der DDR", für die übrigen Erwerbstätigen, v. a. die Mitglieder der landwirtschaftlichen und handwerklichen Produktionsgenossenschaften und die geringe Zahl der Selbstständigen. 1989 umfassten diese Personengruppen weniger als zehn Prozent aller Erwerbstätigen.

Zum Erhalt der politischen Loyalität der mit dem System eng verbundenen Personengruppen wie etwa den Funktionären der SED und der Blockparteien oder anderer Organisationen wie auch den Leistungsträgern der „Intelligenz" oder den Bergleuten wurden seit 1950 27 Zusatzversorgungssysteme[51] eingeführt, die einer drohenden Altersarmut vorbeugen sollten. Daneben gab es vier weitere Sonderversorgungssysteme für die nicht in der Sozialversicherung vertretenen Angehörigen der Nationalen Volksarmee (NVA), der Volkspolizei, des Zolls und des Ministeriums für Staatssicherheit. 1989/1990 besaßen 1,6 Millionen DDR-Bürger, d.h. rund zehn Prozent der Bevölkerung, Ansprüche aufgrund der Zusatz- oder Sonderversorgungssysteme. Dieser Tatbestand offenbart, dass man nicht von einer einheitlichen und für alle Bürger gleichen Sozialversicherung sprechen kann, denn die Gesellschaft differenzierte sich in privilegierte und weniger privilegierte Gruppen.

Im Gesundheitswesen herrschten bis zum Mauerbau 1961 personelle Engpässe, da unter den in den Westen Geflohenen viele aus dem schlecht bezahlten Gesundheitssektor stammten. Gesundheitspolitik sollte ebenfalls zum Erhalt eines leistungsfähigen Arbeitskräftepotentials beitragen. Insgesamt blieb die Qualität des verstaatlichten Gesundheitswesens wegen ausbleibender Investitionen, unzureichender medizinisch-technischer Ausstattung und einer mangelhaften Medikamentenversorgung weit unter dem westdeutschen Niveau. Die höhere Sterberate bei heilbaren Krankheiten und auch eine in den 1980er Jahren wieder sinkende Lebenserwartung untermauerten diesen Befund.

Organisatorisch war das Gesundheitssystem deutlich anders aufgebaut als das in der Bundesrepublik. Im Unterschied zum mehrgliedrigen bundesdeutschen Gesundheitswesen mit privaten niedergelassenen Ärzten, verschiedenen Krankenhausträgern und einer Vielzahl von Krankenkassen entwickelte sich in der DDR

[51] Genaue Auflistung der Zusatzversorgungssysteme und der Sonderversorgungssysteme bei Bundesministerium für Arbeit und Soziales (Hg.), Übersicht, S. 532f.

ein einheitliches staatliches Gesundheitswesen, das an den FDGB und den Staatshaushalt gekoppelt war. Jedoch wurden ähnlich dem Bereich der Altersversorgung auch hier insgesamt 14 zusätzliche Versorgungssysteme für besondere Bevölkerungsgruppen zur besseren medizinischen Versorgung eingerichtet. Die Zahl der politisch nicht gewollten niedergelassenen, „bürgerlichen“ Ärzte sank massiv bis 1989. Private Versicherungseinrichtungen wurden verboten, die Figur eines Privatpatienten verschwand. Die kostenlose Versorgung erfolgte vor allem in den Polikliniken und Ambulatorien, wobei nachhaltig Wert auf Prophylaxe gelegt wurde.

Da das Arbeitskräftepotential nie ganz ausreichte, bestand ein hohes Interesse an einem niedrigen Krankenstand. Hauptaufgabe des Gesundheitsdienstes war die schnell wiederherzustellende Arbeitskraft der Patienten. Dieser Maxime entsprach zugleich eine „Art Gesundheitspflicht“[52], die sich in umfangreichen Impfprogrammen, ausgedehnten Krankheitsmeldepflichten und verpflichtenden Reihenuntersuchungen zur Früherkennung von Krankheiten äußerte. Besonderes Kennzeichen des Gesundheitswesens in der DDR war auch der hohe Stellenwert des betrieblichen Gesundheitswesens, wobei insbesondere Großbetriebe ihre Gesundheitseinrichtungen großzügig ausweiteten.

Mit dem letztgenannten Aspekt ist ein generelles Merkmal der Sozialpolitik in der DDR angesprochen: Anders als in der Bundesrepublik nahmen die Betriebe mit ihren jeweiligen Einrichtungen eine bedeutende Rolle ein. Im Unterschied zur Sozialpolitik im Westen, bei der die Betriebe von sozialpolitischen Aufgaben weitgehend entlastet werden, integrierte die Sozialpolitik der DDR diese Aufgaben in die Betriebe, wobei hier die Vertreter des FDGB ihren Betätigungsschwerpunkt hatten. Wie erwähnt sind das Gesundheitswesen, die vielfältigen Einrichtungen zur Kinderbetreuung, die auch die notwendige Beschäftigung der Frauen unterstützen sollten, die soziale Betreuung der Beschäftigten einschließlich der in die Rente eingetretenen ehemaligen Beschäftigten Beispiele dieses betrieblich ausgerichteten Systems. Die Betriebe mussten derartige Maßnahmen einkalkulieren und übernehmen, was sich verständlicherweise auch auf die Rentabilität auswirkte und sie letztendlich überfrachtete. Der Betrieb nahm grundsätzlich im Leben der Menschen in der DDR eine größere Rolle im Vergleich zur Bundesrepublik ein, denn auch kulturelle Aufgaben wie auch sportliche Aktivitäten wurden dort übernommen und durchgeführt. Vielfältige Kontakte und Kommunikation konzentrierten sich in den Betrieben in den Arbeitsbrigaden und prägten das gesamte soziale Leben der Menschen über die Betriebsangehörigen hinaus.

Ein weiteres wesentliches Kernelement der sozialpolitischen Entwicklung in der DDR bildeten die wachsende Subventionierung von Gütern und Dienstleistungen sowie der Wohnungsbau. Der Wohnungsbau konnte die Nachfrage aber zu keiner Zeit befriedigen. Die Subventionierung machte diese Güter und Dienstleistungen

---

[52] Hockerts, Grundlinien, S. 233.

für die Verbraucher sehr billig, so dass es vielfach zu einer ineffizienten Verwendung der Subventionen und auch Verschwendung kam. Die Subventionierung wurde aus dem Staatshaushalt finanziert und trug maßgeblich zur steigenden Staatsverschuldung der DDR bei.

Nur kurz sei auf die stark fragmentierte Entscheidungsstruktur der DDR-Sozialpolitik hingewiesen. Es gab viele Beteiligte, allerdings fehlte „eine ordnende Hand“[53] etwa in Gestalt eines steuernden Ministeriums. Die generelle Zuständigkeit lag zwar beim Generalsekretär des Zentralkomitees der SED, einem kleinen Kreis im Politbüro und verschiedenen Abteilungen im Zentralkomitee. Hier wiederum bestanden viele Unterabteilungen und kein koordinierendes Zentrum. Wechselseitige Abschottung, isolierte Problemsicht und keine umfassende, das Ganze berücksichtigende Problembehebung waren Folgen dieser Entscheidungsstruktur.

Insgesamt gesehen war die Sozialpolitik in der DDR eine „Arbeitspolitik“ und auf die Sicherung und Entwicklung des Arbeitskräftepotentials ausgerichtet. Die Sozialpolitik verfolgte das Ziel, „die Arbeitsbereitschaft der Werktätigen anzuspornen und hierdurch die Arbeitsproduktivität steigern“. Daraus resultierten die nicht ausreichende Altersversorgung und die Bemühungen zur Heranziehung der Frauen als Arbeitskräfte. Die Förderung der Erwerbstätigkeit von Frauen sollte aber so gestaltet werden, dass die dringend gewünschten Geburten nicht vermindert werden. Damit ist auf einen weiteren wichtigen Baustein der DDR-Sozialpolitik verwiesen, nämlich eine pronatalistische Sozialpolitik mit der anvisierten Norm einer Zwei bis Drei-Kinderfamilie. Man suchte zwei Elemente angemessen zu vereinbaren: Die unverzichtbare Erwerbstätigkeit der Frauen und die Geburt von mehr als einem Kind. Dieser Vorgabe entsprachen die vielfältigen Kinderbetreuungseinrichtungen, finanzielle Anreize für Geburten, Freistellungen oder auch Bevorzugungen bei der Wohnungsvergabe. Die DDR entwickelte sich zur „weiblichsten Erwerbsgesellschaft Europas“[54] mit einer Frauenerwerbsquote von 90 % Anfang der 80er Jahre. Zugleich bestand eine hohe Mütterrate, d. h. rund 90 % der Frauen zwischen dem 20. und 40. Lebensjahr gebaren mindestens ein Kind.

Allerdings kam es als Kehrseite dieser Prioritätensetzung zu einer Vernachlässigung derjenigen Personengruppen wie Rentner, Pflegebedürftige, Behinderte, die nicht mehr im Produktionswesen oder im Blickfeld der Bevölkerungspolitik standen.

Zusammenfassend sieht man heute deutlich die Spannung zwischen der Sozialpolitik und der Leistungskraft der Wirtschaft. Die Problematik der DDR-Wirtschaft hatte viele Ursachen, die finanziell aufwendige Sozialpolitik trug zur Überforderung der Wirtschaft bei, Investitionen in den Betrieben blieben demgegenüber aus. Ende Oktober 1989 sprach dies der Vorsitzende der Staatlichen Plankommission

[53] Schmidt, Sozialstaat, S. 52 und S. 57 (die folgenden Zitate).

[54] Hockerts, Grundlinien, S. 245.

der DDR, Gerhard Schürer, in einer Vorlage für das Politbüro aus: „Es wurde mehr verbraucht, als aus eigener Produktion erwirtschaftet wurde.“[55]

[55] Zit. nach Schmidt, Sozialstaat, S. 59.

3. Der Sozialstaat in der Bundesrepublik Deutschland

Nachdem im vorherigen Abschnitt die historische Genese des deutschen Sozialstaates einschließlich eines Exkurses über die Sozialpolitik in der Deutschen Demokratischen Republik bis in die unmittelbare Gegenwart nachgezeichnet wurde, stehen nun im folgenden Hauptteil seine Begrifflichkeit und Grundprinzipien sowie die rechtliche Verfasstheit, Anspruchsberechtigten und Leistungen im Mittelpunkt.

3.1 Begriff und Grundprinzipien des deutschen Sozialstaates

Die folgenden beiden Abschnitte wollen den Gegenstand „Sozialstaat" jenseits der oben referierten historischen Perspektive theoretisch erfassen und dabei die Begrifflichkeit sowie die tragenden Grundprinzipien herausarbeiten.

3.1.1 Zum Begriff des Sozialstaates

Wir sprechen in dieser Arbeit vom Sozialstaat in Deutschland und verwenden nicht den vor allem im angelsächsischen Raum gebräuchlichen Terminus Wohlfahrtsstaat bzw. welfare state, der noch an die Wohlfahrtspflege aus der vordemokratischen Epoche des aufgeklärten Absolutismus erinnert.[1] Demgegenüber wird hier betont, dass der moderne, voll ausgeprägte Sozialstaat „eine besondere Form der Massendemokratie"[2] ist, wenngleich einzelne Elemente des Sozialstaates durchaus in vordemokratischen Staaten und planwirtschaftlich organisierten Staaten, autoritären Staaten oder faschistischen Diktaturen zu finden sind.

Der Begriff des Sozialstaates ist in Deutschland wohl auf Lorenz von Stein in der Mitte des 19. Jahrhunderts zurückzuführen, der die Bezeichnung „soziale Demokratie" und den Terminus des „sozialen Staates" verwendete. In der Weimarer Republik fand der Begriff „Sozialstaat" eine weitere positiv verstandene Verwendung. Der moderne Sozialstaat, der sich begrifflich nach 1945 im (west)deutschen Sprachgebrauch endgültig durchgesetzt hat, beinhaltet die „wesentlichen demokratischen Elemente der Gleichheit und Selbstbestimmung der Staatsbürger". Der Terminus „Sozialstaat" vermeidet Anklänge an eine paternalistische Wohlfahrt aus der Zeit des Absolutismus, die die bürgerliche Freiheit beschränkte. Schließlich ist die Dominanz des Begriffs „Sozialstaat" im deutschen Sprachgebrauch auch ein Resultat negativer Assoziationen des Begriffs „Wohlfahrt", der an das wenig erfreuliche Schicksal der sog. Wohlfahrtserwerbslosen in der großen Krise in der Endphase der Weimarer Republik Anfang der 1930er Jahre erinnert. Des Weiteren

[1] Vgl. Hans Günter Hockerts, Vom Problemlöser zum Problemerzeuger? Der Sozialstaat im 20. Jahrhundert, in: ders., Der deutsche Sozialstaat. Entfaltung und Gefährdung seit 1945, Göttingen 2011, S. 331ff. und Ritter, Sozialstaat, S. 10ff.

[2] Ritter, Sozialstaat, S. 11 und S. 13 (das folgende Zitat).

spielte auch die Erinnerung an die völkisch ausgerichtete NS-„Volkswohlfahrt" eine Rolle bei der Vermeidung des Wohlfahrtsbegriffes. Die Dominanz der Terminologie „Sozialstaat" im deutschen Sprachgebrauch bis in die Gegenwart ist darüber hinaus wohl auch auf das im Grundgesetz verankerte Sozialstaatsprinzip zurückzuführen. Schließlich beinhaltet „welfare state" zumeist auch nicht das im deutschen Sozialstaat wichtige Arbeitsrecht, so dass der Begriff „Sozialstaat" letztendlich eine spezifische deutsche Tradition verkörpert und hier vorrangig Verwendung findet.[3]

Zu den Eigenarten des deutschen Sozialstaats zählt nach Kaufmann[4] die Verbindung zwischen Staatlichkeit und Sozialstaat, denn historisch gesehen ist die Entstehung der Sozialversicherung in Deutschland auf staatspolitische Überlegungen zurückzuführen, d. h. die sozialpolitische Aufgabe konzentrierte sich auf die Befriedung des Klassenkonflikts zwischen Kapital und Arbeit. Des Weiteren ist in Deutschland im Unterschied etwa zu Schweden oder Großbritannien, wo man den Arbeitnehmerschutz als Angelegenheit der Tarifparteien betrachtet, das Arbeitsrecht Bestandteil sozialstaatlicher Regulierung. Weiteres deutsches Charakteristikum ist die hohe Verrechtlichung der Sozialpolitik, die auch durch die spezifische Sozialgerichtsbarkeit und Arbeitsgerichtsbarkeit zum Ausdruck kommt. Schließlich besteht das deutsche System der sozialen Sicherung aus vielfältigen und berufsgruppenspezifischen Komponenten, die ursprünglich differenziert waren nach einer Zuordnung als Angestellter oder Arbeiter. Entscheidendes Kriterium war die möglichst durchgehende Teilnahme am Produktionsprozess.

Betrachte man somit die Aufgaben des Sozialstaates, so zählt nicht nur die Sozialversicherung mit ihrer Schutzfunktion bei Alter, Invalidität, Krankheit, Unfall und Arbeitslosigkeit als wichtigster sozialpolitischer Gegenstand dazu, sondern auch Familienhilfe, Gesundheitsfürsorge und sozialer Wohnungsbau. Ein Kennzeichen des Sozialstaates sind auch „Versuche zum Ausgleich unterschiedlicher Startchancen des einzelnen durch ein staatliches Erziehungs- und Bildungswesen und die partielle Umverteilung von Einkommen durch das Steuersystem, ferner die Regulierung des Arbeitsmarktes und der Arbeitsbedingungen durch Maßnahmen des Schutzes für Arbeitnehmer"[5]. Die Arbeitsbeziehungen und die sie tragenden Organisationen der Arbeitgeber und Arbeitnehmer als Sozial- bzw. Tarifpartner fungieren als unverzichtbare Bestandteile des Sozialstaates, der „Institutionen zur

[3] Nach Kaufmann, Kultur, S. 16f. habe sich erst in den 1970er Jahren der Begriff „Sozialstaat" richtig verbreitet aufgrund des nachhaltigen Staatshandelns durch die sozialliberale Koalition und dem damit korrespondierenden Verständnis des Staates als Problemlöser.

[4] Vgl. Franz-Xaver Kaufmann, Sozialwissenschaften, Sozialpolitik und Sozialrecht, in: Peter Masuch / Wolfgang Spellbrink / Ulrich Becker / Stephan Leibfried (Hg.), Grundlagen und Herausforderungen des Sozialstaats. Denkschrift 60 Jahre Bundessozialgericht. Eigenheiten und Zukunft von Sozialpolitik und Sozialrecht, Bd. 1, Berlin 2014, S. 782ff.

[5] Ritter, Sozialstaat, S. 16. In der vorliegenden Arbeit wird das Bildungswesen nicht weiter behandelt, um den vorgegebenen Rahmen nicht auszudehnen.

Konfliktlösung entwickelt [hat], die schon über Jahrzehnte erfolgreich den Interessenausgleich ermöglichen“[6].

Zusammenfassend ist der Sozialstaat „eine Antwort auf den steigenden Bedarf nach Regulierung der im Gefolge von Industrialisierung und Urbanisierung immer komplizierter gewordenen sozialen und wirtschaftlichen Verhältnisse, auf die geringere Bedeutung der traditionellen Formen der Daseinsvorsorge vor allem in der Familie und auf die Zuspitzung von Klassengegensätzen“[7]. Der Sozialstaat versucht die „von dem umfassenden Wandel von Wirtschaft und Gesellschaft betroffenen Menschen in ihrer sozialen Existenz zu sichern und an den Früchten der wachsenden Produktivität durch Hebung des allgemeinen Wohlstandes partizipieren zu lassen“[8]. Dies impliziert nicht die Aufhebung sozialer Ungleichheit, sondern nur deren Abmilderung.

Verfassungsrechtlich verankert und damit deutlich aufgewertet ist der Sozialstaat der Bundesrepublik Deutschland in den Artikeln 20, Abs. 1 und Artikel 28, Abs. 1 des Grundgesetzes. Gemäß Artikel 20, Abs. 1 ist die „Bundesrepublik Deutschland „ein demokratischer und sozialer Bundesstaat“. Artikel 28, Abs. 1 spricht von den Grundsätzen eines „sozialen Rechtsstaates“. Allerdings geht das Grundgesetz inhaltlich nicht näher auf diese Staatszielbestimmung ein.[9] Somit entscheidet letztendlich die Politik über die konkrete Ausgestaltung der Wirtschafts- und Sozialordnung. Im Unterschied zur Verfassung der Weimarer Republik finden sich im Grundgesetz nur wenige soziale Grundrechte: Das Recht der Koalitionsfreiheit in Art. 9, Abs. 3, das die Bildung von Gewerkschaften und Arbeitgeberverbänden sichert, die freie Arbeitsplatzwahl und Berufswahlfreiheit in Art. 12, Abs. 1, die Gewährleistung und Sozialbindung des Privateigentums in Art. 14.

3.1.2 Grundprinzipien des deutschen Sozialstaates

Grundsätzlich basiert das gesamte System der sozialen Sicherung in der Bundesrepublik Deutschland, auch gesellschaftliche Risikovorsorge genannt, auf dem Versicherungsprinzip, dem Versorgungsprinzip und dem Fürsorgeprinzip.[10]

Versicherungsprinzip:

„Kernstück der Sozialen Sicherung in Deutschland ist die Sozialversicherung“ für die großen Lebensrisiken Alter, Invalidität, Krankheit und Arbeitslosigkeit. Die auf Bismarck zurückführende obligatorische Sozialversicherung stieg dabei zum

[6] Neumann/Schaper, Sozialordnung, S. 13.

[7] Ritter, Sozialstaat, S. 20.

[8] Ritter, Soziale Frage, S. 5f.

[9] Vgl. dazu Neumann/Schaper, Sozialordnung, S. 47 (auch mit Verweis auf die Debatten unter den Staatsrechtslehrern um das Spannungsverhältnis zwischen dem Rechtsstaatprinzip und dem Sozialstaatsprinzip, was hier nicht weiter zu verfolgen ist).

[10] Vgl. dazu Neumann/Schaper, Sozialordnung, S. 157ff.; dies., Sozialordnung, S. 157 (das folgende Zitat).

„zentralen Element" des sozialen Sicherungssystems auf. Eine staatlich organisierte Sozialversicherung erweist sich für diese nur bedingt kalkulierbaren Risiken im Vergleich zu einer privaten Versicherung als besser geeignet. Erstens können umfassende Solidargemeinschaften mit einer Umlagenfinanzierung große Belastungen, Katastrophen, Kriege eher bewältigen als kapitalansparende Sicherungssysteme, die durch Kriege oder Inflation leichter vernichtet werden. Vorteilhaft ist zweitens auch das Prinzip der Pflichtversicherung, da es den Menschen manchmal an einer ausreichenden privaten Vorsorge mangelt. Entscheidendes Kriterium für das Prinzip der Sozialversicherung ist aber drittens die Verknüpfung vom Versicherungsprinzip mit dem Solidarprinzip, wodurch eine Umverteilung der Belastungen erfolgt.

Beispielhaft für den Gedanken des Solidarprinzips steht die gesetzliche Krankenversicherung, wo die jeweils gezahlten Beiträge nicht das mögliche Risiko wiederspiegeln, denn der Kranke wie auch der Gesunde zahlt bei gleichem Einkommen die gleiche Prämie. Es herrscht somit kein Äquivalenzprinzip. Man kann drei Ausprägungen des Solidarprinzips festmachen:[11] Erstens werden ungleiche Risiken mit gleichem Beitrag zusammengefasst, zweitens besteht eine „intertemporale Umverteilung", d. h. mit Blick auf den Generationenvertrag in der Rentenversicherung bedeutet dies einen Leistungserhalt in der Lebensphase, wenn selber kein Beitrag mehr geleistet wird bzw. werden kann, und drittens werden die Lasten durch eine einkommensabhängige Beitragszahlung zugunsten der Schwächeren durch die Stärkeren zumindest bis zur Beitragsbemessungsgrenze umverteilt. Letzteres ist vor allem in der Krankenversicherung ausgeprägt.

Versorgungsprinzip:

Das Versorgungssystem basiert demgegenüber auf Steuermitteln und die Begünstigten haben einen Rechtsanspruch auf Leistungen wie beispielsweise die Kriegsopferversorgung ohne vorherige Beitragsleistung.

Fürsorgeprinzip:

Das Fürsorgeprinzip hingegen verlangt eine Bedürftigkeitsprüfung vor einer Leistung. Ein Anspruch auf Leistung besteht demzufolge erst dann, wenn eigenes Vermögen und Einkommen sowie etwaige Unterhaltspflichten von Angehörigen nicht eingefordert werden können. Die Leistungen werden ebenfalls aus Steuermitteln bestritten, Beispiele sind die Formen der Grundsicherung, die Ausbildungsförderung oder das Wohngeld.

Den zentralen Stellenwert bei der Darstellung der Einrichtungen und Leistungen des deutschen Sozialstaates nimmt das Sozialgesetzbuch (SGB) ein, das die Teile des verstreuten Sozialleistungsrechts in einem Gesetzeswerk zusammenfassen soll. 1976 begann diese große Aufgabe mit dem SGB I, dem Allgemeinen Teil. Der

[11] Vgl. Neumann / Schaper, Sozialordnung, S. 165f.

Allgemeine Teil des SGB beinhaltet eine Kodifikation sozialer Rechte des Bürgers, also eine Art *„Sozialcharta für die Bundesrepublik Deutschland“*[12]. § 1 SGB I formuliert als Aufgabe des Sozialrechts „... ein menschenwürdiges Dasein zu sichern, gleiche Voraussetzungen für die freie Entfaltung der Persönlichkeit, insbesondere auch für junge Menschen, zu schaffen...“. Die §§ 2 bis 10 beschreiben die sozialen Rechte der Bürger mit dem Anspruch auf soziale Sicherung, soziale Entschädigung und soziale Förderung, die §§ 13, 14 und 15 regeln Fragen der Durchsetzung des Rechtsanspruchs. Hierbei geht es um die Pflicht der Leistungsträger der Sozialen Sicherung zur Aufklärung, Beratung und Auskunft.

Bisher sind zwölf Bücher des Sozialgesetzbuches erschienen:

Sozialgesetzbuch (SGB)

Buch I: Allgemeiner Teil (1976)	Buch II: Grundsicherung für Arbeitsuchende
Buch III: Arbeitsförderung (1998)	Buch IV: Gemeinsame Vorschriften für die Sozialversicherung (1977)
Buch V: Gesetzliche Krankenversicherung (1989)	Buch VI: Gesetzliche Rentenversicherung (1992)
Buch VII: Gesetzliche Unfallversicherung (1996)	Buch XIII: Kinder- und Jugendhilfe (1991)
Buch IX: Rehabilitation und Teilhabe behinderter Menschen (2001)	Buch X: Sozialverwaltungsverfahren und Sozialdatenschutz (Neufassung 2001)
Buch XI: Soziale Pflegeversicherung (1994)	Buch XII: Sozialhilfe (2003)

3.2 Das System der Sozialversicherung

Wie bereits erwähnt, dominiert in der Bundesrepublik Deutschland das historisch gewachsene System der Sozialversicherung mit einer weitgehenden Versicherungspflicht für die große Mehrheit der Bürger und einer Selbstverwaltung der Träger der verschiedenen Zweige.

Die Zweige der Sozialversicherung werden im Sozialgesetzbuch geregelt, nämlich im Buch IV die gemeinsamen Vorschriften für die Sozialversicherung, im Buch III die Arbeitsförderung, d.h. die gesetzliche Arbeitslosenversicherung (in Kraft getreten seit 1.1.1998), im Buch V die gesetzliche Krankenversicherung (in Kraft getreten seit 1.1.1989), im Buch VI die gesetzliche Rentenversicherung (in Kraft getreten seit 1.1.1992), im Buch VII die gesetzliche Unfallversicherung (in Kraft

[12] Neumann/Schaper, Sozialordnung, S. 49.

getreten seit 1.1.1997) und im Buch XI die gesetzliche Pflegeversicherung (in Kraft getreten seit 1.1.1995).[13]

Zum Begriff der Sozialversicherung

Hier sind drei wesentliche Merkmale festzuhalten: *Erstens* wird die Sozialversicherung grundsätzlich durch Beiträge der Versicherten und ihrer Arbeitgeber finanziert, abgesehen von der Unfallversicherung, *zweitens* ist Bedingung für die Leistungsgewährung aus der Sozialversicherung die Mitgliedschaft oder Zugehörigkeit zur Versicherung und *drittens* handelt es sich bei den Trägern der Sozialversicherung um Körperschaften des öffentlichen Rechts mit Selbstverwaltung.

Die anderen Sozialleistungen in den verschiedenen Büchern des Sozialgesetzbuches werden von weisungsgebundenen Verwaltungen unabhängig von einer Mitgliedschaft erbracht und aus staatlichen Steuermitteln finanziert wie z.B. das Kindergeld, Elterngeld, Wohngeld und die Sozialhilfe.

Gemeinsame Vorschriften für die Sozialversicherung

Das SGB IV regelt einige gemeinsamen Grundsätze wie Begriffsbestimmungen, allgemeine beitragsrechtliche Vorschriften, Meldepflichten, die Abführung des Gesamtsozialversicherungsbeitrages und die Organisation der verschiedenen Sozialversicherungsträger.

Versicherter Personenkreis:

Der Personenkreis in der Sozialversicherung umfasst die kraft Gesetz oder Satzung versicherungspflichtigen Personen und die versicherungsberechtigten freiwillig Versicherten. Besteht Versicherungspflicht, herrscht Zwangsversicherung, d.h. man hat keine Wahlfreiheit. Der Personenkreis variiert je nach dem Zweig der Sozialversicherung, generell zählen aber die Beschäftigten überall zum versicherten Personenkreis.

Versicherungspflichtig sind zuvörderst gegen Arbeitsentgelt Beschäftigte, die weisungsgebunden sind und in die Arbeitsorganisation des Weisunggebers integriert sind. Nicht versicherungspflichtig sind die geringfügig Beschäftigten mit einem Arbeitsentgelt von maximal 450 Euro im Monat oder die innerhalb eines Jahres längstens zwei Monate oder 50 Tage arbeiten. Geringfügig Beschäftigte müssen zentral bei der Einzugsstelle, der Minijob-Zentrale bei der Deutschen Rentenversicherung Knappschaft-Bahn-See gemeldet werden. Zum 1. Juli 2019 gab es verschiedene Änderungen[14] in Bezug auf die Mini- bzw. Midijobs, d.h. anstelle der bisherigen Gleitzone mit der Obergrenze von 850 Euro wird nunmehr ein verlängerter Übergangsbereich mit einer neuen Obergrenze von 1300 Euro geschaffen, ab der erst die volle Abgabenbelastung für Arbeitnehmer zur Geltung kommt, d.h.

[13] Vgl. zum Folgenden Bundesministerium für Arbeit und Soziales (Hg.), Übersicht 2015, S. 91 – 140.

[14] Vgl. Bäcker, Dauerbaustelle: Rentenversicherung/Alterssicherung, S. 112f.

bis zu dieser Grenze werden Geringverdiener bei den Sozialabgaben entlastet. Der Arbeitgeber trägt dagegen für das gesamte Arbeitsentgelt grundsätzlich seinen vollen Anteil am Gesamtsozialversicherungsbeitrag. Die reduzierten Rentenversicherungsbeiträge führen nicht mehr zu geringeren Rentenansprüchen.

Hier ist das Problem der sog. Scheinselbstständigkeit kurz zu umreißen, denn dieses Phänomen hat Auswirkungen sowohl auf den Betroffenen wie auch die Gemeinschaft aller Versicherten. Gemeint ist die formale Selbstständigkeit eines Auftragnehmers, der tatsächlich aber in den Betrieb des Auftraggebers und dessen Weisungen eingebunden ist wie ein abhängig Beschäftigter. Als Merkmale einer Selbstständigkeit gelten die Selbstbestimmtheit der Arbeit hinsichtlich des Arbeitsortes, der Arbeitszeit und der Arbeitsausführung wie auch das Tragen des wirtschaftlichen Risikos und das Vorhandensein mehrerer Auftraggeber. Für die Statusabklärung kann man bei der Clearingstelle der Deutschen Rentenversicherung Bund einen Antrag stellen.

Beiträge:

Die Sozialversicherung wird nahezu ausschließlich durch Beiträge der Versicherten und der Arbeitgeber finanziert. Liegt das Arbeitseinkommen des Versicherten über 450 Euro und maximal bei 1300 Euro, gibt es eine Gleitzone mit reduzierten Beiträgen für die Arbeitnehmer, die bei 10% beginnen und sich bis zur Hälfte des Gesamtsozialversicherungsbeitrags bei 1300 Euro Arbeitsentgelt erstrecken. Der Arbeitgeber muss den Beginn und das Ende der Beschäftigung eines Arbeitnehmers der Einzugsstelle melden. Er muss der Einzugsstelle auch den Gesamtsozialversicherungsbeitrag, d.h. die Arbeitgeber- und Arbeitnehmeranteile, abführen.

3.2.1 Die gesetzliche Krankenversicherung

Die große Herausforderung der heutigen und zukünftigen Gesundheitspolitik liegt darin, das Gesundheitswesen qualitativ auf einem hohen Stand und gleichzeitig finanzierbar zu halten. Derzeit sind in der gesetzlichen Krankenversicherung annähernd rund 90% der Bevölkerung der Bundesrepublik Deutschland versichert, der Rest befindet sich in der privaten Krankenversicherung.[15] Geprägt wird unser Gesundheitssystem nicht von einem staatlichen Gesundheitsdienst, sondern vom Selbstverwaltungsprinzip und einer Kooperation zwischen Krankenkassen, Heilberufen, Krankenhäusern und anderen Leistungserbringern. Die gesetzliche Grundlage für die Krankenversicherung bildet im Wesentlichen das Sozialgesetzbuch V. Die Aufgabe der gesetzlichen Krankenversicherung besteht gemäß § 1 des SGB V darin, die Gesundheit zu erhalten (Prävention), wiederherzustellen oder zu verbessern. Die Versicherten sollen ein gesundes Leben führen.

[15] Vgl. zum Folgenden Bundesministerium für Arbeit und Soziales (Hg.), Übersicht 2015, S. 141–326; Neumann/Schaper, Sozialordnung, S. 211–244; Otto Model/Carl Creifelds, Staatsbürger-Taschenbuch. Alles Wissenswerte über Europa, Staat, Verwaltung, Recht und Wirtschaft, Bonn 2012[33], S. 1032–1041.

Strukturprinzipien der gesetzlichen Krankenversicherung

In der gesetzlichen Krankenversicherung herrschen grundsätzlich das *Bedarfsprinzip* und das *Sachleistungsprinzip*. Dies bedeutet, dass jeder Versicherte Anspruch hat auf Hilfe nach dem aktuellen medizinischen Wissensstand unter Berücksichtigung der Wirtschaftlichkeit der Sachleistung. Die Sachleistung beruht ohne besondere Zahlungsverpflichtung des Versicherten auf Verträgen zwischen den Krankenkassen und den Leistungserbringern, wobei die Leistungen für alle Versicherten gleich sind. Im Vergleich zu den anderen Zweigen der Sozialversicherung ist das *Solidarprinzip* relativ umfangreich ausgeprägt, denn besserverdienende Versicherte zahlen mehr Beitrag als weniger Verdienende bei gleichem Leistungsangebot. Anspruch auf medizinische Leistungen der Krankenkasse besteht unabhängig vom Umfang des gezahlten Beitrags. Auch die beitragsfreie Mitversicherung von nicht erwerbstätigen Ehepartnern und Kindern ist ein Merkmal des Solidarprinzips.

Versicherter Personenkreis der gesetzlichen Krankenversicherung:

Der Personenkreis in der gesetzlichen Krankenversicherung umfasst (a) versicherungspflichtige Personen, (b) freiwillig versicherte Personen und (c) familienversicherte Personen.

(a) *Versicherungspflichtig* sind abhängig Beschäftigte einschließlich Auszubildende, Bezieher von Arbeitslosengeld I und II, selbstständige Landwirte mit einer bestimmten Mindestgröße, Künstler und Publizisten, Jugendliche bei Aufenthalt in Einrichtungen der Jugendhilfe, Behinderte in Einrichtungen, Studenten bis zum Abschluss des 14. Fachsemesters bzw. höchstens des vollendeten 30. Lebensjahres und Praktikanten sowie Rentner (§ 5 SGB V).

Ergänzung: Zur Absicherung von Sozialhilfeempfängern im Krankheitsfall:

Personen, die am 1. April 2007 Empfänger von laufenden Leistungen der Sozialhilfe waren oder weiterhin sind (SGB XII), erhalten bei Krankheit Hilfe durch den Sozialhilfeträger. Normalerweise wird die Krankenbehandlung durch die Krankenversicherung übernommen und die Kosten werden dieser dann vom Sozialhilfeträger erstattet. Personen, die nach dem 1. April 2007 laufende Leistung von der Sozialhilfe erhalten und nachrangig in der gesetzlichen Krankenversicherung versichert sind, bleiben gesetzlich versichert.

(b) *Freiwillig Versicherte* sind Personen, die aus der gesetzlichen Krankenversicherung ausscheiden und mindestens zwei Jahre innerhalb der letzten fünf Jahr oder unmittelbar vorher ein ganzes Jahr ununterbrochen versichert waren. Des Weiteren zählen hierzu auch Personen, die erstmals eine Beschäftigung aufnehmen und die dabei die Jahresarbeitsentgeltgrenze überschreiten. Schließlich fallen Personen in diese Gruppe, deren bisherige Familienversicherung erlischt und schwerbehinderte Personen, die aber in der Regel innerhalb der letzten fünf Jahre vorher mindestens drei Jahre versichert gewesen waren (§ 9 SGB V).

c) Bei *familienversicherten* Personen handelt es sich um Ehepartner, gleichgeschlechtlich eingetragene Lebenspartner und Kinder eines Mitglieds der Krankenversicherung, also leibliche, adoptierte, Pflegekinder und Stiefkinder sowie Enkel (§ 10 SGB). Kinder sind bis zur Vollendung des 18. Lebensjahres familienversichert bzw. bis zum 23. Lebensjahr, wenn das Kind nicht erwerbstätig ist und bis zum 25. Lebensjahr, wenn es sich in einer Schul- oder Berufsausbildung befindet.

Nicht versicherungspflichtig sind folgende Personen:

(a) Hauptberuflich Selbstständige

(b) Personen mit einem regelmäßigen Jahresarbeitsentgelt, das über 75 % der in der gesetzlichen Rentenversicherung geltenden Beitragsbemessungsgrenze liegt (2020: 56.250 Euro)

(c) Beamte, Richter, Geistliche, Mitglieder geistlicher Genossenschaften und Zeitsoldaten

(d) Geringfügig Beschäftigte (Grenze: 450 Euro monatlich)

Leistungen der gesetzlichen Krankenversicherung:

Vorbemerkung: Grundsätzlich verlangt das SGB V, § 12, dass die Wirtschaftlichkeit beachtet wird. Die Leistungen müssen ausreichend, zweckmäßig und wirtschaftlich sein. Neue Behandlungsmethoden und Medikamente sollen nur dann als zu erbringende Leistung übernommen werden, wenn der Gemeinsame Bundesausschuss diese nicht ablehnt und diese Neuheiten sich in der Fachwelt bzw. medizinischen Praxis durchgesetzt haben.

Beim Gemeinsamen Bundesausschuss handelt es sich um das wichtigste Organ der gemeinsamen Selbstverwaltung. Es setzt sich aus drei unparteiischen Mitgliedern sowie aus Vertretern der Vertragsärzteschaft, der Vertragszahnärzteschaft, der Psychotherapeuten, der gesetzlichen Krankenkassen und der Krankenhäuser zusammen. Vertreter von Patientenorganisationen nehmen an den Sitzungen aller Gremien des Gemeinsamen Bundesausschusses teil. Sie haben ein Mitberatungs- und Antragsrecht. Die Hauptaufgabe des Gemeinsamen Bundesausschusses ist es, allgemein die Inhalte der Versorgung näher zu bestimmen und zu entscheiden, welche Leistungen von der gesetzlichen Krankenversicherung gezahlt werden.

Die Leistungen sind grundsätzlich Sach- oder Dienstleistungen und werden nur auf Antrag erbracht, im Normalfall genügt die Vorlage der Krankenversicherungskarte. Die konkreten Leistungen erbringen die Vertragsärzte und Vertragszahnärzte der Kassen. Diese Ärzte sind Pflichtmitglieder der Kassen- bzw. Kassenzahnärztlichen Vereinigungen, die wie die Krankenhäuser Verträge mit den Kassen über die Leistungserbringung abgeschlossen haben.

Die Leistungen im Einzelnen (nur eine Auswahl): Die gesetzliche Krankenversicherung soll Leistungen gewähren zur Krankheitsverhütung, zur Früherkennung von Krankheiten, zur Krankheitsbehandlung, zur medizinischen Rehabilitation und schließlich zahlt sie Krankengeld. Es gilt ganz allgemein der Grundsatz „ambulant vor stationär" und „Vorsorge / Rehabilitation vor „Pflege".

- *Krankheitsverhütung und Früherkennung von Krankheiten*:
- Prävention (primäre) zur Verbesserung des allgemeinen Gesundheitszustandes und zur Minderung sozialer Ungleichheit bei den Gesundheitschancen
- Untersuchungen zur Früherkennung von Krankheiten bei Frauen ab dem 20. Lebensjahr bezüglich Krebserkrankungen der Geschlechtsorgane, ab 30 Jahren für Krebserkrankungen der Haut und Brust, ab 50 Jahren zum Dickdarm, bei Männer ab 45 Jahren bezüglich Krebserkrankungen der Geschlechtsorgane und der Haut und ab 50 Jahren zum Dickdarm
- Früherkennungsuntersuchungen bei Kindern bis zum 6. bzw. 10. Lebensjahr
- betriebliche Gesundheitsförderung, Kooperation mit der gesetzlichen Unfallversicherung
- Schutzimpfung, Gruppenprophylaxe in Kindergärten / Schulen bzw. Individualprophylaxe für Versicherte zwischen dem 6. und 18. Lebensjahr hinsichtlich Zahnerkrankungen
- medizinische Vorsorge für Mütter und Väter: Mutter-Kind-Maßnahmen oder Vater-Kind-Maßnahmen in entsprechenden Einrichtungen der Müttergenesung

- *Leistungen bei Schwangerschaft und Mutterschaft*:
- Ärztliche Betreuung und Hebammenhilfe
- Versorgung mit Arznei-, Verband-, Heil- und Hilfsmitteln
- Entbindung, Häusliche Pflege, Haushaltshilfe
- Mutterschaftsgeld für die Zeit des Beschäftigungsverbots, also sechs Wochen vor der Geburt und bis acht bzw. bei Mehrlings- und Frühgeburten 12 Wochen danach, höchstens 13 Euro pro Tag
- Empfängnisverhütung
- Sterilisation
- Nicht rechtswidriger Schwangerschaftsabbruch
- Leistungen zur künstlichen Befruchtung: Es werden drei Versuche gewährt und die Krankenkasse übernimmt 50 % der Kosten

- *Leistungen bei Krankheit*:
- Krankenbehandlung mit Krankenhausbehandlung und freier Wahl unter den zugelassenen Krankenhäusern durch den Versicherten, d. h. ärztliche und zahnärztliche Behandlung

- Psychotherapeutische Behandlung
- ärztlich verordnete Arznei-, Heil- und Hilfsmittel, wobei einige verschreibungspflichtige Arzneimittel nicht übernommen werden, ansonsten sind Zuzahlungen zu leisten
- häusliche Krankenpflege und Haushaltshilfe, bei letzterer muss ein unter 12jähriges Kind im weiter zu führenden Haushalt vorhanden sein
- Zuschuss zu Aufenthalt in einem Hospiz
- Soziotherapie, wenn wegen schwerer psychischer Erkrankung, ärztliche Leistungen selbstständig nicht in Anspruch genommen werden können
- ergänzende Rehabilitationsleistungen längstens für 3 Wochen und Vorrang der ambulanten Rehabilitation
- Krankengeld entspricht 70 % und maximal 90 % des Nettoarbeitsentgeltes, wird höchstens 78 Wochen für dieselbe Krankheit bezahlt, Arbeitslosengeldbezieher haben keinen Anspruch

- *Sonstige Leistungen*:
- Zuschuss zum Zahnersatz, Fahrtkosten usw.

Zu den *Zuzahlungen*:[16] Grundsätzlich sind Zuzahlungen in Höhe von zehn Prozent, jedoch mindestens 5 Euro und höchstens 10 Euro zu leisten. Für die Versicherten liegt die Höchstgrenze bei 2 % der jährlichen Bruttoeinnahmen, wobei von einem Familienbruttoeinkommen und Freibeträgen ausgegangen wird. Kinder und Jugendliche bis zum 18. Lebensjahr sind befreit, außer bei Zahnersatz und Fahrtkosten. Chronisch Kranke – etwa Pflegebedürftigkeit der Pflegegrade 3, 4, 5 oder das Vorliegen eines Grad der Behinderung von mindestens 60 % oder eine Minderung der Erwerbsfähigkeit nach dem Recht der Unfallversicherung von mindestens 60 % – haben eine geringere Belastungsgrenze von 1 % der jährlichen Bruttoeinnahmen. Günstigere Zuzahlungsgrenzen gelten für Sozialhilfeempfänger einschließlich für Empfänger laufender Leistungen nach dem Asylbewerbergesetz oder in der Kriegsopferversorgung.

Finanzierung der gesetzlichen Krankenversicherung:

Die Finanzierung der Krankenversicherung erfolgt durch Beiträge, durch Selbstbeteiligungen der Patienten und durch Steuermittel wie etwa für die Aufwendungen zum Mutterschutz. Bis ins Jahr 2011 trugen die Arbeitnehmer und die Arbeitgeber jeweils zur Hälfte die Beiträge mit bundesweit einheitlichem Beitragssatz. Seit 2011 ist, um die Arbeitgeber bei den Lohnnebenkosten zu entlasten, der Beitragsanteil der Arbeitgeber eingefroren und zukünftige Erhöhungen treffen nur noch die Arbeitnehmer. Der Beitrag lag zuzüglich eines mitgliederbezogenen

[16] Vgl. Bundesministerium für Arbeit und Soziales (Hg.), Übersicht 2018/2019, S. 218f.

Anteils von 0,9% bei insgesamt 15,5%. Somit müssen allein die versicherten Arbeitnehmer zukünftige Mehrausgaben beim medizinisch-technischen Fortschritt und wegen demographischer Entwicklungen finanzieren.

Die 2004 eingeführte Praxisgebühr von 10 Euro wurde zum 1. Januar 2013 wieder abgeschafft. Seit 1.1.2015 leisten die Arbeitnehmer und die Arbeitgeber jeweils 7,3% des allgemeinen, paritätisch finanzierten Beitrags. Zum 1. Januar 2019[17] wurde die paritätische Finanzierung des Krankenkassenbeitrags (= 14,6% für alle Kassen) und des individuellen, von den Krankenkassen festgelegten Zusatzbeitrags wieder eingeführt. Falls die Krankenkasse einen Zusatzbeitrag erhebt, besteht für ihre Mitglieder ein Sonderkündigungsrecht. Im Jahre 2020 liegt der durchschnittliche Zusatzbeitragssatz bei 1,1%. Den Zusatzbeitrag zahlt das Mitglied der gesetzlichen Krankenversicherung und nicht die mitversicherten Familienmitglieder. Für Studenten und Praktikanten sowie Bezieher von Arbeitslosengeld II gelten niedrigere Beitragssätze.

Zu den beitragspflichtigen Einnahmen gehören zuvörderst das Arbeitsentgelt, die Rente und das Arbeitseinkommen aus selbstständiger Tätigkeit, beitragsfrei bleiben Kranken-, Mutterschaftsgeld und Erziehungs- oder Elterngeld. Beiträge werden maximal bis zur Beitragsbemessungsgrenze erhoben, die im Jahr 2020 in der Krankenversicherung bei 56 250 Euro bzw. 4687,50 Euro monatlich lag. Davon ist die Versicherungspflichtgrenze zu unterscheiden, ab der der Versicherte sich freiwillig in der gesetzlichen Krankenversicherung oder in einer privaten Krankenversicherung versichern kann (2020: 62 550 Euro bzw. 5212,50 Euro).

Der zum 1.1.2009 beim Bundesversicherungsamt installierte Gesundheitsfonds sammelt zunächst die Beiträge mit einem einheitlichen Beitragssatz und sonstige Einnahmen der Krankenkassen wie die Krankenversicherungsbeiträge aus der Rente und aus Arbeitslosengeld sowie Steuermittel, d.h. den Bundeszuschuss für versicherungsfremde Leistungen und für die landwirtschaftliche Krankenversicherung, ein. Sodann erhalten die Krankenkassen eine Grundpauschale als Kopfprämie pro Versichertem plus Risikozuschlag, die je nach Alters- und Geschlechterverteilung und der Anzahl chronisch Kranker die unterschiedliche Risikostruktur der Kassen modifiziert. Diesen morbiditätsorientierten Risikostrukturausgleich gibt es seit 2009. Der sog. Risikostrukturausgleich (RSA) berücksichtigte bis 2009 noch die unterschiedliche Grundlohnsumme der in den verschiedenen Kassen Versicherten, die Zahl der mitversicherten Familienangehörigen, die Altersstruktur, die Geschlechterverteilung, die Bezieher von Erwerbsminderungsrenten und schließlich die Ausgaben für chronisch Kranke. Reicht für eine Krankenkasse die Zuweisung aus dem Gesundheitsfonds nicht aus, kann sie einen einkommensabhängigen Zusatzbeitrag erheben. Um eventuelle soziale Härten zu vermeiden, besteht ein Sozialausgleich.

---

[17] Vgl. Bäcker, Dauerbaustelle: Krankenversicherung/Gesundheitswesen, S. 164f.

Ergänzung: Die Krankenversicherung der Landwirte

- Sie gilt für alle Unternehmer der Land- und Forstwirtschaft sowie Teichwirtschaft und Fischzucht und der Seen- und Flussfischerei einschließlich mithelfender, mindestens 15jähriger Familienangehöriger und Auszubildende
- Die Leistungen sind weitgehend identisch mit denjenigen der allgemeinen Krankenversicherung. Eine zusätzliche Leistung ist die Betriebshilfe bis zu einem Zeitraum von drei Monaten bei längerer Krankheit sowie eine Haushaltshilfe
- Finanziert wird die Krankenversicherung durch Beiträge der landwirtschaftlichen Unternehmer anhand von Beitragsklassen, Zuschüssen des Bundes und sonstigen Einnahmen
- Träger der Krankenversicherung für Landwirte ist die Sozialversicherung für Landwirtschaft, Forsten und Gartenbau. Auch hier handelt es sich um eine Körperschaft des öffentlichen Rechts mit dem Recht zur Selbstverwaltung.

3.2.2 Die gesetzliche Unfallversicherung

Die gesetzliche Unfallversicherung – geregelt vor allem im SGB VII – soll einen Schutz bei Krankheit, Erwerbsminderung und Tod aufgrund von Arbeitsunfällen, Wegeunfällen sowie durch den Beruf verursachten Krankheiten bieten.[18] Ihre Aufgabe besteht darin, Arbeitsunfälle, Berufskrankheiten und arbeitsbedingte Gesundheitsgefahren zu verhüten und nach deren Eintritt die Gesundheit und Leistungsfähigkeit der Versicherten mit allen geeigneten Mitteln wiederherzustellen. Gegebenenfalls muss sie auch die Geschädigten oder deren Hinterbliebene finanziell entschädigen.

Versicherter Personenkreis in der Unfallversicherung:

Zunächst ist festzustellen, dass der ursprünglich versicherte Personenkreis nach dem Zweiten Weltkrieg auf Schüler, Studenten, Kindergartenkinder und Nothelfer ausgedehnt wurde. Man unterscheidet nun beim versicherten Personenkreis zwischen kraft Gesetzes und kraft Satzung versicherungspflichtig Versicherten und freiwillig Versicherten:

(a) Versicherungspflichtige Personen:

- *Kraft Gesetz*:

– Beschäftigte, Auszubildende und Lernende

---

[18] Vgl. zum Folgenden Bundesministerium für Arbeit und Soziales (Hg.), Übersicht 2015, S. 561–592; Neumann / Schaper, Sozialordnung, S. 255–260; Model / Creifelds, Staatsbürger-Taschenbuch, S. 1048–1053.

- Arbeitslose, auch bei Teilnahme an Maßnahmen der Bundesagentur für Arbeit
- Behinderte in Werkstätten für behinderte Menschen
- Unternehmer in landwirtschaftlichen Unternehmen und ihre mitarbeitenden Familienangehörigen
- ehrenamtlich Tätige
- selbstständige Küstenschiffer und Küstenfischer
- Kinder in Tageseinrichtungen
- Schüler während des Schulbesuchs und Studenten während des Hochschulbesuchs
- Blutspender
- Zeugen
- Entwicklungshelfer
- Personen, die bei Unternehmen zur Hilfe bei Unglücksfällen und im Zivilschutz tätig sind
- Nothelfer (z. B. Lebensretter)
- Personen, die einen Straftäter festnehmen
- Pflegepersonen, die nicht erwerbsmäßig Pflegebedürftige zu Hause pflegen
- Wie-Beschäftigte, d. h. Personen, die nicht beschäftigt sind, aber wie ein Beschäftigter für ein Unternehmen tätig werden

● *Kraft Satzung*:
- Unternehmer
- mitarbeitende Ehegatten bzw. Lebenspartner
- Personen, die sich auf der Unternehmensstätte aufhalten

(a) Freiwillig versicherte Personen:
- Unternehmer und deren mitarbeitende Ehegatten
- Personen in Kapital- oder Personengesellschaften, die dort unternehmerisch selbstständig tätig sind

Versicherungsfrei sind diejenigen Personen, die nach beamtenrechtlichen oder vergleichbaren Vorschriften bei Arbeitsunfällen und Berufskrankheiten abgesichert sind oder Personen, die bei Arbeitsunfällen Versorgung nach dem Bundesversorgungsgesetz erhalten. Auch Mitglieder geistlicher Genossenschaften, Diakonissen u. ä. sind versicherungsfrei, wenn die Versorgung durch die betreffende Gemeinschaft gesichert ist. Schließlich sind auch selbstständig tätige Ärzte, Zahnärzte, Tierärzte, Psychologische Psychotherapeuten, Kinder- und Jugendpsychotherapeuten, Heilpraktiker und Apotheker versicherungsfrei. Geringfügig Beschäftigte sind übrigens nicht versicherungsfrei.

Leistungen der gesetzlichen Unfallversicherung:

Die Träger der Unfallversicherung müssen gemäß ihrem gesetzlichen Auftrag mit allen Mitteln für die Verhütung von Arbeitsunfällen, Wegeunfällen und Berufskrankheiten sowie arbeitsbedingten Gesundheitsgefahren sorgen. Die Verhütung von Unfällen und Gesundheitsgefahren liegt im Verantwortungsbereich des Arbeitgebers, der auch die Beschäftigten über gesundheitliche Gefährdungen und Schutzmaßnahmen unterweisen muss. In Betrieben mit mehr als 20 Arbeitnehmern müssen Sicherheitsbeauftragte bestellt werden. Des Weiteren ist auch der Betriebsrat bei der Bekämpfung von Unfall- und Sicherheitsgefahren beteiligt und verfügt hierbei über Mitbestimmungsrechte.

Grundsätzlich nimmt die Prävention von möglichen Versicherungsfällen in der gesetzlichen Unfallversicherung einen hohen Stellenwert ein. Man kann zwischen (a) präventiven Maßnahmen zur Verhütung von Arbeitsunfällen, Berufskrankheiten und arbeitsbedingten gesundheitlichen Gefahren und (b) Leistungen beim Eintritt eines Versicherungsfalls unterscheiden:

(a) Präventive Maßnahmen zur Verhütung von Arbeitsunfällen, Berufskrankheiten und arbeitsbedingten gesundheitlichen Gefahren:

- Erlass von Unfallverhütungsvorschriften, soweit nicht bereits staatliche Arbeitsschutzvorschriften bestehen
- Bestellung von Aufsichtspersonen zur Überwachung und Beratung
- Bestellung eines Sicherheitsbeauftragten durch den Unternehmer in Unternehmen mit mehr als 20 Beschäftigten
- Einrichtung überbetrieblicher arbeitsmedizinischer und sicherheitstechnischer Dienste
- Berichtspflicht der Unfallversicherungsträger gegenüber der Bundesregierung, d.h. dem Bundesministerium für Arbeit und Soziales über die Sicherheit und Gesundheit bei der Arbeit sowie über das Unfallgeschehen

(b) Leistungen nach Eintritt eines Versicherungsfalls:

Vorbemerkung:

Unter einem *Versicherungsfall* in der gesetzlichen Unfallversicherung versteht man einen Arbeitsunfall oder eine Berufskrankheit. Zu einem Arbeitsunfall zählt auch ein Unfall auf dem Weg von der Wohnung zum Ort der versicherten, beruflichen Tätigkeit und zurück (= Wegeunfall), worunter zumindest grundsätzlich der direkte Weg verstanden wird, der nicht unbedingt der kürzeste sein muss wie z.B. bei Fahrgemeinschaften.

Unter *Berufskrankheiten* versteht man Krankheiten, die von der Bundesregierung mit Zustimmung des Bundesrats in einer Rechtsverordnung (Berufskrankheiten-Verordnung) als solche bezeichnet werden und die Versicherte bei einer versicherten Tätigkeit erleiden. Die Aufnahme neuer Berufskrankheiten erfolgt nach

Prüfung durch ein beim Bundesministerium für Arbeit und Soziales angesiedeltes unabhängiges Gremium, nämlich den Ärztlichen Sachverständigenbeirat „Berufskrankheiten". Derzeit beinhaltet die Berufskrankheiten-Verordnung 80 Berufskrankheiten, wobei nach folgenden Gruppen unterschieden wird:[19]

- durch chemische Einwirkungen verursachte Krankheiten
- durch physikalische Einwirkungen verursachte Krankheiten
- durch Infektionen bzw. Parasiten verursachte Krankheiten sowie Tropenkrankheiten
- Erkrankungen der Atemwege, Lungen, Rippenfell und Bauchfell
- Hautkrankheiten
- Krankheiten mit sonstiger Ursache

Ein *Versicherungsfall* muss dem Versicherungsträger, also der zuständigen Berufsgenossenschaft, vom Unternehmen angezeigt werden. Die Leistungen der Unfallversicherung werden prinzipiell von Amts wegen festgestellt und sie erfordern keinen Antrag des Versicherten. Hat ein Versicherter einen Arbeitsunfall, Wegeunfall oder eine Berufskrankheit absichtlich herbeigeführt, liegt kein Versicherungsfall vor.

Es gilt schließlich auch der *Grundsatz*, Leistungen zur Heilbehandlung und zur medizinischen Rehabilitation haben Vorrang vor Rentenleistungen.

- *Heilbehandlung*:
- Erstversorgung
- ärztliche und zahnärztliche Behandlung
- Versorgung mit Arznei-, Verband-, Heil- und Hilfsmitteln
- häusliche Krankenpflege
- Behandlung in Krankenhäusern: Zur stationären Heilbehandlung besitzen die Unfallversicherungsträger allein neun eigene Unfallkrankenhäuser und weitere Rehabilitationseinrichtungen
- Leistungen zur medizinischen Rehabilitation

- *Leistungen zur Teilhabe am Arbeitsleben*: Ziel ist die Erhaltung des bisherigen Arbeitsplatzes bzw. die Erlangung eines neuen Arbeitsplatzes
- Beratung und Trainingsmaßnahmen
- Mobilitätshilfen
- Zuschüsse an Arbeitgeber für eine dauerhafte Eingliederung, eine Probebeschäftigung, eine Ausbildung oder Umschulung
- Übernahme von Kosten für Unterkunft und Verpflegung bei auswärtiger Unterbringung

[19] Vgl. Bundesministerium für Arbeit und Soziales (Hg.), Übersicht 2018/2019, S. 568f.

- Hilfen für eine angemessene Schulbildung
- Falls erforderlich, berufsfördernde Leistungen in Berufsbildungswerken oder Berufsförderungswerken
- Arbeits- und Berufsförderung in Werkstätten für behinderte Menschen

- *Leistungen zur Teilhabe am Leben in der Gemeinschaft und ergänzende Leistungen*:

- Hilfen zum Erwerb praktischer Kenntnisse und Fähigkeiten
- Hilfen zur Verständigung mit der Umwelt
- Hilfen bei Beschaffung, Erhalt und Ausstattung einer behindertengerechten Wohnung
- Hilfen zum selbstbestimmten Leben in betreuten Wohnmöglichkeiten
- Hilfen zur Teilhabe am kulturellen und gemeinschaftlichen Leben
- ärztlich verordneter Rehabilitationssport in Gruppen unter ärztlicher Aufsicht
- Kraftfahrzeughilfe ist einkommensabhängig bis maximal 9500 Euro
- Wohnungshilfe und Haushaltshilfe, falls dauerhaft eine behindertengerechte Wohnung erforderlich ist einschließlich von Wohnraum für eine Pflegekraft
- Kinderbetreuungskosten
- Reisekosten – auch für Familienheimfahrten – zur Durchführung der Leistungen zu Rehabilitation und zur Teilhabe

- *Geldleistungen während der Heilbehandlung und der Leistungen zur Teilhabe am Arbeitsleben:*

- *Verletztengeld:* Dies ist eine Leistung für Unfallversicherte während der durch den Versicherungsfall entstandenen Arbeitsunfähigkeit oder wenn wegen einer Heilbehandlung eine ganztägige Erwerbstätigkeit nicht ausgeübt werden kann, vorausgesetzt vor der Heilbehandlung wurde Arbeitsentgelt erzielt; die Höhe beträgt 80 % des Arbeitsentgelts vor dem Versicherungsfall
- *Übergangsgeld:* Dies ist eine Leistung für Unfallversicherte während einer Maßnahme zur Teilhabe am Arbeitsleben wie z. B. einer Umschulung; für die Berechnung der Höhe werden 80 % des letzten Arbeitsentgelts zugrunde gelegt und es wird dann davon je nach den persönlichen Verhältnissen ein bestimmter Prozentsatz von 75 bis 68 % gewährt

- *Leistungen bei Pflegebedürftigkeit*:

- Pflegegeld bewegt sich zwischen 374 und 1941 Euro in den alten Bundesländern bzw. 354 und 1423 Euro in den neuen Bundesländern (Juli 2019)
- Stellung einer Pflegekraft anstelle des Pflegegeldes
- Heimpflege

- *Renten:* Verletztenrenten und Leistungen an Hinterbliebene
  - Voraussetzung für einen Rentenanspruch ist, dass die Erwerbsfähigkeit des Versicherten dauerhaft, d.h. mehr als 26 Wochen nach dem Versicherungsfall um mindestens 20% gemindert ist
  - Die Höhe der Rente liegt bei zwei Dritteln des Jahresarbeitsverdienstes, wenn die Erwerbsfähigkeit vollständig verloren gegangen ist (Vollrente), ansonsten gibt es eine Teilrente entsprechend dem Grad der Erwerbsminderung
  - Neben der Rente erzieltes Arbeitseinkommen wird nicht auf die Rente angerechnet!
  - Falls die Erwerbsminderung längstens drei Jahre besteht, ist eine einmalige Abfindung anstelle der Rente möglich; weitere Abfindungsmöglichkeiten richten sich nach dem Grad der Erwerbsminderung
  - *Verletztenrente,* deren Höhe ist abhängig vom Grad der Erwerbsfähigkeit
  - *kleine Witwen-/Witwerrente* für längstens 24 Monate nach dem Sterbemonat des Versicherten oder bis zu einer vorherigen Wiederverheiratung; sie beträgt 30% des Jahresarbeitsverdienstes der Verstorbenen
  - *große Witwen-/Witwerrente* ohne zeitliche Begrenzung; eigenes Einkommen der Berechtigten wird teilweise angerechnet; Voraussetzung für die große Witwen-/Witwerrente ist die Vollendung des 47. Lebensjahres, dies wird stufenweise von bisher 45 auf 47 Jahren bis zum Jahr 2029 erhöht oder Erwerbsminderung im Sinne der Rentenversicherung oder Erziehung eines waisenrentenberechtigten Kindes oder die Sorge für ein Kind, das wegen körperlicher, geistiger oder seelischer Behinderung Anspruch auf Waisenrente hat; die Höhe dieser Rente beträgt 40% des Jahresarbeitsverdienstes der Verstorbenen
  - *Waisenrente:* Anspruch darauf haben Kinder von Verstorbenen sowie Stiefkinder, Pflegekinder, Enkel und Geschwister, die im Haushalt der Versicherten aufgenommen oder dort überwiegend unterhalten wurden, bis zum 18. bzw. 27. Lebensjahr. Die Waisenrente beträgt bei Halbwaisen 20%, bei Vollwaisen 30% des Jahresarbeitsverdienstes der Verstorbenen; eigenes Einkommen der Waisen wird auf die Rente angerechnet
  - *Elternrente*: Falls die Verstorbenen Eltern oder Großeltern hinterlassen, die sie wesentlich unterhalten haben, erhalten diese eine Rente in Höhe von 20% des Jahresarbeitsverdienstes für ein Elternteil und 30% für ein Elternpaar
  - *Sterbegeld und Überführungskosten:* Stirbt der Versicherte bei einem Arbeitsunfall erhalten die Hinterbliebenen ein Sterbegeld (2020: 5 460 Euro in den alten Bundesländern und 5 160 Euro in den neuen Bundesländern)
  - Alle Regelungen zu den Hinterbliebenenleistungen an Witwen-/Witwer gelten auch für *eingetragene Lebenspartner*

Finanzierung der gesetzlichen Unfallversicherung:

Die Finanzierung der gesetzlichen Unfallversicherung erfolgt durch Beiträge, die jedoch ausschließlich der Arbeitgeber trägt. Insofern unterscheidet sich die Unfallversicherung von den anderen Zweigen der Sozialversicherung. Die Beitragshöhe hängt ab von den Arbeitsentgelten der Versicherten und der Unfallgefahr im jeweiligen Unternehmen, d.h. es gibt keinen einheitlichen Beitragssatz. Die Unfallgefahr orientiert sich an sog. Gefahrenklassen bezogen auf das branchentypische Risiko, nicht auf das Unfallrisiko des einzelnen Unternehmens. Die Beiträge in der landwirtschaftlichen Unfallversicherung richten sich nach dem Umlagesoll, dem Flächenwert, dem Arbeitsbedarf oder einem anderen vergleichbaren Maßstab.

Noch zu erwähnen ist der Lastenausgleich zwischen den gewerblichen Berufsgenossenschaften, da diese vom wirtschaftlichen Strukturwandel, insbesondere der Entwicklung von der Industrie- zur Dienstleistungswirtschaft, betroffen sind. Somit muss zunächst jede Berufsgenossenschaft ihre eigene Rentenlast gemäß ihrer aktuellen Wirtschafts- und Risikostruktur selbst tragen. Alte und nicht mehr in einem angemessenen Verhältnis stehende Lasten werden von allen Berufsgenossenschaften gemeinsam getragen. Diese neue Lastenverteilung erleichtert die Belastung traditioneller Branchen wie Bau, Stahl, Seeschifffahrt und Bergbau, hingegen müssen Dienstleistungsbranchen und die Maschinenbau- und Elektroindustrie mehr Lasten tragen.

3.2.3 Die gesetzliche Rentenversicherung

Die gesetzliche Rentenversicherung – geregelt vor allem im SGB VI – ist zuständig für die Absicherung gegen die Risiken der Gefährdung der Erwerbsfähigkeit, des Alters, der vollen und teilweisen Erwerbsminderung und schließlich auch des Todes des Arbeitnehmers.[20] Ihre hauptsächliche Aufgabe liegt in der Rentenzahlung, in der Rehabilitation und damit eng verknüpft der Prävention. Die Ergänzung der gesetzlichen Rentenversicherung durch Formen betrieblicher Altersversorgung und auch privater Vorsorge einschließlich staatlicher Förderung (sog. Riesterrente) wird hier nicht weiter verfolgt.[21]

Die gesetzliche Rentenversicherung insgesamt ist das „größte soziale Sicherungssystem in der Bundesrepublik Deutschland" mit im Jahre 2016 rund 331 Mrd. Euro Gesamtausgaben[22], was 10,9% des Bruttoinlandsprodukts entspricht. Differenziert man das gesamte Volumen aller Alterssicherungssysteme noch weiter, so

[20] Vgl. zum Folgenden Bundesministerium für Arbeit und Soziales (Hg.), Übersicht 2015, S. 327–560, S. 330 (das folgende Zitat); Neumann/Schaper, Sozialordnung, S, 183–210 (dort auch Diskussion diverser Reformvorschläge); Model/Creifelds, Staatsbürger-Taschenbuch, S. 1053–1062.

[21] Vgl. dazu Bundesministerium für Arbeit und Soziales (Hg.), Übersicht 2015, S. 893–938, zur sog. Riesterrente S. 905–912.

[22] Die Zahlen nach Bundesministerium für Arbeit und Soziales (Hg.), Übersicht 2018/2019, S. 327.

dominiert die gesetzliche Rentenversicherung mit einem Anteil von 74 %. Danach rangieren die Beamtenversorgung mit 14 %, die betriebliche Altersversorgung mit 6 % und die Zusatzversorgung des öffentlichen Dienstes mit 3 % sowie die Alterssicherung der Landwirte und die berufsständischen Versorgungswerke mit jeweils 1 %.

Versicherter Personenkreis in der gesetzlichen Rentenversicherung:

Der versicherte Personenkreis hat sich im Laufe der letzten Jahrzehnte immer mehr erweitert. Insbesondere die Rentenreform von 1972 hat die Rentenversicherung allgemein geöffnet und auch den Selbstständigen den Beitritt ermöglicht. Zu unterscheiden ist zwischen (a) versicherungspflichtigen Personen und (b) freiwillig versicherten Personen:

(a) Versicherungspflichtige Personen:

- Beschäftigte gegen Arbeitsentgelt
- Beschäftigte zur Ausbildung
- Selbstständige Lehrer/Dozenten, Hebammen, Entbindungspfleger, Seelotsen, Hausgewerbetreibende, Küstenschiffer, Küstenfischer, Handwerker
- Künstler und Publizisten
- Arbeitnehmerähnliche Selbstständige, die nur für einen Auftraggeber tätig sind
- Sonstige wie Personen mit anrechenbaren Kindererziehungszeiten oder Pflegepersonen, die im Rahmen der häuslichen Pflege einen Pflegebedürftigen als nicht gewerbsmäßige Pfleger pflegen
- Bezieher von Lohnersatzleistungen wie Krankengeld oder Arbeitslosengeld
- Freiwilligen Bundesdienstleistende
- Auf Antrag versicherungspflichtige Personen wie Entwicklungshelfer oder im Ausland vorübergehend beschäftigte Deutsche
- Nachversicherte bzw. bei Versorgungsausgleich: Dies können Personen sein, die als Beamte ohne Versorgungsanspruch aus dem Dienst ausscheiden sowie Personen, denen wegen eines Versorgungsausgleichs eine Versorgungsanwartschaft übertragen wurde.
- Geringfügig Beschäftigte seit 2013, allerdings mit dem Recht zur Befreiung von der Versicherungspflicht
- Beschäftigte in Werkstätten für behinderte Menschen
- Mitglieder geistlicher Genossenschaften, Diakonissen und Angehörige ähnlicher Gemeinschaften

(b) Freiwillig versicherte Personen:

- nichtversicherungspflichtige Personen ab dem 16. Lebensjahr
- Deutsche, die gewöhnlich sich im Ausland aufhalten

Versicherungsfrei sind folgende Personengruppen:

- Beamte, Richter, Soldaten, Mitglieder geistlicher Genossenschaften, Diakonissen und Angehörige ähnlicher Gemeinschaften, soweit ihnen eine Versorgungsanwartschaft im Rahmen dieser Gemeinschaft zugesichert ist
- Bezieher einer Vollrente bzw. einer Pension

Mitglieder von berufsständischen Versorgungseinrichtungen können sich von der *Versicherungspflicht befreien* lassen. Hierunter fallen z. B. Ärzte, Rechtsanwälte, Lehrer und Erzieher an nicht öffentlichen Schulen und auch selbstständige Handwerker.

Leistungen der gesetzlichen Rentenversicherung:
Wir unterscheiden hier (a) Rehabilitationsleistungen und (b) Renten.

(a) Rehabilitationsleistungen:
Es gilt der Grundsatz: Die Leistungen haben Vorrang vor der Rente und sie werden vor allem stationär erbracht. Im Übrigen müssen mehrere Voraussetzungen für die Leistungsgewährung erfüllt sein:

- *Voraussetzungen*:
  - Die Erwerbsfähigkeit des Versicherten ist wegen einer Krankheit oder Behinderung erheblich gefährdet oder bereits gemindert
  - Die Erwerbsfähigkeit kann wesentlich gebessert, wiederhergestellt oder eine wesentliche Verschlechterung abgewendet werden bzw. bei einer Gefährdung kann die Minderung der Erwerbsfähigkeit abgewendet werden
  - Es besteht eine Wartezeit von 15 Jahren

- *Die Leistungen im Einzelnen*:
  - Leistungen zur medizinischen Rehabilitation: Diese umfassen ärztliche Behandlung, Arznei- und Verbandsmittel, Krankengymnastik, Bewegungs-, Beschäftigungs- und Sprachtherapie, orthopädische und andere Hilfsmittel
  - Berufsfördernde Leistungen zur Rehabilitation: Diese beinhalten Maßnahmen zum Erhalt oder zur Erlangung eines Arbeitsplatzes, zur Förderung der Arbeitsaufnahme, Berufsvorbereitung, Fortbildung, Ausbildung, Umschulung usw.
  - Übergangsgeld: Dies steht Versicherten zu, die von einem Träger der Rentenversicherung Leistungen zur medizinischen Rehabilitation oder Leistungen zur Teilhabe am Arbeitsleben oder ergänzende Leistungen erhalten. Die Berechnungsgrundlage ist 80 % des zuletzt erzielten Bruttoentgelts und die Höhe

orientiert sich an den persönlichen Verhältnissen des Versicherten wie etwa der Kinderzahl

- Ergänzende Leistungen können Krankengeld, Verletztengeld, Haushalts- und Betriebshilfe und Kinderbetreuungskosten, Reisekosten sein

(b) Renten:

Für den Anspruch auf Rente müssen neben der Mindestversicherungszeit persönliche und versicherungsrechtliche *Voraussetzungen* erfüllt werden:

- Zunächst besteht eine vorgeschriebene Mindestversicherungszeit (= *Wartezeit*) je nach Art der Rente. Die allgemeine Wartezeit beträgt fünf Jahre und ist Voraussetzung für die Regelaltersrente, für die Renten wegen verminderter Erwerbsfähigkeit und für alle Renten wegen Todes. Daneben gibt es noch eine 15jährige Wartezeit für die Altersrenten wegen Arbeitslosigkeit und nach Altersteilzeit, eine 35jährige Wartezeit für die Altersrente für langjährige Versicherte bzw. Schwerbehinderte und die 45jährige Wartezeit für eine abschlagsfreie Altersrente für besonders langjährige Versicherte.
- Gesetzlich wird bezüglich der rentenrechtlichen Zeiten zwischen *Beitragszeiten* und *beitragsfreien Zeiten* unterschieden:

  Zu den *Beitragszeiten* zählen die Pflichtbeitragszeiten, dann die Zeiten, für die freiwillig Beiträge abgeführt wurden und die Kindererziehungszeiten („Babyjahre") für die ersten drei Jahre sowie Zeiten, in denen Pflegebedürftige mindestens 14 Stunden in der Woche in ihrer häuslichen Umgebung gepflegt werden. Leistungen für Kindererziehung, die rentenrechtlich erstmals 1986 eingeführt worden waren, werden als Kindererziehungszeiten zunächst der Mutter zugeordnet.

  Bis 2014 wurden Kindererziehungszeiten nur für ab 1992 geborene Kinder für drei Jahre angerechnet, für vor 1992 geborene Kinder wurde nur ein Jahr je Kind berücksichtigt. Seit dem 1. Juli 2014 wurden nun die anrechenbaren Kindererziehungszeiten für vor 1992 geborene Kinder um 12 Monate ausgeweitet (die sog. „Mütterrente") und seit 1. Januar 2019 auf 2,5 Jahre pro Kind erweitert (= Mütterrente II). Eine völlige Angleichung der Anrechnung aller geborenen Kinder unabhängig vom Geburtsjahr wurde vom Gesetzgeber aus finanziellen Gründen nicht beschlossen. Die Kindererziehungszeiten wirken rentenbegründend und rentensteigernd und werden auch auf die Wartezeit aufgerechnet. So wird durch die Erziehung von zwei Kindern bereits die Wartezeit für die Regelaltersrente erfüllt. Die Beiträge für die Kindererziehung zahlt der Bund, im Jahr 2015 in Höhe von rund 12,1 Milliarden Euro.
- Nur kurz sei hier auf das *Renteneintrittsjahr* noch hingewiesen, das sukzessive für den Zeitraum von 2012 bis 2029 (Jahrgang 1964) auf 67 Jahre erhöht wird.

- Gesetz zur Flexibilisierung des Übergangs vom Erwerbsleben in den Ruhestand und zur Stärkung von Prävention und Rehabilitation im Erwerbsleben (2016):[23]
  Dieses Gesetz soll die Rahmenbedingungen für einen flexiblen Übergang in die volle Altersrente verbessern und enthält u. a. Bestimmungen darüber, demzufolge der Einzelne selbst festlegen kann, zu welchem Anteil die berufliche Tätigkeit fortgesetzt wird und zu welchem Anteil mit dem Teilrentenbezug schrittweise der Berufsausstieg eingeleitet wird. Dazu kommen Änderungen beim Hinzuverdienst (nunmehr 6300 Euro/Jahr).

Die folgenden Tabellen geben einen Überblick über die Bezugsvoraussetzungen der einzelnen Rentenarten:

Altersrenten

1. Altersrente	Bezugsvoraussetzung
Regelaltersrente	• Vollendung des 65. bis zum stufenweise angehobenen 67. Lebensjahr • 5 Jahre Wartezeit (hier werden Beitragszeiten wie Pflichtbeitragszeiten, Kindererziehungszeiten oder Zeiten mit freiwilligen Beiträgen, Ersatzzeiten sowie Zeiten eines durchgeführten Versorgungsausgleichs angerechnet)
Altersrente für besonders langjährig Versicherte	• Seit 1.7.2014: Vollendung des 63. Lebensjahres für vor 1953 Geborene und 45 Jahre Versicherungszeit, für nach 1952 Geborene stufenweise Anhebung auf das 65. Lebensjahr (Zeiten der Arbeitslosigkeit – allerdings nicht der Bezug von Arbeitslosenhilfe oder Arbeitslosengeld II – werden angerechnet)
Altersrente für langjährig Versicherte	• Vollendung des 65. bzw. schrittweise angehobenen 67. Lebensjahres • 35 Jahre Wartezeit
Altersrente für schwerbehinderte Menschen	• Vollendung des 65. Lebensjahres (ab Geburtsjahr 1964) • bei Beginn der Altersrente Anerkennung mit Grad der Behinderung von wenigstens 50 • 35 Jahre Wartezeit • Versicherte, die vor dem 1.1.1952 geboren sind, können diese Altersrente weiterhin ab dem 63. Lebensjahr beziehen

[23] Bundesministerium für Arbeit und Soziales (Hg.), Übersicht 2018/2019, S. 342 f.

Altersrente wegen Arbeitslosigkeit oder nach Altersteilzeit	• Geburtsdatum vor dem 1.1.1952, Vollendung des 63. Lebensjahres bzw. des 60. Lebensjahres für vor 1946 geborene Versicherte • Arbeitslosigkeit und innerhalb der letzten 1,5 Jahre vor Rentenbeginn 52 Wochen arbeitslos oder 2 Jahre eine Altersteilzeitarbeit ausgeübt, • 8 Jahre Pflichtbeitragszeiten in den letzten 10 Jahren vor Rentenbeginn und 15 Jahre Wartezeit
Altersrente für Frauen	• Anspruch darauf haben vor dem 1.1.1952 geborene weibliche Versicherte, die das 60. Lebensjahr vollendet haben und nach Vollendung des 40. Lebensjahres Pflichtbeitragszeiten von mehr als 10 Jahren und 15 Jahre Wartezeit erfüllt haben
Altersrente für langjährig unter Tage beschäftigte Bergleute	• Vollendung des 60. bzw. stufenweise angehobenen 62. Lebensjahres • 25 Jahre Wartezeit

Erwerbsminderungsrenten

2. Erwerbsminderungsrente	Bezugsvoraussetzung
Rente wegen teilweiser Erwerbsminderung	• Bis zur Regelaltersgrenze besteht darauf Anspruch beim Vorliegen einer teilweisen Erwerbsminderung • In den letzten 5 Jahren vor Eintritt der Erwerbsminderung müssen 3 Jahre Pflichtbeitragszeiten erfüllt sein sowie 5 Jahre Wartezeit nachgewiesen werden • In der Regel werden diese Renten befristet geleistet, außer eine Besserung des Gesundheitszustandes ist „unwahrscheinlich“
Rente wegen voller Erwerbsminderung	• Bis zur Regelaltersgrenze besteht darauf Anspruch beim Vorliegen einer vollen Erwerbsminderung • In den letzten 5 Jahren vor Eintritt der Erwerbsminderung müssen 3 Jahre Pflichtbeitragszeiten erfüllt sein sowie 5 Jahre Wartezeit nachgewiesen werden • In der Regel werden diese Renten befristet geleistet, außer eine Besserung des Gesundheitszustandes ist „unwahrscheinlich“

Rente wegen teilweiser Erwerbsminderung bei Berufsunfähigkeit	• Diese Rente steht Versicherten zu, die vor dem 2.1.1961 geboren sind, berufsunfähig sind und in den letzten fünf Jahren vor Eintritt der Berufsunfähigkeit drei Jahre Pflichtbeitragszeiten und die allgemeine Wartezeit erfüllt haben
Rente für Bergleute bei verminderter Berufsunfähigkeit im Bergbau	• Wer aus gesundheitlichen Gründen nicht mehr eine knappschaftliche Beschäftigung ausüben kann • Wer in den letzten Jahren vor dem Eintritt des Versicherungsfalls drei Jahre knappschaftliche Pflichtbeitragszeiten vorweisen kann • Wer die allgemeine Wartezeit erfüllt hat

Ergänzung zu den Erwerbsminderungsrenten:

- Eine *teilweise Erwerbsminderung* liegt dann vor, wenn Versicherte wegen einer Krankheit oder Behinderung auf nicht absehbare Zeit nicht in der Lage sind, unter üblichen Arbeitsmarktbedingungen täglich mindestens 6 Stunden, jedoch mehr als 3 Stunden, erwerbstätig sein können.
- Eine *volle Erwerbsminderung* liegt dann vor, wenn Versicherte wegen einer Krankheit oder Behinderung auf nicht absehbare Zeit nicht in der Lage sind, unter üblichen Arbeitsmarktbedingungen täglich mindestens 3 Stunden erwerbstätig sein können.
- Eine *Berufsunfähigkeit* liegt vor, wenn die Erwerbsfähigkeit des Versicherten wegen einer Krankheit oder Behinderung im Vergleich zu Gesunden auf weniger als sechs Stunden täglich gesunken ist. Der Vergleich beinhaltet alle Tätigkeiten, die den Kräften und Fähigkeiten des Versicherten entsprechen und gemäß Dauer und Umfang der Ausbildung, dem bisherigen Beruf und den Anforderungen der bisherigen Berufstätigkeit zumutbar sind.
- Zur *Feststellung der Berufsunfähigkeit* hat das Bundessozialgericht ein Mehrstufenschema entwickelt, demzufolge die Arbeiter- und Angestelltenberufe in sechs Stufen von ungelernten Berufen (= Stufe 1) bis zu Berufen mit hoher Qualifikation und Hochschulstudium (= Stufe 6) eingeteilt werden. Dabei darf ein Versicherter grundsätzlich nur auf Tätigkeiten derselben oder der jeweils niederen Stufe verwiesen werden. Eine Rente bei Berufsunfähigkeit können im Übrigen nur noch diejenigen Versicherten beanspruchen, die am 1. Januar 2001 bereits das 40. Lebensjahr vollendet haben.
- Die Renten wegen *verminderter Erwerbsfähigkeit* werden für jeden Monat ihres Beginns vor dem betreffenden Referenzalter um jeweils 0,3% bis zu maximal 10,8% gemindert. Das Referenzalter für die Renten wegen verminderter Erwerbsfähigkeit steigt stufenweise von 63 auf 65 Jahre.

- Zum 1. Januar 2018 traten *Verbesserungen der Leistungen bei Renten wegen verminderter Erwerbsfähigkeit* in Kraft, die allerdings nur für Neuzugänge bei den Erwerbsminderungsrenten ab 2018 gelten:[24] Es wurde die Zurechnungszeit auf das nunmehr 65. Lebensjahr – bisher das 62. Lebensjahr – verlängert. Die Erhöhung beginnt 2018 und 2019 mit einer Anhebung um jeweils drei Monate pro Kalenderjahr, danach liegt die Anhebung bei jeweils sechs Monaten je Kalenderjahr. Insgesamt vollzieht sich die Anhebung in sieben Stufen bis 2024. Ein abschlagsfreier Bezug der Erwerbsminderungsrente ab 2018 setzt das Alter von 64 Jahren und 0 Monaten voraus. Bei einem Rentenbeginn bis zum Alter von 61 Jahren und 0 Monaten ist der maximale Abschlag von 10,8% anzuwenden.

Hinterbliebenenrenten

Hinterbliebenenrenten	Bezugsvoraussetzungen
Kleine Witwen-/Witwerrente	• Nicht wieder verheiratete Witwen oder Witwer haben nach dem Tod ihres versicherten Ehegatten Anspruch auf die kleine Witwen-/Witwerrente, wenn der Ehegatte die Wartezeit von fünf Jahren erfüllt hat. • Der Anspruch erstreckt sich normalerweise auf maximal 24 Kalendermonate nach dem Tod des Versicherten. • Die Höhe der kleinen Witwen-/Witwerrente beträgt 25% der Rente des Verstorbenen.
Große Witwen-/Witwerrente	• Nicht wieder verheiratete Witwen oder Witwer haben nach dem Tod ihres versicherten Ehegatten Anspruch auf die große Witwen-/Witwerrente, wenn der Ehegatte die Wartezeit von fünf Jahren erfüllt hat, der Hinterbliebene entweder das 45. bzw. künftig das stufenweise umgesetzte 47. Lebensjahr vollendet hat oder ein eigenes Kind oder ein Kind des Verstorbenen unter 18 Jahren erzieht oder Angehörige pflegt oder eine Erwerbsminderung vorliegt. • Die Höhe der großen Witwen-/Witwerrente beträgt 55% der Rente des verstorbenen Versicherten.

[24] Vgl. Bundesministerium für Arbeit und Soziales (Hg.), Übersicht 2018/2019, S. 343 u. 392f.

Erziehungsrente	• Anspruch haben Versicherten, wenn ihre Ehe nach dem 30.6.1977 geschieden wurde und der geschiedene Ehegatte verstorben ist, ein eigenes Kind oder ein Kind des geschiedenen Ehepartners erzogen wird und keine Wiederheirat erfolgt ist sowie bis zum Tod des geschiedenen Ehepartners die allgemeine Wartezeit erfüllt ist.
Waisenrente (Vollwaisenrente bzw. Halbwaisenrente)	• Anspruch von Kindern auf Vollwaisenrente besteht, wenn kein unterhaltspflichtiger Elternteil mehr vorhanden ist und der verstorbene Elternteil die allgemeine Wartezeit erfüllt hat. • Die Vollwaisenrente beträgt 20% der Rentensumme der beiden Verstorbenen plus eines Zuschlags. • Anspruch von Kindern auf Halbwaisenrente besteht, wenn nur noch ein unterhaltspflichtiger Elternteil vorhanden ist und der verstorbene Elternteil die allgemeine Wartezeit erfüllt hat. Die Halbwaisenrente beträgt 10% der Rente des Verstorbenen plus eines Zuschlags. • Kinder haben Anspruch auf Halb- und Vollwaisenrente bis zum 18. Lebensjahr bzw. bei Ausbildung bis zum 27. Lebensjahr.

Ergänzung zu den Hinterbliebenenrenten:

Seit 2004 sind die Partner eingetragener Lebenspartnerschaften rentenrechtlich Ehegatten bzw. Witwern und Witwen gleichgestellt. Bei den Hinterbliebenenrenten wird eigenes Einkommen zu 40% auf die Hinterbliebenenrente angerechnet, soweit es den – dynamischen an den aktuellen Rentenwert gekoppelten – Freibetrag überschreitet:

Die Freibeträge für Witwen- / Witwerrenten und Erziehungsrenten betragen 872,52 Euro (alte Länder) bzw. 841,90 Euro (neue Länder). Der Freibetrag erhöht sich um 185,08 Euro in den alten Ländern bzw. 178,58 Euro in den neuen Ländern für jedes Kind mit Anspruch auf Waisenrente. Die Anrechnung eigenen Einkommens bei volljährigen Waisen entfällt.

Weitere Gesichtspunkte zur gesetzlichen Rentenversicherung:

- *Rentenhöhe*: Für die Rentenberechnung sind vier Faktoren entscheidend, nämlich

– die Entgeltpunkte

– die für die Entgeltpunkte maßgebenden Zugangsfaktoren

- der Rentenartfaktor und
- der aktuelle Rentenwert

Die Höhe der Rente richtet sich zunächst nach der Höhe der im Arbeitsleben erzielten Arbeitseinkommen, die in *Entgeltpunkte* umgerechnet werden. Dabei kommt der Grundsatz der Lohn- und Beitragsbezogenheit der Rente zur Geltung. Des Weiteren gibt es einen *Zugangsfaktor*, der sich am Zeitpunkt des Beginns einer Altersrente orientiert und Zu- und Abschläge berücksichtigt. Abschläge gibt es z. B. bei vorzeitigem Bezug einer Rente und Kindererziehungszeiten werden gutgeschrieben. So beträgt der Zugangsfaktor 1,0 beim Rentenbeginn entsprechend der maßgeblichen Altersgrenze. Abzüge von 0,3% gibt es hierbei für jeden Monat, in dem eine Altersrente vor der eigentlichen maßgeblichen Altersgrenze beginnt.

Schließlich bestimmt ein *Rentenartfaktor* die Höhe der Rente je nach Rentenart jeweils im Verhältnis zu einer Altersrente. Dabei weist die Rente wegen Alters mit dem Faktor 1,0 den höchsten Wert auf, die Rente wegen teilweiser Erwerbsminderung wird mit dem Faktor 0,5 bewertet und die Halbwaisenrente besitzt mit 0,1 den niedrigsten Wert. In die weitere Berechnung der Monatsrente fließt sodann der *aktuelle Rentenwert* ein, der jeweils zum 1. Juli angehoben wird. Hier wird also das Durchschnittsentgelt aller Versicherten berücksichtigt, so dass hier die Dynamisierung der Rente zum Ausdruck kommt, das „Kernstück der dynamischen Rentenformel" seit 1957. Seit dem Jahre 2004 kommt bei der Berechnung des aktuellen Rentenwertes ein Nachhaltigkeitsfaktor zur Geltung, der das jeweilige Verhältnis der Anzahl der Rentner zur Anzahl der Beitragszahler berücksichtigt.

- *Dynamisierung der Renten:* Die 1957 beschlossene Dynamisierung der Renten, d. h. die Anpassung an die allgemeine Lohnentwicklung, sollte die Rentner an die Einkommenszuwächse der aktiven Erwerbstätigen beteiligen und darüber hinaus einer Rentenentwertung durch die Inflation vorbeugen. Jeweils zum 1. Juli eines Jahres erfolgt die Rentenanpassung.
- *Hinzuverdienstgrenzen:* Wer eine Rente wegen Alters vor Erreichen der Regelaltersgrenze bezieht, muss Hinzuverdienstgrenzen beachten, die sich nunmehr seit 2017 geändert haben und jetzt bei 6300 Euro / Jahr liegen, bevor eine Kürzung der Altersrente eintritt. Ab dem Erreichen der Regelaltersgrenze ist ein unbegrenzter Hinzuverdienst möglich.
- *Krankenversicherungspflicht und Rentenbesteuerung:* Bezieher von Renten der gesetzlichen Rentenversicherung sind pflichtversichert in der Krankenversicherung und müssen die Hälfte des Beitrags zahlen, während die andere Hälfte von den Rentenversicherungsträgern übernommen wird. Den Beitrag zur Pflegeversicherung tragen die krankenversicherungspflichtigen Rentner seit 2004 vollständig allein. Seit 2005 gilt die Neuordnung der steuerlichen Behandlung von Altersbezügen und Altersvorsorgeaufwendungen. Es wird dabei schrittweise auf das Prinzip der nachgelagerten Besteuerung übergegangen, d. h. einer

Steuerentlastung der Altersvorsorgebeiträge und einer nachmaligen Besteuerung der Renten. Dabei steigt der zu versteuernde Rentenanteil bis zum Jahr 2020 auf 80% und bis zum Jahr 2040 auf 100%. Umgekehrt wird bis 2025 der komplette Altersvorsorgebeitrag steuerfrei.

- *Generationenvertrag:*: Dieser Vertrag berührt die Sicherheit der Renten, denn die Beiträge der Versicherten werden juristisch wie Eigentum behandelt und die daraus resultierenden Ansprüche sind garantiert. Im so bezeichneten Generationenvertrag zahlt die aktive erwerbstätige Generation die Renten der nicht mehr erwerbstätigen Generation und erwartet, dass auch die nachrückende Generation später diese Pflicht übernimmt. Dieser sog. Generationenvertrag wird aber von demographischen Entwicklungen berührt, denn ein anhaltender Geburtenrückgang und eine gleichzeitige Verlängerung der Lebenserwartung steigern die Kosten der Alterssicherung. Es wird sich demzufolge das Verhältnis von Beitragszahlern zu Rentenempfängern deutlich verschieben.
- *Rentenantrag:* Die Festsetzung und Auszahlung einer Rente erfordert einen Antrag.
- *Reformen in der gesetzlichen Rentenversicherung:* Viele hier nur kurz erwähnte Reformdurchgänge wie in den Jahren 1992, 2001, 2004 und 2007 sowie 2014 verfolgten zumeist das Ziel, das Rentensystem zu stabilisieren. Diese Reformen beinhalteten etwa den Nachhaltigkeitsfaktor, die Erhöhung der Bundeszuschüsse, die Rentenminderung bei vorzeitigem Rentenbezug sowie die Verschiebung der Altersgrenze auf 67 Jahre.[25] Für die Beibehaltung der umstrittenen Anhebung der Regelaltersgrenze wird von der Bundesregierung im Übrigen auf verschiedene Gesichtspunkte verwiesen:[26]

  So werde sich der Altersaufbau der Bevölkerung in Deutschland fundamental verändern und bis 2030 werden viele Versicherte der geburtenstarken Jahrgänge in Rente gehen. Es werde sich das Verhältnis der über 64jährigen im Vergleich zu den 20- bis 64jährigen von derzeit 1:3 auf 1:2 verschieben. Des Weiteren werde die Lebenserwartung weiter steigen. Auch drohe ein je nach Branche unterschiedlich ausfallender Arbeitskräftemangel und die Wirtschaft könne auf das Potential der Älteren nicht verzichten, was u. a. Konsequenzen für die Arbeitsplatzgestaltung älterer Beschäftigter nach sich ziehe.
- *Insgesamt dominiert in der gesetzlichen Rentenversicherung das Äquivalenzprinzip*, denn wer im Laufe seines Erwerbslebens mehr Beiträge gezahlt hat, wird auch eine höhere Rente erhalten. Ebenso verfolgt die gesetzliche Rentenversicherung das Ziel, eine Grundsicherung oberhalb des Existenzminimums zu erreichen, allerdings ist aufgrund verschiedener Rentenreformen (2001, 2004) das eigentliche Ziel einer Sicherung des Lebensstandards im Alter wie es in der

[25] Vgl. dazu ausführlich Neumann / Schaper, Sozialordnung, S. 199ff.

[26] Vgl. Bundesministerium für Arbeit und Soziales (Hg.), Übersicht 2015, S. 38f.

großen Rentenreform 1957 angestrebt worden war, aufgegeben worden. Damit ist das in den letzten Jahren abgesunkene Rentenniveau gemeint, das nach 2000 auf unter 50% gefallen ist.

- *2019 trat neben der sog. Mütterrente II auch eine doppelte Haltelinie für Rentenniveau und Beitragssatz* in Kraft, demnach das Sicherungsniveau der Rente vor Steuern bis zum Jahre 2025 48% nicht unterschreiten darf und ebenso darf der Beitragssatz bis dahin die 20%-Grenze nicht übertreffen. Kommt es zu einer Unterschreitung des Niveaus, ist der aktuelle Rentenwert anzuheben. Zur Sicherung der Obergrenze bei den Beiträgen leistet gegebenenfalls der Bund von 2022 bis 2025 einen Bundeszuschuss von jeweils 500 Mio. Euro an die Rentenversicherung.

Finanzierung der gesetzlichen Rentenversicherung:

Die gesetzliche Rentenversicherung finanziert sich durch Beiträge der Arbeitnehmer und der Arbeitgeber (18,6% im Jahr 2020) sowie durch Bundeszuschüsse zu den allgemeinen Aufgaben der Rentenversicherung wie etwa den Beiträgen für die Kindererziehungszeiten. Beiträge werden bis zur Höhe der Beitragsbemessungsgrenze erhoben, die jährlich neu festgelegt wird und 2020 in den alten Bundesländern bei 6900 Euro, im Osten bei 6450 Euro liegt. Eine Versicherungspflichtgrenze wie in der Krankenversicherung gibt es nicht. Es kommt das Umlageverfahren zur Anwendung, d. h. die aktuellen Ausgaben der Rentenversicherung werden aus den aktuellen Einnahmen bestritten. Damit ist der bereits angesprochene Generationenvertrag impliziert, demzufolge die junge Generation die ältere Generation finanziert und erwartet, später im Alter genauso diese Unterstützung zu erfahren.

Alterssicherung für Landwirte:[27]

Versicherungspflichtig sind Landwirte und mitarbeitende Familienangehörige bis zum 65. Lebensjahr. Das landwirtschaftliche Unternehmen muss über eine Mindestgröße verfügen.

Leistungen der Alterssicherung für Landwirte:

- Altersrente für Landwirte, die das 65. Lebensjahr erreicht haben, 15 Jahre Wartezeit erfüllt haben und ihr landwirtschaftliches Unternehmen abgegeben haben. Dies gilt auch für mitarbeitende Familienangehörige
- Vorzeitige Altersrente ist ab dem 55. Lebensjahr möglich, wenn der landwirtschaftliche Betrieb abgegeben wird und die Wartezeit erfüllt ist sowie einer der Ehegatten bereits einen Anspruch auf eine Altersrente vom 65. Lebensjahr an hat
- Rente wegen Erwerbsunfähigkeit

[27] Vgl. dazu eingehender Bundesministerium für Arbeit und Soziales (Hg.), Übersicht 2015, S. 939–962.

- Witwen oder Witwer, die nicht wieder geheiratet haben, haben nach dem Tod des Versicherten Anspruch auf Witwen- oder Witwerrente, wenn das landwirtschaftliche Unternehmen des Verstorbenen abgegeben ist und dieser eine fünfjährige Wartezeit erfüllt hat. Dazu darf der überlebende Ehegatte kein Landwirt sein und entweder ein noch unter 18jähriges Kind erziehen oder das 47. Lebensjahr vollendet haben oder erwerbsunfähig sein
- Medizinische und ergänzende Leistungen zur Rehabilitation
- Bei Arbeitsunfähigkeit, Schwangerschaft und Kuren ist die Beanspruchung einer Betriebs- und Haushaltshilfe möglich.

Finanzierung der Alterssicherung für Landwirte:

Diese Finanzierung basiert auf dem Prinzip, dass alle Ausgaben eines Kalenderjahres durch alle Einnahmen des gleichen Kalenderjahres gedeckt werden. Die Versicherten leisten Beiträge, wobei mitarbeitende Familienangehörige nur die Hälfte des Beitrags des Landwirts zahlen müssen.

3.2.4 Arbeitsförderung

Als „Kernstück der staatlichen Arbeitsmarktpolitik“[28] fungiert die Arbeitsförderung, die einen hohen Beschäftigungsstand erreichen und erhalten soll. Die Arbeitslosenversicherung als ein wesentlicher Bestandteil der Arbeitsförderung übernimmt die soziale Sicherung bei Arbeitslosigkeit. Die rechtlichen Regelungen finden sich vor allem im SGB III („Arbeitsförderung“). Der Komplex der Arbeitsförderung mit seinen umfangreichen Leistungsangeboten ist in den letzten Jahren vielfältigen Reformen unterzogen worden, weshalb dieser Zweig der deutschen Sozialversicherung im Rahmen des vorliegenden Studien- und Praxisbuches eine eingehendere Behandlung erfährt.

Versicherter Personenkreis in der Arbeitslosenversicherung:

Grundsätzlich wird hier unterschieden zwischen (a) Versicherungspflichtigen kraft Gesetz und (b) Versicherungspflichtigen auf Antrag. Übrigens gibt es im Vergleich zu anderen Zweigen der Sozialversicherung in der Arbeitslosenversicherung keine Familienversicherung.

(a) Versicherungspflichtige kraft Gesetz:

- Beschäftigte gegen Arbeitsentgelt, d. h. alle Arbeitnehmer
- Auszubildende in Betrieben und in außerbetrieblichen Einrichtungen
- Weiterbeschäftigte Wehr- und Zivildienstleistende

[28] Bundesministerium für Arbeit und Soziales (Hg.), Übersicht 2015, S. 52 und S. 51–89 (zum Folgenden); Neumann/Schaper, Sozialordnung, S. 260–263; Model/Creifelds, Staatsbürger-Taschenbuch, S. 1062–1069.

- *Sonstige Versicherungspflichtige:*
  - jugendliche Behinderte in Maßnahmen zur Teilhabe am Arbeitsleben in Einrichtungen der beruflichen Rehabilitation
  - Personen in Einrichtungen der Jugendhilfe zur Befähigung für eine Erwerbstätigkeit
  - Strafgefangene
  - Personen, die für den Dienst in geistlichen Genossenschaften oder religiösen Gemeinschaften ausgebildet werden
  - Bezieher von Mutterschaftsgeld, Krankengeld, Verletztengeld, Übergangsgeld
  - Bezieher einer Rente wegen einer vollen Erwerbsminderung
  - Personen, die wegen Inanspruchnahme einer Pflegezeit nach dem Pflegezeitgesetz eine pflegebedürftige Person bis zu sechs Monaten pflegen
  - Personen, die Pflegeunterstützungsgeld von einer gesetzlichen Pflegekasse oder einem privaten Versicherungsunternehmen oder einer Beihilfestelle beziehen
  - Personen, die ein noch nicht dreijähriges Kind erziehen und unmittelbar vor der Kindererziehung versicherungspflichtig waren oder eine Entgeltleistung gemäß dem SGB III bezogen haben und das Kind sich gewöhnlich in Deutschland aufhält

Bei den zuletzt genannten fünf Personengruppen von sonstigen Versicherungspflichtigen gilt als Bedingung, dass durch den Bezug der Rente, des Mutterschaftsgeldes, der Betreuung des Kindes oder durch eine Pflegezeit entweder eine versicherungspflichtige Beschäftigung oder der Bezug einer Entgeltersatzleistung unterbrochen worden ist.

(b) Versicherungspflichtige auf Antrag:

- Pflegepersonen: Diese müssen einen Angehörigen mindestens 14 Stunden in der Woche pflegen, ohne eine Pflegezeit nach dem Pflegezeitgesetz zu beanspruchen
- Selbstständige: Die selbstständige Beschäftigung muss mindestens 15 Stunden in der Woche umfassen
- *Personen, die eine Beschäftigung außerhalb der EU aufnehmen*

(c) Versicherungsfrei sind folgende Beschäftigte:

- Richter, Beamte und Soldaten
- Geringfügig Beschäftigte
- Schüler und Studenten mit einer Beschäftigung
- Personen in einer Arbeitsbeschaffungsmaßnahme
- Personen mit Anspruch auf Arbeitslosengeld

Leistungen der Arbeitsförderung:

Hauptziel der Arbeitsförderung ist die Verhinderung bzw. gegebenenfalls schnellstmögliche Beendigung von Arbeitslosigkeit. Bei den Leistungen der Arbeitsförderung unterscheiden wir (a) Leistungen für Arbeitnehmer, (b) Leistungen für Arbeitgeber, (c) Leistungen für Träger und (d) weitere Aufgaben der Bundesagentur für Arbeit. Neben den Geldleistungen spielen hier die Instrumente einer aktiven Arbeitsmarktpolitik eine große Rolle. Die individuelle Förderung der beruflichen Bildung ist weiterhin das „Kernstück dieser aktiven Arbeitsmarktpolitik“[29], dazu treten vielfältige Angebote für Unternehmen zur Förderung von Einstellungen bzw. Weiterbeschäftigung von Arbeitnehmern.

(a) Leistungen für Arbeitnehmer:

- *Kostenfreie Berufsberatung*: Sie kann auch von nicht versicherten Ratsuchenden in Anspruch genommen werden und umfasst Informationen und Rat zur Berufswahl, beruflichen Entwicklung, Berufswechsel, Arbeitsmarktlage und –tendenzen, beruflichen Bildung, zur Ausbildungs- und Arbeitsplatzsuche, zu den Leistungen der Arbeitsförderung und zur Berufsorientierung sowie Maßnahmen zur Berufsorientierung.
- *Kostenfreie Vermittlung*: Sie kann auch von nicht versicherten Ratsuchenden in Anspruch genommen werden und beinhaltet die Vermittlung von Arbeitsstellen sowie bei Arbeitslosen und Ausbildungssuchenden mit erschwerten Eingliederungshemmnissen eine verstärkte Unterstützung bei der Vermittlung. Eine wesentliche Aufgabe bildet auch die Ausbildungsvermittlung zur Begründung von Ausbildungsverhältnissen.
- *Eingliederungsvereinbarung und Potentialanalyse*: Die Agentur für Arbeit und der Arbeitssuchende schließen für einen bestimmten Zeitraum eine Eingliederungsvereinbarung, die die zur Eingliederung erforderlichen Leistungen und die eigenen Bemühungen des Arbeitssuchenden fixiert. Die Potentialanalyse als Grundlage der Eingliederungsvereinbarung ermittelt die für die Vermittlung erforderlichen beruflichen und persönlichen Merkmale und Fähigkeiten sowie die Eignung.
- *Aktivierung und berufliche Eingliederung*: Diese Leistungen können sowohl Arbeitnehmer als auch Arbeitgeber erhalten:

– Förderung für Ausbildungssuchende, von Arbeitslosigkeit bedrohte Arbeitssuchende und Arbeitslose aus dem *Vermittlungsbudget*. Es werden angemessene Kosten übernommen, Höchst- oder Mindestbeträge bestehen nicht, es entscheidet jeweils die Agentur für Arbeit. Leistungen zur Sicherung des Lebensunterhalts sind jedoch ausgeschlossen.

[29] Neumann/Schaper, Sozialordnung, S. 129; zum Folgenden dies., Sozialordnung, S. 128ff.

- Ausbildungssuchende, von Arbeitslosigkeit bedrohte Arbeitsuchende und Arbeitslose können bei *Teilnahme an Maßnahmen* gefördert werden, die ihre berufliche Eingliederung durch Heranführung an den Ausbildungs- und Arbeitsmarkt, durch die Feststellung, Verringerung oder Beseitigung von Vermittlungshemmnissen, durch Vermittlung in eine versicherungspflichtige Beschäftigung, durch Heranführung an eine selbständige Tätigkeit oder Stabilisierung einer Beschäftigungsaufnahme unterstützen. Die Maßnahmen werden als Einzel- oder auch Gruppenmaßnahme durchgeführt, ihre Dauer orientiert sich am Zweck und Inhalt der Maßnahme.

- Die Agentur für Arbeit kann mit einem *Aktivierungs- und Vermittlungsgutschein* bescheinigen, dass die Voraussetzungen für die Teilnahme an Maßnahmen zur Aktivierung und beruflichen Eingliederung vorliegen und das Maßnahmeziel und den Maßnahmeinhalt festlegen. Arbeitslose, die nach einer sechswöchigen Frist innerhalb von drei Monaten noch nicht in eine neue Stelle vermittelt sind, haben Anspruch auf einen Aktivierungs- und Vermittlungsschein. Der Berechtigte kann sich einen passenden Träger oder Arbeitgeber selbst suchen. Die Träger oder Arbeitgeber erhalten für die Durchführung eine Vergütung, die aufwands- oder auch erfolgsbezogen sein kann, d.h. 2000 Euro für eine erfolgreiche Vermittlung bzw. 2500 Euro bei erfolgreicher Vermittlung von Langzeitarbeitslosen oder behinderten Menschen.

- *Probebeschäftigung und Arbeitshilfe für behinderte Menschen:* Die Kosten können Arbeitgebern erstattet werden.

- *Leistungen zur Förderung der Aufnahme einer selbstständigen Tätigkeit (Gründungszuschuss):* Voraussetzung ist ein bestehender Anspruch auf mindestens 150 Tage Arbeitslosengeld, die Stellungnahme einer fachkundigen Stelle über die Tragfähigkeit der Existenzgründung und der Nachweis der erforderlichen Kenntnisse und Fähigkeiten. Der Gründungszuschuss wird in Höhe des vom Existenzgründer bezogenen Arbeitslosengeldes für sechs Monate einschließlich einer Pauschale von 300 Euro monatlich für die soziale Absicherung gezahlt. Die Pauschale kann bei entsprechender Geschäftstätigkeit noch für weitere 9 Monate geleistet werden.

- *Berufswahl und Berufsausbildung*:

  Vorausschickend zu diesem Punkt der Leistungen der Arbeitsförderung für Arbeitnehmer sei vor dem Hintergrund der seit einigen Jahren erheblich gestiegenen Zuwanderung auf eine intensivierte Ausbildungsförderung für ausländische Menschen verwiesen, die sich im am 1. August 2019 in Kraft getretenen Ausländerbeschäftigungsförderungsgesetz (§ 448 SGB III: Gesetz zur Förderung der Ausbildung und Beschäftigung von Ausländerinnen und Ausländern) niederschlug:

- Eine Ausbildung stellt einen wesentlichen Baustein im Integrationsprozess dar.
- Nunmehr besteht ein Zugang zu den ausbildungsbegleitenden Instrumenten wie der Berufsausbildungsbeihilfe, allerdings bekommen Personen mit dem Status „gestattet" diese nicht, da sie Leistungen aus dem Asylbewerberleistungsgesetz erhalten.
- Sog. Geduldete, die eine betriebliche Berufsausbildung begonnen haben, haben Anspruch zunächst auf Leistungen des Asylbewerbergesetzes und nach 15 Monaten Aufenthalt in Deutschland auf die Berufsausbildungsbeihilfe.
- Für Gestattete und Geduldete besteht nun auch ein Zugang zu ausbildungsvorbereitenden Maßnahmen, jedoch gelten hier Wartezeiten.
- Darüber hinaus ist die Teilnahme an Integrationskursen für arbeitsmarktnahe Asylbewerber und Asylbewerber mit unklarer Bleibeperspektive (Afghanistan, Iran, Irak, Somalia) möglich, wenn sie vor dem 1. August 2010 eingereist sind und sich seit drei Monaten in Deutschland aufhalten.

Insgesamt geht es im Einzelnen bei den Leistungen zur Berufswahl und Berufsausbildung um

- Maßnahmen für den *Übergang von der Schule in die Berufsausbildung:* Hierunter fallen (a) Berufsorientierungsmaßnahmen und (b) die Berufseinstiegsbegleitung.

(a) *Berufsorientierungsmaßnahmen*: Die Berufsorientierung soll junge Menschen in die Lage versetzen, eigene Kompetenzen und Interessen bezüglich beruflicher Anforderungen einzuordnen. Die Berufsorientierungsmaßnahmen zur vertieften Berufsorientierung und Berufswahlvorbereitung sind gedacht für Schülerinnen und Schüler aus allgemeinbildenden Schulen, wenn eine Kofinanzierung durch Dritte im Umfang von mindestens 50 % der Förderung zustande kommt. Spezifische Bedürfnisse von Schülerinnen und Schülern mit sonderpädagogischem Förderbedarf bzw. von schwerbehinderten Schülerinnen und Schülern sollen explizit in der Maßnahme Berücksichtigung finden. Es ist davon auszugehen, dass diese Teilnehmer während der Schulzeit eine besondere Unterstützung hinsichtlich der Berufsorientierung und Berufswahlvorbereitung erfordern.

(b) *Berufseinstiegsbegleitung*: Die seit 2009 durchgeführte Berufseinstiegsbegleitung soll förderbedürftige Schülerinnen und Schüler aus den allgemeinbildenden Schulen im Normalfall für den Zeitraum ab der vorletzten Klasse bis zum ersten Halbjahr der Berufsausbildung individuell und kontinuierlich unterstützen. Diese Unterstützung in der Phase des Übergangs von der Schule in eine Berufsausbildung gilt auch für den Fall, wenn ein unmittelbarer Übergang nicht gelingt und ist bis zu einer Dauer von 24 Monaten möglich. Berufseinstiegsbegleitung zielt demzufolge ab auf die Eingliederung junger Menschen in eine betriebliche Berufsausbildung.

Maßnahmen zur *Berufsvorbereitung*: Hierzu zählen (a) Berufsvorbereitende Bildungsmaßnahmen, gegebenenfalls mit der Vorbereitung auf einen Hauptschulabschluss und (b) die Einstiegsqualifizierung.

(a) *Berufsvorbereitende Bildungsmaßnahmen:* Berufsvorbereitende Bildungsmaßnahmen (BVB) verfolgen im Wesentlichen zwei Zielsetzungen (vgl. SGB III, § 51 bis 54). Zum einen sollen sie förderbedürftige junge Menschen auf eine Berufsausbildung vorbereiten. Zum anderen sollen sie, falls eine Berufsausbildung wegen in der Person liegenden Gründen nicht möglich ist, eine Eingliederung in den ersten Arbeitsmarkt ermöglichen. Die Maßnahmen dauern in der Regel zehn Monate.

(b) *Einstiegsqualifizierung:* Die betriebliche Einstiegsqualifizierung (EQ) ist ein Angebot, das junge Menschen mit Vermittlungshemmnissen als Brücke in eine Berufsausbildung dienen soll. Die Einstiegsqualifizierung – basierend auf SGB III, § 54a – verfolgt mehrere Ziele. Zuvörderst soll die Einstiegsqualifizierung jungen Menschen, die individuell eingeschränkte Vermittlungsperspektiven aufweisen, die Gelegenheit geben, berufliche Handlungsfähigkeit zu erlangen und / oder zu vertiefen. Des Weiteren ermöglicht die Einstiegsqualifizierung den Ausbildungsbetrieben, junge Menschen näher kennen zu lernen und ihre Fähigkeiten und Fertigkeiten in einem sechs bis zwölf Monate umfassenden Zeitraum im täglichen Arbeitsablauf zu beobachten. Nach dieser Phase sollte die Übernahme in eine Ausbildung im Unternehmen einmünden. Arbeitgeber, die eine betriebliche Einstiegsqualifizierung durchführen, erhalten einen Zuschuss (ab 1. August 2020 bis zu 247 Euro) und einen pauschalierten Arbeitgeberanteil am Gesamtsozialversicherungsbeitrag, wenn sie für ein halbes bis ein Jahr einen derartigen Platz anbieten.

– die *Berufsausbildungsbeihilfe*: Auszubildende haben Anspruch auf Berufsausbildungsbeihilfe während einer (ersten) Berufsausbildung, wenn die Berufsausbildung förderungsfähig ist, sie zum förderungsfähigen Personenkreis gehören, die sonstigen persönlichen Voraussetzungen für eine Förderung erfüllt sind und ihnen die erforderlichen Mittel zur Deckung des Bedarfs für den Lebensunterhalt, die Fahrkosten und die sonstigen Aufwendungen nicht anderweitig zur Verfügung stehen. Auch berufsvorbereitende Bildungsmaßnahmen können gefördert werden. Berufsausbildungsbeihilfe ist nur beziehbar, wenn der Auszubildende außerhalb des Elternhaushalts wohnt (Ausnahme: behinderte Menschen). Bei Minderjährigen ist es eine weitere Voraussetzung, dass sich die Ausbildungsstätte in nicht angemessener Nähe zur elterlichen Wohnung befindet. Die Förderung erfolgt durch Zuschüsse, die nicht zurückgezahlt werden müssen.
– *Maßnahmen zur Unterstützung und Förderung der Berufsausbildung,* d.h. (a) ausbildungsbegleitende Hilfen, (b) die außerbetriebliche Berufsausbildung und (c) die assistierte Ausbildung:

(a) *ausbildungsbegleitende Hilfen:* Ausbildungsbegleitende Hilfen – SGB III, § 75 – verfolgen das Ziel, eine Ausbildung erfolgreich abzuschließen oder die Einstiegsqualifizierung erfolgreich zu sichern und somit einen Abbruch der Ausbildung zu verhindern. Ausbildungsbegleitende Hilfen unterstützen junge Menschen, die sich in einer betrieblichen Ausbildung befinden und bei denen der erfolgreiche Ausbildungsabschluss gefährdet ist. Die Maßnahmen umfassen Stützunterricht, d. h. also die Förderung fachtheoretischer und fachpraktischer Fertigkeiten, Kenntnisse und Fähigkeiten sowie eine individuelle sozialpädagogische Begleitung zur Sicherung des Ausbildungserfolges. Dabei soll die Aufnahme, Fortsetzung sowie der erfolgreiche Abschluss einer erstmaligen betrieblichen Berufsausbildung in anerkannten Ausbildungsberufen ermöglicht werden.

(b) *außerbetriebliche Berufsausbildung:* Unter außerbetrieblichen Berufsausbildungen – SGB III, §§ 76 – versteht man die Aufnahme und den Abschluss einer Berufsausbildung nicht in einem Betrieb, sondern in einer Ausbildungsstätte eines Bildungsträgers. Die Agenturen für Arbeit und die Jobcenter fördern hier diejenigen benachteiligten jungen Menschen, die in eine reguläre betriebliche Ausbildung nicht vermittelt werden konnten und bei denen auch die ausbildungsbegleitenden Hilfen nicht halfen. Im Verlauf der außerbetrieblichen Berufsausbildung wird aber angestrebt, die jungen Menschen in eine betriebliche Berufsausbildung überzuführen.

(c) *Assistierte Ausbildung:*[30]

Diese Maßnahme wurde bis Ende 2020 verlängert und verfolgt das Ziel, mehr benachteiligten jungen Menschen eine erfolgreiche betriebliche Berufsausbildung im Rahmen des dualen Systems zu ermöglichen. Dabei soll auch diejenigen jungen Menschen, die bislang nur eine außerbetriebliche Ausbildung absolviert haben, eine betriebliche Perspektive gegeben werden. Der Teilnehmer wie auch der Ausbildungsbetrieb erhalten vor und während der Ausbildung Unterstützung, die individuell und sozialpädagogisch orientiert ist. Inhaltlich ist die Assistierte Ausbildung an die ausbildungsbegleitenden Hilfen angelehnt. Zum 1. Januar 2016 wurde die Voraufenthaltsdauer für junge geduldete Menschen und Inhaber weiterer humanitärer Aufenthaltstitel in Bezug auf die Assistierte Ausbildung herabgesetzt.

- *Berufliche Weiterbildung*: Voraussetzung für eine Förderung ist, dass ein arbeitsloser Arbeitnehmer wieder beruflich eingegliedert werden kann oder eine drohende Arbeitslosigkeit abwendbar ist oder ein fehlender und erforderlicher Berufsabschluss erreicht wird:

[30] Vgl. Bundesministerium für Arbeit und Soziales (Hg.), Übersicht 2018/2019, S. 63f.

- Die *Weiterbildung Beschäftigter* ist möglich für ungelernte Arbeitnehmer, wobei der Arbeitgeber Zuschüsse erhält
- Im Verlauf der Weiterbildung wird Arbeitslosengeld gezahlt
- *Weiterbildung in besonderen Fällen*: Gefördert werden Arbeitnehmerinnen und Arbeitnehmer, wenn sie bei Beginn der Teilnahme an einer Maßnahme das 45. Lebensjahr vollendet haben und sie im Rahmen eines bestehenden Arbeitsverhältnisses für die Zeit der Teilnahme an der Maßnahme weiterhin Anspruch auf Arbeitsentgelt haben. Außerdem muss der Betrieb, dem sie angehören, weniger als 250 Beschäftigte haben und die Maßnahme muss außerhalb des Betriebs, dem sie angehören, durchgeführt werden. Dabei sollen Kenntnisse und Fertigkeiten vermittelt werden, die über ausschließlich arbeitsplatzbezogene kurzfristige Anpassungsfortbildungen hinausgehen. Des Weiteren müssen die Maßnahme und der Träger der Maßnahme für die Förderung zugelassen sein.
- Seit August 2016 ist eine Förderung von Arbeitnehmern bzw. Arbeitnehmerinnen ohne Berufsabschluss möglich, wenn sie zur Vorbereitung auf eine berufliche Weiterbildung mit Abschluss notwendige *Grundkompetenzen* – Lesen, Schreiben, Mathematik, Informationstechnologie – benötigen (Gesetz zur Stärkung der beruflichen Weiterbildung und des Versicherungsschutzes in der Arbeitslosenversicherung).[31]
- *Bildungsgutschein* für Arbeitnehmer mit den entsprechenden Voraussetzungen, wobei dieser sich einen anerkannten Bildungsträger selbst suchen darf.
- Die *Weiterbildungskosten* beinhalten Lehrgangskosten, Kosten für eine Eignungsfeststellung, Fahrtkosten, Kosten für auswärtige Unterbringung und Verpflegung sowie Kinderbetreuungskosten.
- *Verbleib in Beschäftigung*: Ziel der Leistungen ist es, einen Verbleib in Beschäftigung zu unterstützen.
- *Kurzarbeitergeld*, das nur versicherungspflichtig beschäftigte Personen erhalten können, gibt es für längstens sechs Monate. Es wird bezahlt, wenn Betriebe aus wirtschaftlichen Gründen oder aufgrund eines unabwendbaren Ereignisses (z. B. einer Pandemie) die Arbeitszeit vorübergehend verringern. Es gibt auch verschiedene Formen wie dem vor allem in der Bauwirtschaft wichtigen Saisonkurzarbeitergeld oder dem Kurzarbeitergeld für Heimarbeiter. Die Höhe des Kurzarbeitergeldes beträgt 67% mit Kind bzw. 60% ohne Kind der errechneten, pauschalisierten Nettoentgeltdifferenz. Den Antrag stellen die Arbeitgeber, die Höchstdauer beträgt 12 Monate.
- *Transferleistungen* für Arbeitnehmer, die aufgrund einer Betriebsänderung bzw. einer betrieblichen Restrukturierung oder nach Beendigung einer Berufsausbildung von Arbeitslosigkeit bedroht sind. Transfermaßnahmen sind Maßnahmen

[31] Vgl. Bäcker, Dauerbaustelle: Arbeitsförderung/SGB III & Arbeitsrecht, S. 12.

zur Eingliederung der Arbeitnehmer in den Arbeitsmarkt, an denen die Arbeitgeber beteiligt sind, z. B. Transferkurzarbeitergeld und Sozialpläne zur Wiedereingliederung in den Arbeitsmarkt

– Seit 2005 besteht bereits das vom Bundesministerium für Arbeit und Soziales eingerichtete Förderprogramm „Integration durch Qualifizierung – IQ" zur *Arbeitsmarktförderung von Personen mit Migrationshintergrund*, um diesen einen verbesserten Zugang zu arbeitsmarktpolitischen Instrumenten zu ermöglichen. Hierbei spielt die Anerkennung von im Ausland erworbenen Berufsqualifikationen eine zentrale Rolle (Anerkennungsgesetz). Seit dem Jahr 2019 beinhaltet das Förderprogramm im Kontext des Fachkräfteeinwanderungsgesetzes entsprechende Einrichtungen zur Unterstützung des neuen Gesetzes (u. a. Beratung des Arbeitgeberservice). Näheres findet sich unter www.netzwerk-iq.de.

- *Teilhabe behinderter Menschen am Arbeitsleben*: Die Rehabilitation Behinderter ist auf verschiedene Zweige der sozialen Sicherung verteilt. Behinderte im Sinne des SGB III sind Menschen, deren Aussichten, am Arbeitsleben teilzuhaben, wegen ihrer Behinderung nicht nur vorübergehend wesentlich gemindert sind und die Hilfe zur Teilhabe am Arbeitsleben benötigen (auch lernbehinderte Menschen). Hier interessieren nur die Leistungen der Bundesagentur für Arbeit:

– Das Ziel ist die Erhaltung, Verbesserung oder Wiederherstellung der Erwerbsfähigkeit von Behinderten zur Teilhabe am Arbeitsmarkt, um Arbeitslosigkeit zu vermeiden

– Die Leistungen umfassen diejenigen Maßnahmen, die auch nichtbehinderte beanspruchen können und Teilnahmekosten für Maßnahmen sowie für Sonderfälle der Unterbringung und Verpflegung.

– Bei den Leistungen handelt es sich um *Maßnahmekosten,* d. h. Lehrgangkosten, Kosten für erforderliche Lernmittel und Arbeitsausrüstung, Kraftfahrzeughilfe und Hilfe bei der Wohnraumbeschaffung und Kosten für die Unterkunft und Verpflegung, *unterhaltssichernde Leistungen* wie Berufsausbildungsbeihilfe, Ausbildungsgeld, Arbeitslosengeld bei beruflicher Weiterbildung und Übergangsgeld und *sonstige ergänzende Leistungen* wie Reisekosten, Kosten für Haushaltshilfe und Kinderbetreuung, Beiträge zur Sozialversicherung.

– Zum *Übergangsgeld:* Dies wird als Leistung zur Sicherung des Lebensunterhalts bei Teilnahme an besonderen Maßnahmen zur Teilhabe am Arbeitsleben gezahlt. Dazu zählen Maßnahmen der beruflichen Weiterbildung, der Berufsvorbereitung oder einer individuellen beruflichen Qualifizierung gemäß dem SGB IX. Die Höhe des Übergangsgeldes basiert als Prozentsatz auf dem Regelentgelt, das im Grundsatz dem vor der Maßnahme bezogenen Arbeitsentgelt entspricht.

– *Ausbildungsgeld* wird gewährt, wenn kein Übergangsgeld gezahlt wird, bei Maßnahmen der beruflichen Ausbildung, einer individuellen betrieblichen Qualifizierung nach SGB IX oder einer Maßnahme in einer Werkstatt für Behinderte.

- *Leistungen bei Arbeitslosigkeit: Arbeitslosengeld, Teilarbeitslosengeld, Kurzarbeitergeld und Insolvenzgeld*:

– *Arbeitslosengeld*: Anspruch auf Arbeitslosengeld haben Arbeitnehmer, die

a) arbeitslos sind,

b) sich persönlich bei der Agentur für Arbeit gemeldet haben (ab diesem Zeitpunkt wird Arbeitslosengeld gewährt),

c) die Anwartschaftszeit erfüllt haben, d.h. innerhalb der letzten **30** Monate eine 12monatige versicherungspflichtige Beschäftigung nachweisen können,

d) der Agentur zur Vermittlung zur Verfügung stehen, d.h. insbesondere mindestens 15 Stunden in der Woche unter den üblichen Bedingungen des Arbeitsmarktes arbeiten können,

e) bereit sind, eine zumutbare Arbeit aufzunehmen: Die Zumutbarkeit erstreckt sich v.a. auf deutliche Gehaltsminderungen – in den ersten drei Monaten ist 20% weniger, in den folgenden drei Monaten 30% weniger und ab dem siebten Monat eine Absenkung bis zur Höhe des Arbeitslosengeldes zumutbar – und lange Fahrwege zur Arbeitsstätte, d.h. bei mehr als sechs Stunden Arbeitszeit sind zweieinhalb Stunden Pendelzeit zumutbar. Unzumutbar ist eine Beschäftigung, die gegen gesetzliche, tarifliche, in Betriebsvereinbarungen fixierte Bestimmungen oder Arbeitsschutzregelungen verstößt.

Die *Dauer des Arbeitslosengeldbezugs* orientiert sich an der Zeit der Vorbeschäftigung und dem Lebensalter. Sie erstreckt sich im Normalfall von sechs Monaten bis zu 24 Monaten bei denjenigen, die das 58. Lebensjahr vollendet haben.

Die *Höhe des Arbeitslosengeldes* beträgt 60% des letzten durchschnittlichen, pauschalierten Nettoeinkommens bzw. 67%, wenn mindestens ein Kind vorhanden ist. Eventuell erzieltes *Nebeneinkommen* während des Arbeitslosengeldbezugs wird mit Freibeträgen und Werbungskosten verrechnet.

Solange Arbeitslosengeld bezogen wird, zahlt die Agentur für Arbeit *Beiträge zur gesetzlichen Kranken-, Pflege- und Rentenversicherung.*

Bei *Verstößen* gegen die Vorschriften des Arbeitslosengeldbezugs und Vereinbarungen zur schnellst möglichen Eingliederung in den Arbeitsmarkt kann eine *Sperrzeit* verhängt werden, die die Anspruchsdauer verkürzt. Die Dauer der Sperrzeit beträgt beim erstmaligen versicherungswidrigen Verhalten drei Wochen, beim zweiten Fehlverhalten sechs Wochen und ab dem dritten Fehlverhalten 12 Wochen.

Bei unzureichenden Eigenbemühungen beträgt die Sperrzeit zwei Wochen, bei Meldeversäumnissen oder einer verspäteten Arbeitslosmeldung eine Woche.

- *Teilarbeitslosengeld*: Wer teilarbeitslos ist, sich teilarbeitslos gemeldet hat und die Anwartschaftszeit für Teilarbeitslosengeld erfüllt hat, hat Anspruch auf Teilarbeitslosengeld für maximal sechs Monate.
- *Insolvenzgeld*: Dies erhalten Arbeitnehmer, die beim Eintritt einer Insolvenz ihres dauerhaft zahlungsunfähigen Arbeitgebers für die vorausgehenden drei Monate vor Eröffnung des Insolvenzverfahrens noch Anspruch auf Arbeitsentgelt haben.

(b) *Leistungen für Arbeitgeber:*

- *Aktivierung und berufliche Eingliederung*: Kostenerstattung für Arbeitgeber bei einer befristeten Probebeschäftigung für behinderte, schwerbehinderte und ihnen Gleichgestellte bis zu drei Monaten
- *Berufswahl und Berufsausbildung*: Einstiegsqualifizierung beinhaltet Zuschüsse zur Vergütung und Sozialversicherung, weiterhin sind Zuschüsse zur Ausbildungsvergütung für die Aus- und Fortbildung behinderter und schwerbehinderter Menschen möglich
- *Berufliche Weiterbildung*: Zuschüsse für die Weiterbildung von Arbeitnehmern
- *Aufnahme einer Erwerbstätigkeit*: Arbeitgeber können zur Eingliederung von Arbeitnehmerinnen und Arbeitnehmern, deren Vermittlung wegen in ihrer Person liegenden Gründen erschwert ist, einen Zuschuss zum Arbeitsentgelt zum Ausgleich einer Minderleistung erhalten (Eingliederungszuschuss in Höhe von maximal 50 % des berücksichtigungsfähigen Arbeitsentgeltes). Die Dauer des Zuschusses beträgt normalerweise 12 Monate, für 50jährige und ältere ist er bis zu 36 Monaten möglich. Der Zuschuss kann sich bei behinderten und schwerbehinderten Personen erhöhen und verlängern, so bei 55jährigen und Älteren bis zu 96 Monaten.

(c) *Leistungen für Träger:*

- *Aktivierung und berufliche Eingliederung*: Aufwand- oder erfolgsbezogene Vergütung gibt es für Träger für folgende Leistungen:

- Ausbildungssuchende, von Arbeitslosigkeit bedrohte Arbeitsuchende und Arbeitslose können bei Teilnahme an Maßnahmen gefördert werden, die ihre berufliche Eingliederung durch Heranführung an den Ausbildungs- und Arbeitsmarkt, Feststellung, Verringerung oder Beseitigung von Vermittlungshemmnissen, Vermittlung in eine versicherungspflichtige Beschäftigung, Heranführung an eine selbständige Tätigkeit oder Stabilisierung einer Beschäftigungsaufnahme (Aktivierungs- und Vermittlungsgutschein) unterstützen.

- Träger von Maßnahmen benötigen eine Zulassung, für die sie ihre Leistungsfähigkeit und Zuverlässigkeit zur Maßnahmedurchführung nachweisen müssen, etwa durch Qualitätssicherungssysteme und qualifizierte Lehrkräfte. Die Zulassung bestimmt die unter der Aufsicht der Bundesagentur für Arbeit stehende Deutsche Akkreditierungsstelle GmbH.
- Zugelassene Maßnahmen müssen erfolgsversprechend sein, die Kosten und Dauer müssen angemessen sein, berufliche Fertigkeiten und Kenntnisse erhalten und erweitern, einen Berufsabschluss vermitteln oder zu einer anderen beruflichen Tätigkeit befähigen sowie mit einem Zeugnis zum behandelten Lehrstoff abschließen.

● *Berufswahl und Berufsausbildung*:

- Berufseinstiegsbegleitung beinhaltet die Erstattung der Aufwandskosten und der Kosten für Berufseinstiegsbegleiter, wenn sich Dritte – z. B. der Europäische Sozialfonds (ESF) – mindestens zur Hälfte an der Förderung beteiligen
- Berufsvorbereitende Bildungsmaßnahmen: Hierfür werden die Maßnahmekosten erstattet
- Unterstützung und Förderung der Berufsausbildung, d. h. bei ausbildungsbegleitenden Hilfen, Berufsausbildung in einer außerbetrieblichen Einrichtung und Einstiegsqualifizierung gibt es Zuschüsse und Erstattung der Maßnahmekosten
- Träger von Jugendwohnheimen können durch Darlehen und Zuschüsse gefördert werden, wenn dies zum Ausgleich auf dem Ausbildungsmarkt und zur Förderung der Berufsausbildung erforderlich ist und die Träger oder Dritte sich in angemessenem Umfang an den Kosten beteiligen. Leistungen können erbracht werden für den Aufbau, die Erweiterung, den Umbau und die Ausstattung von Jugendwohnheimen.

(d) *Weitere Aufgaben der Bundesagentur für Arbeit:*

● Erstellen von Statistiken zum Arbeitsmarkt

● Arbeitsmarkt- und Berufsforschung

● Arbeitsgenehmigung-EU für Staatsangehörige der neuen EU-Mitgliedstaaten (hier: Kroatien)

Schließlich sei am Ende des Kapitels zur Arbeitsförderung auf ein Gesetz verwiesen, dass lange Zeit diskutiert worden war und im August 2019 beschlossen wurde und am 1. März 2020 in Kraft trat, nämlich das Fachkräfteeinwanderungsgesetz.[32] Dieses soll die Einwanderung von Fachkräften aus Drittstaaten erleichtern. Die wesentlichen Inhalte lauten:

[32] Vgl. Bäcker, Dauerbaustelle: Arbeitsförderung/SGB III & Arbeitsrecht, S. 2.

- Fachkräfte sind nunmehr nicht nur Personen mit Hochschulabschluss, sondern auch solche mit einer qualifizierten Berufsausbildung
- Bei Fachkräften mit einem Arbeitsvertrag und einer in Deutschland anerkannten Qualifikation fällt die Vorrangprüfung weg
- Bei Fachkräften mit beruflicher Bildung entfällt nunmehr die Eingrenzung auf die Engpassberufe
- Fachkräfte mit Berufsausbildung dürfen unter bestimmten Voraussetzungen wie Deutschkenntnissen und Sicherung des Lebensunterhalts zur Arbeitsplatzsuche einreisen

Finanzierung der Leistungen der gesetzlichen Arbeitslosenversicherung (Arbeitsförderung):

Die Finanzierung der Arbeitslosenversicherung erfolgt durch Beiträge je zur Hälfte von den Beschäftigten und den Arbeitgebern (Beitragssatz seit 1.1.2019 2,6% und bis 2022 2,5%), durch die Winterbeschäftigungs-Umlage, die von Arbeitgebern bzw. von Arbeitgebern und Arbeitnehmern aufgebracht wird, durch die von den Arbeitgebern aufgebrachte Umlage für das Insolvenzgeld sowie durch Mittel des Bundes für von der Bundesregierung der Bundesagentur übertragene Aufgaben.

3.2.5 Die Soziale Pflegeversicherung

In der sozialen Pflegeversicherung, die erst 1995 als fünfte Säule der Sozialversicherung auf dem Hintergrund der demographischen Entwicklung eingeführt worden war, sind weit mehr als 80% der Bevölkerung der Bundesrepublik Deutschland gegen das Risiko der Pflegebedürftigkeit abgesichert.[33] Die längere Lebenserwartung, eine nicht mehr ausreichende Familiensolidarität, die wachsende Erwerbstätigkeit der Frauen, die bislang hauptsächlich die häusliche Pflege bestritten haben, eine weiterhin geringe Geburtenzahl wie auch der anhaltende Trend zur Kleinfamilie seien hier nur stichpunktartig als Gründe für die Einführung dieser Sozialversicherung genannt.

Das Hauptziel dieses verhältnismäßig jungen Zweigs der Sozialversicherung liegt im verbesserten Schutz von Pflegebedürftigen, die dadurch auch aus der bisherigen Zuständigkeit der Sozialhilfe ausscheiden konnten. Die neue Pflegeversicherung sollte demzufolge eventuellen Belastungen der Allgemeinheit vorbeugen, wenn der einzelne Bürger nicht ausreichend für einen eintretenden Pflegefall vorsorgt. Die wesentlichen gesetzlichen Regelungen finden sich im SGB XI. Derzeit erhalten im Übrigen rund 2,6 Millionen Menschen Leistungen von der sozialen und der

[33] Vgl. zum Folgenden Bundesministerium für Arbeit und Soziales (Hg.), Übersicht 2018/2019, S. 669–759.

privaten Pflegeversicherung, wobei die weitaus größte Anzahl von Pflegebedürftigen zu Hause oder durch ambulante Pflegedienste betreut wird.

2015/2017 wurde die Pflegeversicherung einer weitgehenden Reform[34] mit Hilfe dreier Pflegestärkungsgesetze unterzogen, die einen neuen Pflegebedürftigkeitsbegriff und ein neues Begutachtungsinstrumentarium einführten, was wir im Folgenden skizzieren werden. Das Erste Pflegestärkungsgesetz, das am 1. Januar 2015 in Kraft trat, verbesserte die Leistungen für pflegebedürftige Menschen und pflegende Angehörige, d.h. die Pflege zu Hause wurde gestärkt, außerdem richtete man einen Pflegevorsorgefonds ein, dessen Zweck in einer Beitragsentlastung ab 2035 liegt und schließlich soll auch die Zahl der Betreuungskräfte aufgestockt werden. Das Zweite Pflegestärkungsgesetz zum 1. Januar 2017 führte einen neuen Pflegebedürftigkeitsbegriff ein. Das Dritte Pflegestärkungsgesetz stärkte die Rolle der Kommunen im Bereich der Pflege.

Versicherter Personenkreis der sozialen Pflegeversicherung:

Es gilt die Maxime „Pflegeversicherung folgt Krankenversicherung", d.h. alle in einer gesetzlichen Krankenversicherung Versicherten gehören auch der sozialen Pflegeversicherung an (und analog müssen alle privat Krankenversicherten eine private Pflegeversicherung abschließen)[35]. Entsprechend dem Solidarprinzip sind Ehegatten und Kinder im Rahmen der Familienversicherung beitragsfrei mitversichert.

Man unterscheidet versicherungspflichtige Personen, freiwillig versicherte Personen und familienversicherte Personen:

(a) *Versicherungspflichtige Personen:*

- Versicherungspflichtige und freiwillig Versicherte der gesetzlichen Krankenversicherung
- Personen mit einem Anspruch auf Heilbehandlung gemäß dem Bundesversorgungsgesetz oder bei dessen entsprechender Anwendung
- Bezieher von Kriegsschadenrenten oder vergleichbaren Leistungen nach dem Lastenausgleichsgesetz
- Bezieher von ergänzender Hilfe zum Lebensunterhalt nach dem Bundesversorgungsgesetz oder bei dessen entsprechender Anwendung
- Bezieher laufender Leistungen zum Unterhalt und von Krankenhilfe gemäß der Kinder- und Jugendhilfe nach SGB VIII

---

[34] Vgl. Bundesministerium für Arbeit und Soziales (Hg.), Übersicht 2018/2019, S. 673ff.

[35] Vgl. zur hier nicht weiter ausgeführten privaten Pflegepflichtversicherung Bundesministerium für Arbeit und Soziales (Hg.), Übersicht 2015, S. 708–714.

- Krankenversorgungsberechtigte gemäß dem Bundesgesetz zur Entschädigung für Opfer der nationalsozialistischen Verfolgung (Bundesentschädigungsgesetz – BEG)
- Soldaten auf Zeit, soweit sie nicht gesetzlich oder privat krankenversichert sind

(b) *Freiwillig versicherte Personen:*

- Personen, die aus der Versicherungspflicht ausscheiden
- Personen, die aus der Familienversicherung ausscheiden
- Personen, die ihren Wohnsitz ins Ausland verlegen
- Zuwanderer aus dem Ausland
- Rückkehrer aus dem Ausland

(b) *Familienversicherte Personen:*

- Ehegatte
- Lebenspartner
- Kinder des Mitglieds, d. h. leibliche, Adoptivkinder, zur Annahme aufgenommene Pflegekinder, Stiefkinder und Enkel

Leistungen der sozialen Pflegeversicherung:

Die Leistungen der sozialen Pflegeversicherung sind von einer Reihe von Grundsätzen und Bedingungen geprägt.

Grundsätze der Leistungen der sozialen Pflegeversicherung:

- Generell sollen die Leistungen der Pflegeversicherung ein weitgehend selbstbestimmtes und selbstständiges Leben ermöglichen
- Die Leistungen der Pflegeversicherung werden einkommens- und vermögensunabhängig gewährt
- Im Unterschied zur Krankenversicherung ist nicht das Bedarfsprinzip maßgebend, sondern das Budgetprinzip mit finanziellen Obergrenzen bei der Kostenerstattung und daraus resultierenden Zuzahlungen der Betroffenen. Letzte Instanz bei nicht vorhandener Zuzahlungsfähigkeit ist die „Hilfe zur Pflege" aus der Sozialhilfe
- Anstelle der Pflegesachleistung ist auf Verlangen des Pflegebedürftigen der Bezug von Pflegegeld möglich. Gegebenenfalls ist auch eine Kombination von Sach- und Geldleistungen möglich
- Die Leistungen der Pflegeversicherung orientieren sich am jeweiligen Pflegegrad und danach, ob jemand ambulant oder stationär gepflegt werden muss
- Leistungen der häuslichen Pflege haben Vorrang. Ihre Höhe richtet sich nach dem jeweiligen Pflegegrad
- Leistungen der teilstationären Pflege haben Vorrang vor der vollstationären Pflege

- Leistungen der Prävention und Rehabilitation haben Vorrang vor der Pflege
- Durch Lebensführung, medizinische Vorsorgemaßnahmen und medizinische Rehabilitation sollen die Versicherten Pflegebedürftigkeit vermeiden
- *Definition von Pflegebedürftigkeit* (§ 14 SGB XI): „(1) Pflegebedürftig im Sinne dieses Buches sind Personen, die gesundheitlich bedingte Beeinträchtigungen der Selbständigkeit oder der Fähigkeiten aufweisen und deshalb der Hilfe durch andere bedürfen. Es muss sich um Personen handeln, die körperliche, kognitive oder psychische Beeinträchtigungen oder gesundheitlich bedingte Belastungen oder Anforderungen nicht selbständig kompensieren oder bewältigen können. Die Pflegebedürftigkeit muss auf Dauer, voraussichtlich für mindestens sechs Monate, und mit mindestens der in § 15 festgelegten Schwere bestehen."
- Pflegebedürftigkeit ist somit von Krankheit und Behinderung zu unterscheiden, denn nicht jeder Kranke oder auch Behinderte ist pflegebedürftig, hingegen ist jeder Pflegebedürftige krank oder behindert und auf Dauer hilfebedürftig. Die erwähnten Verrichtungen des täglichen Lebens beziehen sich auf die Bereiche Körperpflege, Ernährung, Mobilität und hauswirtschaftliche Versorgung und bilden die Basis für die Begutachtung und Stufeneinteilung der Pflegebedürftigkeit
- Die Pflegeleistungen benötigen einen Antrag bei der Pflegekasse der Krankenversicherung
- Wer pflegebedürftig ist und welcher Bedarf erforderlich ist, entscheidet der Arzt des Medizinischen Dienstes der gesetzlichen Krankenversicherung, wobei die Untersuchungen im Wohnbereich des Pflegebedürftigen erfolgen

Pflegereformen (2015–2017)

- Maßgebend für den Umfang und die Höhe der Leistungen der sozialen Pflegeversicherung sind nach der Reform 2015 anstelle der bisherigen drei *Pflegestufen,* nunmehr fünf für alle Pflegebedürftigen einheitlich geltende *Pflegegrade*, die körperliche, geistige und psychische Einschränkungen erfassen.
- Die fünf Pflegegrade sind abgestuft je nach Beeinträchtigung, d. h. von geringer Beeinträchtigung (= Pflegegrad 1) bis zu schwerster Beeinträchtigung (= Pflegegrad 5).
- Der Pflegegrad wird mit folgendem pflegefachlichen Begutachtungsinstrument ermittelt, das in sechs Modulen entlang den sechs Bereichen von Beeinträchtigungen gegliedert ist. Ausgangspunkt der Begutachtung ist immer die individuelle Situation des Pflegebedürftigen.

- Am Ende des Verfahrens steht ein errechneter Punktewert mit einer fünfstufigen Skala, wobei die jeweiligen Ergebnisse der Module unterschiedlich gewichtet werden und in das Gesamtergebnis einfließen.

Bereiche	
Mobilität	Dieses Modul erfasst die wesentlichen Aspekte der Mobilität eines Menschen: z. B. ein Positionswechsel im Bett, Halten einer stabilen Sitzposition, Umsetzen, Fortbewegen innerhalb des eigenen Wohnbereichs, Treppensteigen. Die Bewertung der vorhandenen Selbstständigkeit wird an einer vierstufigen Skala von „selbstständig", „überwiegend selbstständig", „überwiegend unselbstständig" und „unselbstständig" festgestellt
Kognitive und kommunikative Fähigkeiten	Dieses Modul beinhaltet grundlegende mentale Fähigkeiten eines Menschen: Zeitliche und räumliche Orientierung, Erinnern, Redefähigkeit, Verstehen von Sachverhalten und Informationen, Erkennen von Gefahren und Risiken. Die Bewertung verläuft von „vorhanden" bis zu „nicht vorhanden"
Verhaltensweisen und psychische Problemlagen	Bei diesem Modul stehen Verhaltensweisen und psychische Problemlagen im Zentrum: Nächtliche Unruhe, Aggressionen, Ängste, Beschädigen von Gegenständen. Die Bewertung erfolgt an Hand eines Punkteverfahrens von 0 Punkten – keine Unterstützung erforderlich – bis zu 5 Punkten (bei täglicher notwendiger Unterstützung)
Selbstversorgung	Waschen, Körperpflege, Toilette selber verrichten, Ankleiden, eigenes mundgerechtes Zubereiten von Nahrung und Eingießen von Getränken. Die Bewertung läuft entlang von vier Stufen
Bewältigung von und selbstständiger Umgang mit krankheits- oder therapiebedingten Anforderungen und Belastungen	Dieses Modul betrifft die Selbstständigkeit eines Menschen bei der Bewältigung seiner Gesundheitsprobleme: Medikamenteneinnahme, Diät einhalten, Umgang mit Hilfsmittel
Gestaltung des Alltagslebens und sozialer Kontakte	Das Modul erfasst die Bereiche des Alltagslebens die bislang nicht berücksichtigt worden waren: Soziale Kontakte, Tagesablauf selber gestalten, Planungen durchführen

Folgende Leistungen erbringt die soziale Pflegeversicherung:[36]

Seit ihrer Einführung im Jahre 1995 wurde das Leistungsangebot der Pflegeversicherung ausgebaut und differenziert. Insbesondere 2008 folgte eine einschneidende Ausweitung vor allem durch die Errichtung von Pflegestützpunkten und den Anspruch auf eine umfassende Pflegeberatung. Die Pflegestützpunkte bündeln die umfassende Beratung über pflegerische, medizinische und soziale Leistungen unter einem Dach und übernehmen die Koordinierung aller in der Pflege beteiligten Personen und Institutionen. Folgende Aufgaben übernehmen die Pflegestützpunkte und Pflegeberater:

a) Hilfen bei der Antragstellung und beim Umgang mit der Pflegekasse
b) Beratung zu Leistungen und Leistungsansprüchen
c) Unterstützung bei der Auswahl von Leistungsangeboten
d) auf Wunsch Erstellung eines individuellen Versorgungsplanes
e) Information zu den Gutachten des Medizinischen Dienstes der Krankenversicherung

2014 bestanden 382 derartige Pflegestützpunkte. 2012 wurden gesetzlich die Leistungen erweitert und hierbei insbesondere das Angebot für Demenzkranke einbezogen. 2015 folgten erneute Verbesserungen wie etwa eine Aufstockung der Zahl der zusätzlichen Betreuungskräfte für die voll- und teilstationären Pflegeeinrichtungen.

Im Wesentlichen wird zwischen *häuslicher* (ambulanter) und *stationärer* Pflege sowie zwischen Sachleistungen und Geldleistungen unterschieden. Ferner differenziert man nach den Adressaten der Hilfen, also den Leistungen an den Pflegebedürftigen und den Leistungen an die Pflegepersonen.

- *Leistungen bei Pflegegrad 1: Dadurch erhielten rund eine halbe Million Menschen erstmals einen Zugang zu Leistungen der Pflegeversicherung (Pflegegrad 1 umfasst Menschen, die noch keine erheblichen Beeinträchtigungen aufweisen, aber bereits überwiegend körperliche Einschränkungen haben. Sie haben Anspruch auf Pflegeberatung und den sog. Entlastungsbetrag von 125 Euro im Monat).*
- *Leistungen bei häuslicher Pflege:* Die Familie ist weiterhin der „größte Pflegedienst der Nation“, denn die meisten der pflegebedürftigen Menschen, die zu Hause leben, werden von ihren Familienangehörigen versorgt. Da die Pflegebedürftigen in der Regel so lange wie möglich in ihrer vertrauten Umgebung gemeinsam mit ihren Angehörigen leben wollen, liegt ein Schwerpunkt des Gesetzes auf den Leistungen zur Erhaltung und Verbesserung der häuslichen Pflege. Seit dem 1. Januar 2017 bekommen Pflegebedürftige aller Pflegegrade (1–5), die ambulant gepflegt werden, einen zweckgebundenen

[36] Vgl. Bundesministerium für Arbeit und Soziale (Hg.), Übersicht 2018/2019, S. 688–708.

Entlastungsbetrag von 125 Euro pro Monat. Dieser ist gedacht für die Erstattung von Kosten im Kontext der Inanspruchnahme von Leistungen teilstationärer Tages- oder Nachtpflege, Kurzzeitpflege oder von Leistungen ambulanter Pflegedienste. Die Höhe der häuslichen Pflegeleistungen hängt ab vom Pflegegrad.

- *Häusliche Pflegehilfe:* Diese umfasst die Grundpflege und die hauswirtschaftliche Versorgung durch ausgebildete Pflegekräfte bzw. einen Pflegedienst, wobei sich die Pflegesätze nach dem jeweiligen Pflegegrad richten (mindestens Pflegegrad 2 ist voraussetzend): Die monatlichen Höchstleistungen für Pflegesachleistungen sehen wie folgt aus: Bis zu 689 Euro (Pflegegrad 2), bis zu 1 298 Euro (Pflegegrad 3), bis zu 1 612 Euro (Pflegegrad 4) und bis zu 1 995 Euro (Pflegegrad 5).
- *Pflegegeld:* Anstelle der ambulanten häuslichen Pflegehilfe ist Pflegegeld für den Pflegebedürftigen möglich, wenn die Pflege durch Angehörige oder andere (ehrenamtliche) Kräfte, bei denen es sich nicht um erwerbstätige Pflegekräfte handelt, gesichert ist. Das Pflegegeld richtet sich nach dem jeweiligen Pflegegrad und beträgt im Jahr 2020 jeweils pro Monat 316 Euro (Pflegegrad 2), 545 Euro (Pflegegrad 3), 728 Euro (Pflegegrad 4) und 901 Euro (Pflegegrad 5). Pflegegeld wird im Übrigen bei der Inanspruchnahme anderer einkommensabhängiger Sozialleistungen oder bei Unterhaltsverpflichtungen nicht als Einkommen des Pflegebedürftigen berücksichtigt.
- Die Pflegekasse finanziert auch die Aufwendungen für Pflegehilfsmittel (z. B. Pflegebett).
- *Kombinationsleistung:* Diese setzen sich aus den nur zum Teil beanspruchten Pflegesachleistungen – Sachleistungen sind die Pflegeleistungen einer Pflegeeinrichtung – und einem anteiligen Pflegegeld zusammen. Über das Verhältnis von Sach- und Geldleistungen entscheidet der Pflegebedürftige.
- *Zusätzliche Leistungen für Pflegebedürftige,* die mit anderen Pflegebedürftigen in ambulant betreuten Wohngruppen leben, d. h. ein monatlicher Zuschlag in Höhe von **214 Euro**.
- *Tages- und Nachtpflege:* Unter Tages- und Nachtpflege (= teilstationäre Versorgung) versteht man die zeitweise Betreuung im Tagesverlauf in einer entsprechenden Einrichtung für diesen Zweck. Diese beinhaltet Pflegeleistungen sowie die Beförderung von der Wohnung bis zur Pflegeeinrichtung, wobei die Leistungen dafür gemäß den Pflegegraden erbracht werden. Die Höhe der Leistung hängt wiederum vom Pflegegrad ab, d. h. beim Pflegegrad 2 bis zu 689 Euro (Monat), beim Pflegegrad 3 bis zu 1 298 Euro, beim Pflegegrad 4 bis zu 1 612 Euro und beim Pflegegrad 5 bis zu 1 995 Euro.
- *Kurzzeitpflege:* Fällt eine Pflegeperson aus oder häusliche Pflege ist nicht möglich, gibt es eine Kurzzeitpflege in einer vollstationären Einrichtung

maximal vier Wochen im Jahr. Für Pflegebedürftige der Grade 2 bis 5 sind bis zu 1612 Euro bis zu acht Wochen pro Kalenderjahr möglich. Seit dem Jahr 2016 bzw. 2017 besteht ein Anspruch auf eine Kurzzeitpflege als Leistung der gesetzlichen Krankenversicherung (GKV) für Versicherte, die keinen Pflegegrad haben und für Pflegebedürftige des Pflegegrades 1.

- *Pflegevertretung:* Die Pflegekasse übernimmt die Kosten einer notwendigen Ersatzpflege für Pflegebedürftige mit mindestens Pflegegrad 2, wenn die Pflegeperson wegen Urlaub, Krankheit oder anderen Gründen die oder den Angehörigen vorübergehend nicht pflegen kann. Bedingung ist aber, dass der Pflegende seit mindestens sechs Monaten die Pflege übernommen hat. Übernimmt eine gewerbsmäßige Pflegeperson oder ein ambulanter Pflegedienst die Pflege, wird bis zu einem Betrag von 1 612 Euro je Kalenderjahr erstattet. Bei Ersatzpflege durch nahe Angehörige richtet sich die Leistung nach dem Pflegegeld. Für die Dauer eines Erholungsurlaubs der Pflegeperson werden die Renten- und Arbeitslosenversicherungsbeiträge von der Pflegekasse übernommen.

- *Pflegehilfsmittel:* Wenn diese – z. B. ein Pflegebett oder eine Hebevorrichtung – nicht von der Krankenkasse oder einem anderen Leistungserbringer gestellt werden.

- Pflegebedürftige (auch mit Pflegegrad 1) können in ambulant betreuten Wohngruppen zusätzlich noch einen sogenannten Wohngruppenzuschlag erhalten (214 Euro pro Monat). Voraussetzung dafür ist u. a., dass sie mit mindestens zwei und höchstens elf weiteren Personen, davon mindestens zwei Pflegebedürftige, wohnen.

- Pflegebedürftige, die sich an der Gründung einer ambulant betreuten Wohngruppe beteiligen, können zusätzlich zu den Zuschüssen für wohnumfeldverbessernde Maßnahmen eine Anschubfinanzierung von bis zu 2 500 Euro pro Person und maximal 10 000 Euro pro Wohngemeinschaft erhalten

- *Wohnumfeldverbesserung:* Diese Hilfen in Form von Zuschüssen betreffen den gegebenenfalls erforderlichen Umbau der Wohnung des Pflegebedürftigen und können bis zu 4000 Euro pro Maßnahme betragen.

- *Leistungen zur sozialen Sicherung der Pflegepersonen:* Da die Pflege von pflegebedürftigen Menschen eine große Herausforderung ist, sind – zumeist – Frauen gezwungen, auf eine eigene Berufstätigkeit ganz oder teilweise zu verzichten. Im Sinne der Pflegeversicherung ist eine Pflegeperson wie folgt definiert: Wer eine oder mehrere pflegebedürftige Personen mit einem Pflegegrad 2 bis 5 in ihrer häuslichen Umgebung nicht erwerbsmäßig für mindestens zehn Stunden pro Woche, verteilt auf mindestens zwei Tage, pflegt, ist eine Pflegeperson.

- *Verbesserte Absicherung pflegender Angehöriger in der Renten- und Arbeitslosenversicherung:* Die Pflegeversicherung übernimmt die Rentenbeiträge für alle Pflegepersonen, die mindestens zehn Stunden in der Woche einen Pflegebedürftigen mit Pflegegrad 2–5 – verteilt auf mindestens zwei Tage – zu Hause pflegt (= Pflegeperson). Ist die Pflegeperson nicht mehr als 30 Stunden pro Woche erwerbstätig, zahlt die Pflegeversicherung Rentenbeiträge. Die Rentenbeiträge steigen mit einer zunehmenden Pflegebedürftigkeit. So bekommt derjenige, der einen Angehörigen mit außerordentlich hohem Unterstützungsbedarf (Pflegegrad 5) 25 Prozent höhere Rentenbeiträge. Angehörige, die einen ausschließlich demenzkranken Pflegebedürftigen betreuen, werden ebenfalls rentenversichert. Pflegt jemand eine nahestehende Person in seiner häuslichen Umgebung, ist er beitragsfrei gesetzlich unfallversichert.
- *Pflegepersonen als Berufsaussteiger:* Wer wegen pflegebedürftiger Angehöriger aus dem Beruf aussteigt, bekommt ab 1. Januar 2017 die Beiträge zur Arbeitslosenversicherung für den gesamten Zeitraum der Pflege. Damit haben die Pflegepersonen Anspruch auf Arbeitslosengeld einschließlich Leistungen der Arbeitsförderung, falls ein nahtloser Einstieg in eine Beschäftigung nach Beendigung der Pflegetätigkeit nicht gelingt.
- *Zur Vereinbarkeit von Pflege und Beruf: Pflegezeit und Familienpflegezeit:* Im Bedarfsfall können Angehörige folgende berufliche Auszeiten nehmen:

  a) Zusätzliche Leistungen bei Pflegezeit und kurzzeitiger Arbeitsverhinderung: In einem akuten Pflegefall in der Familie können seit 2008 Beschäftigte bis zu 10 Arbeitstage der Arbeit fern bleiben und besitzen ein Rückkehrrecht gemäß dem Pflegezeitgesetz. Dabei spielt die Unternehmensgröße keine Rolle. Es werden Beiträge zur Arbeitslosenversicherung entrichtet und Zuschüsse für die Kranken- und Pflegeversicherung gezahlt. Seit dem 1. Januar 2015 übernimmt die Pflegekasse für die Pflegezeit das Pflegeunterstützungsgeld als Lohnersatzleistung für maximal 10 Tage je Pflegefall, falls der Arbeitgeber keine Entgeltfortzahlung leistet. Das Bruttopflegeunterstützungsgeld beträgt 90% des ausgefallenen Arbeitsentgeltes. Für Empfänger von Pflegeunterstützungsgeld finanziert die Pflegeversicherung die Beiträge zur Kranken-, Arbeitslosen- und Rentenversicherung.

  b) Pflegezeit: Gegebenenfalls kann die Pflegezeit mit einer teilweisen oder auch vollständigen Arbeitsfreistellung bis zu sechs Monaten ausgeweitet werden. Zwecks Ausgleichs des Verdienstausfalls ist der Erhalt eines zinslosen Darlehens vom Bund möglich. Anspruch auf Pflegezeit besteht gegenüber Arbeitgebern mit mehr als 15 Beschäftigten.

  c) Nach dem Familienpflegezeitgesetz von 2015 besteht für Beschäftigte für die Pflege von nahen Angehörigen ein Rechtsanspruch auf Verminderung ihrer Arbeitszeit bis auf 15 Stunden pro Woche für eine bis zu 24 Monaten mög-

liche Familienpflegezeit. Zwecks Ausgleichs des Verdienstausfalls ist der Erhalt eines zinslosen Darlehens vom Bund möglich. Ein Anspruch besteht gegenüber Arbeitgebern mit mehr als 25 Beschäftigten.

- *Pflegekurse für Angehörige und ehrenamtliche Pflegepersonen*

- *Leistungen bei vollstationärer Pflege:*

- *Vollstationäre Pflege:* Wenn häusliche oder teilstationäre Pflege nicht möglich ist, werden Leistungen für die stationären pflegebedingten Aufwendungen gemäß den Pflegegraden erbracht. Die Leistungen sind pauschal geregelt und betragen beim Pflegegrad 1 einen Zuschuss von 125 Euro (Monat), beim Pflegegrad 2 beträgt die Leistung 770 Euro, beim Pflegegrad 3 1.262 Euro, beim Pflegegrad 4 1.775 Euro und beim Pflegegrad 5 sind es 2.005 Euro (jeweils im Monat). Die Kosten für Unterkunft und Verpflegung muss der Pflegebedürftige übernehmen. Neu ist auch seit 2017, dass ein erhöhter Pflegebedarf und damit ein höherer Pflegegrad keinen höheren Eigenanteil nach sich zieht. Ebenfalls neu ist seit 2017 der Anspruch einer zusätzlichen Betreuung und Aktivierung in stationären Pflegeeinrichtungen, die über die notwendige Versorgung hinausgeht und mehr Zuwendung sowie eine bessere Teilnahme an der Gemeinschaft ermöglichen soll.

Finanzierung der Leistungen der sozialen Pflegeversicherung:

Die Finanzierung der Leistungen der Pflegeversicherung erfolgt im Umlageverfahren weitgehend durch Beiträge, dazu kommen noch als Einnahmen Zuzahlungen der Pflegebedürftigen bei Hilfsmitteln. Zuschüsse vom Bund aus Steuermitteln gibt es nicht. Der Beitragssatz beträgt derzeit – im Jahr 2020 – 3,05%, zuzüglich 0,25% für über 23jährige, kinderlose Versicherte, den nur die Arbeitnehmer zahlen. Die Beiträge tragen die Arbeitnehmer und die Arbeitgeber jeweils zur Hälfte. Allerdings wird der Beitragsanteil der Arbeitgeber durch den Wegfall eines Feiertags – des Buß- und Bettages – kompensiert, außer in *Sachsen*, wo kein Feiertag gestrichen wurde. Es gilt die Beitragsbemessungsgrenze wie in der Krankenversicherung (2020: 4687,50 Euro im Monat). Beitragsfrei sind als Familienversicherte Ehepartner, Lebenspartner und Kinder, deren Einkommen unter der Geringfügigkeitsgrenze liegt (2020: 450 Euro im Monat). Ebenfalls beitragsfrei sind Bezieher von Mutterschafts-, Erziehungs- und Elterngeld.

Ergänzung: Pflegezusatzversicherungen

Seit 2013 gibt es die Möglichkeit, eine staatlich geförderte, private Pflegezusatzversicherung abzuschließen. Hierbei erhält man eine staatliche Zulage von 60 Euro im Jahr, wenn man mindestens 10 Euro als eigenen Monatsbeitrag leistet. Es werden keine Gesundheitsüberprüfungen, Risikozuschläge oder Leistungsausschlüsse erlaubt. Die Beitragshöhe hängt nur vom Lebensalter des Versicherungsnehmers beim Versicherungseintritt ab. Die Versicherungsleistungen sind Geldleistungen, die entsprechend den Pflegegraden der sozialen Pflegeversicherung gezahlt werden. Schließlich besteht eine maximal fünfjährige Wartezeit bis zum Beginn einer Leistungspflicht durch den Versicherer.

3.3 Das System der sozialen Grundsicherung

Die Grundsicherung fungiert als „letzte Bastion zur Bekämpfung von Armut“[37]. Sie basiert auf dem Fürsorgeprinzip im Unterschied zum Versicherungsprinzip der Sozialversicherung. Ihre Leistungen werden aus Steuermitteln finanziert, wobei eine Bedürftigkeitsprüfung zur Anwendung kommt. Wir unterscheiden hier drei Formen der sozialen Grundsicherung, nämlich die politisch lange umstrittene Grundsicherung für Arbeitsuchende[38], also das im Rahmen der sog. Hartzreformen eingeführte Arbeitslosengeld II, dann die Grundsicherung im Alter und bei Erwerbsminderung und schließlich der „Restbestand“ der vormaligen Sozialhilfe, die „neue“ Hilfe zum Lebensunterhalt als Sozialhilfe im engeren Sinn.

3.3.1 Die Grundsicherung für Arbeitsuchende: Das Arbeitslosengeld II

Maßgebend für die Regelungen zur Grundsicherung für Arbeitsuchende („Hartz IV“) ist das SGB II.[39] Das Ziel der zum 1. Januar 2005 in Kraft getretenen Reform der Arbeitslosenhilfe und der Sozialhilfe war die Trennung von erwerbsfähigen und nicht erwerbsfähigen Personen. Bis zu diesem Zeitpunkt bestanden zwei Fürsorgesysteme für erwerbsfähige Hilfebedürftige, nämlich die Arbeitslosenhilfe gemäß SGB III und die Sozialhilfe gemäß dem Bundessozialhilfegesetz.

Bei der Arbeitslosenhilfe orientierte sich die monatliche Leistung faktisch am letzten Nettoeinkommen, während die Höhe der Sozialhilfe das Existenzminimum als Mindestbedarf abdeckte. Dieses parallele Fürsorgesystem wurde als nachteilig empfunden, u. a. weil die Eingliederungsleistungen nicht für beide Gruppen von Hilfsbedürftigen identisch waren und zum Teil auch Lastenverschiebungen zwischen den involvierten Institutionen hinsichtlich der jeweiligen finanziellen Zuständigkeit stattfanden. Die nunmehr „neue“ Sozialhilfe, d. h. die Sozialhilfe im engeren Sinn, konzentriert sich auf die nicht erwerbsfähigen Hilfebedürftigen, während die neue Grundsicherung für Arbeitsuchende die erwerbsfähigen Bedürftigen in das Zentrum rückte.

Die Leistungen der Grundsicherung für Arbeitsuchende sollen zum einen ein menschenwürdiges Leben sichern und zum anderen die Eigenverantwortung von erwerbsfähigen Leistungsberechtigten einschließlich der mit ihnen in einer

[37] Neumann/Schaper, Sozialordnung, S. 265.

[38] Vgl. dazu neuestens eine knappe und sehr informative Bilanz bei Ulrich Walwei, Hartz IV – Gesetz, Grundsätze, Wirkung, Reformvorschläge, in: APUZ 44–45 (2019) S. 12–21.

[39] Vgl. zum Folgenden Bundesministerium für Arbeit und Soziales (Hg.), Übersicht 2015, S. 19–50; Neumann/Schaper, Sozialordnung, S. 270ff.; Model/Creifelds, Staatsbürger-Taschenbuch, S. 1085–1088.

Bedarfsgemeinschaft lebenden Personen stärken. Das Ziel ist die Bestreitung des Lebensunterhalts aus eigenen Mitteln und Kräften, nur wer sich selbst nicht helfen kann, erhält staatliche Hilfe. Arbeitsuchende müssen demzufolge alle möglichen Anstrengungen unternehmen, die Hilfebedürftigkeit zu beenden. Letzteres verweist eindeutig auf den hier prägenden Grundsatz des Forderns und Förderns, der in diesen Reformmaßnahmen zum Ausdruck kommt.

Anspruchsberechtigter Personenkreis::

Anspruch auf Leistungen in der Grundsicherung für Arbeitsuchende haben *erwerbsfähige* Leistungsberechtigte, die

- ihren gewöhnlichen Aufenthalt in der Bundesrepublik Deutschland haben,
- mindestens 15 Jahre alt und höchstens zwischen 65 und 67 Jahre alt sind,
- erwerbsfähig und hilfebedürftig sind.

Dazu kommen noch Leistungen für Personen, die mit erwerbsfähigen Leistungsberechtigten in einer Bedarfsgemeinschaft leben. Auch Ausländer können Leistungen der Grundsicherung für Arbeitsuchende erhalten, wenn sie über eine Beschäftigungserlaubnis verfügen. Dies betrifft vorrangig Bürger aus den Mitgliedstaaten der Europäischen Union, abgesehen von Übergangsregelungen bei neu in die EU aufgenommenen Staaten. Keine Leistungen erhalten Ausländer in den ersten drei Aufenthaltsmonaten in Deutschland, wenn sie keiner Beschäftigung nachgehen. Auch Berechtigte des Asylbewerberleistungsgesetzes können keine Leistungen erhalten.

Definitionen:

- Als *nicht erwerbsfähig* gilt derjenige, der aus gesundheitlichen Gründen nicht in der Lage ist, mindestens drei Stunden täglich unter den üblichen Bedingungen des allgemeinen Arbeitsmarktes arbeiten zu können. Die Agentur für Arbeit stellt die Erwerbsfähigkeit fest.
- Als *hilfebedürftig* gilt jemand, der seinen eigenen Grundbedarf und auch den der Angehörigen seiner Bedarfsgemeinschaft nicht aus eigenen Mitteln und den Mitteln der Angehörigen der Bedarfsgemeinschaft sowie der Verwandten- und Verschwägertengemeinschaft bestreiten kann.
- Zu einer *Bedarfsgemeinschaft* zählen

– die erwerbsfähigen Leistungsberechtigten

– die im Haushalt nicht dauernd getrennt lebenden Eltern oder der im Haushalt nicht dauernd getrennt lebende Elternteil eines unverheirateten erwerbsfähigen Kindes unter 25 Jahren

– die im Haushalt nicht dauernd getrennt lebende Partnerin oder der im Haushalt nicht dauernd getrennt lebende Partner dieses Elternteils sowie auch die Lebenspartner in einer gleichgeschlechtlichen eingetragenen Partnerschaft

- die dem Haushalt angehörenden unverheirateten Kinder bis zum 25. Lebensjahr

- Der erwerbsfähige Leistungsberechtigte muss sein gesamtes *Einkommen* und *Vermögen* einbringen. Einkommen ist alles das, was jemand in der Bedarfszeit (= ein Kalendermonat) wertmäßig in Geld oder Geldeswert dazu erhält wie Arbeitsentgelt, Einnahmen aus selbstständiger Tätigkeit, aus Land- und Forstwirtschaft, Sachbezüge, Renten, Kindergeld, Betreuungsgeld, Miet- und Kapitaleinkünfte. Vermögen ist das, was jemand in der Bedarfszeit bereits hat, also Bargeld, Schecks, Grundstücke, Schmuck, Möbel, Gemälde, auf Geld gerichtete Forderungen, Aktien und Fondsanteile usw.

Nicht anrechenbares Einkommen sind u. a.
- Renten aus dem Bundesversorgungsgesetz
- Leistungen aus dem SGB II
- Renten oder Beihilfen aus dem Bundesentschädigungsgesetz
- Elterngeld.

Des Weiteren können vom Einkommen Aufwendungen für Unterhaltsverpflichtungen und die Beiträge zur Sozialversicherung, ein Grundabsetzbetrag in Höhe von 100 Euro pro Monat für gesetzlich vorgeschriebene Versicherungen, die Riesterrente und auch ein zusätzlicher Freibetrag bei Erwerbstätigkeit abgesetzt werden.

Nicht anrechenbares Vermögen ist u. a.:
- Angemessener Hausrat
- Angemessenes Kraftfahrzeug
- Selbstgenutztes Hausgrundstück von angemessener Größe oder entsprechende Eigentumswohnung, z. B. ist eine Grundstücksfläche von mindestens 500 qm im städtischen Bereich bzw. von mindestens 800 qm im ländlichen Bereich angemessen
- Vermögen für eine angemessene Altersvorsorge
- Sachen und Rechte, deren Verwertung offensichtlich unwirtschaftlich oder eine besondere Härte wäre

Bei der Vermögensanrechnung kommen auch Freibeträge zum Abzug, nämlich ein Freibetrag von 150 Euro je Lebensjahr des volljährigen Leistungsberechtigten und dessen Partners, ein Grundfreibetrag von 3100 Euro für jedes minderjährige Kind und 750 Euro pro Lebensjahr des erwerbsfähigen Leistungsberechtigten für die Altersvorsorge (bis maximal 48 750 Euro).

Zur Unterhaltspflicht bei der Grundsicherung für Arbeitsuchende:
- Bei volljährigen Kindern, die das Arbeitslosengeld II beziehen, werden Eltern nicht zum Unterhalt herangezogen. Eine Ausnahme besteht bei Kindern unter 25

Jahren ohne eine abgeschlossene erste Ausbildung, denn in diesem Fall müssen Eltern Unterhalt leisten

- Umgekehrt müssen volljährige Kinder, deren Eltern Arbeitslosengeld II oder Sozialgeld beziehen, keinen Unterhalt zahlen
- Unterhaltspflicht besteht unter Ehepartnern, auch wenn sie getrennt leben oder geschieden sind

Keine Leistungen zur Grundsicherung erhalten diejenigen, die sich in einer stationären Einrichtung befinden, die eine Altersrente beziehen, die sich länger als sechs Monate in einem Krankenhaus befinden und Auszubildende mit Anspruch auf BAFÖG oder Berufsausbildungsbeihilfe, allerdings gibt es bei letzteren aber besondere Härtefälle.

Leistungen der Grundsicherung für Arbeitsuchende:

Die Leistungen der Grundsicherung für Arbeitsuchende stellen eine aus Steuermitteln finanzierte Fürsorgeleistung mit Bedürftigkeitsprüfung dar. Dabei werden grundsätzlich drei Leistungsarten unterschieden, nämlich *erstens* Dienstleistungen durch persönliche Beratung in den Jobcentern, *zweitens* Geldleistungen zur Eingliederung in Arbeit und zur Sicherung des Lebensunterhalts einschließlich der von den Kommunen bestrittenen Kosten für Unterkunft und Heizung, die aber dafür vom Bund einen finanziellen Ausgleich erhalten sowie *drittens* Sachleistungen für Bildung und Teilhabe.

Wie bereits erwähnt, ist die Grundsicherung für Arbeitsuchende vom Grundsatz des Förderns und Forderns geprägt. Fordern heißt, dass sich jeder Erwerbsfähige soweit wie möglich mit eigenen Mitteln und Kräften durch die Aufnahme einer Erwerbstätigkeit selbst helfen muss. Dazu zählt auch die Bereitschaft, jede zumutbare Tätigkeit aufzunehmen. Die *Zumutbarkeit* wird anhand bestimmter Kriterien bestimmt:

- Unzumutbar ist eine Beschäftigung, die gegen arbeitsrechtliche Vorschriften wie z. B. dem Mindestlohngesetz verstößt
- Es gibt körperliche, geistige und seelische Gründe, die eine Beschäftigung unzumutbar machen wie etwa die Beschäftigung eines Alkoholkranken an einer Theke in der Gastronomie
- Die Betreuung eines Kindes unter drei Jahren kann die Zumutbarkeit beeinträchtigen, außer der andere Elternteil ist ebenfalls arbeitslos
- Die Pflege von Angehörigen kann die Zumutbarkeit betreffen, wobei der Zeitaufwand für die Pflege in Anlehnung an die Vorgaben der Pflegegrade aus der Pflegeversicherung berücksichtigt wird
- Pendelzeiten zur Arbeitsstätte bis zu drei Stunden täglich gelten bei einer Beschäftigung von mehr als sechs Stunden als zumutbar

- *Leistungen zur Eingliederung in Arbeit:*
- Die Jobcenter schließen mit dem Arbeitsuchenden eine Eingliederungsvereinbarung für sechs Monate, in der die Pflichten und Rechte beider Seiten fixiert werden
- Die Leistungen der Arbeitsförderung umfassen: Beratung und Vermittlung, Aktivierung und berufliche Eingliederung, Leistungen zur Berufsausbildung und zur Weiterbildung, Zuschüsse für Arbeitgeber zur Eingliederung von Arbeitnehmern
- Kommunale Eingliederungsleistungen beinhalten Schuldnerberatung, psychosoziale Beratung, Suchtberatung, Betreuung minderjähriger Kinder oder pflegebedürftiger Angehöriger
- Einstiegsgeld für erwerbsfähige Leistungsberechtigte, die eine Beschäftigung oder selbstständige Tätigkeit mit mindestens 15 Stunden pro Woche aufnehmen und vorher arbeitslos waren, die Höchstdauer beträgt 2 Jahre
- Leistungen zur Eingliederung von Selbstständigen anstelle des Gründungszuschusses in Form von Darlehen oder Zuschüssen
- Arbeitsgelegenheiten bzw. sog. Zusatzjobs für diejenigen erwerbsfähigen Leistungsberechtigten, die sonst keine Arbeit finden. Die Arbeiten müssen im öffentlichen Interesse und wettbewerbsneutral sein bei einer Entschädigung von ein bis zwei Euro pro Stunde
- *Förderung der Eingliederung von Langzeitarbeitslosen*: Die Förderung von Langzeitarbeitslosen wurde 2018/19 intensiviert und soll durch intensive Betreuung sowie individuelle Beratung verbessert werden.[40] Dazu sollen konkrete Beschäftigungsoptionen angeboten werden. Zwei neue Instrumente wurden zu diesem Zweck in das SGB II integriert, nämlich

a) die „Eingliederung von Langzeitarbeitslosen“,
b) die „Teilhabe am Arbeitsmarkt“ und
c) die Förderung schwer zu erreichender junger Menschen

Im Einzelnen:

Zu a) *Eingliederung von Langzeitarbeitslosen (§ 16e SGB II)*: Dies betrifft Personen, die noch nicht zu lange vom allgemeinen Arbeitsmarkt entfernt sind, jedoch ungeachtet vermittlerischer Bemühungen mindestens zwei Jahre arbeitslos sind. Die Dauer der Förderung beträgt 24 Monate, wobei im ersten Jahr 75 Prozent Lohnkostenzuschuss erfolgen und im zweiten noch 50 Prozent des jeweiligen Arbeitsentgeltes. Die Zuschüsse wiederum können alle Branchen, Unternehmensformen usw. erhalten. Das Arbeitsverhältnis muss mindestens für zwei Jahre

[40] Vgl. Bäcker, Dauerbaustelle: Grundsicherung/Sozialhilfe & Wohngeld, S. 60f. (Gesetz zur Änderung des SGB II – Schaffung neuer Teilhabechancen für Langzeitarbeitslose auf dem allgemeinen und sozialen Arbeitsmarkt).

begründet werden. Der Arbeitslohn muss mindestens das Niveau des Mindestlohns umfassen. Ein Coaching soll beschäftigungsbegleitend zur Stabilisierung der Beschäftigung beitragen. In den ersten Monaten ist der Betreffende zur beschäftigungsbegleitenden Betreuung durch die Jobcenter freizustellen.

Zu b) *Teilhabe am Arbeitsmarkt (§ 16i SGB II)*: Hier stehen sehr arbeitsmarktferne Personen über 25 Jahren im Mittelpunkt, die in den letzten sieben Jahren nicht erwerbstätig oder nur kurz erwerbstätig waren und davon sechs Jahre Leistungen nach dem SGB II bezogen haben. Dabei werden Arbeitsverhältnisse bei allen möglichen Arbeitgebern bis zu fünf Jahren durch Lohnkostenzuschüsse gefördert, wobei in den ersten beiden Jahren dem Arbeitgeber ein 100 % Zuschuss gezahlt wird, der dann ab dem dritten Jahr um zehn Prozentpunkte absinkt. Beiträge zur Arbeitslosenversicherung werden nicht entrichtet. Die Zuschüsse erhalten alle Arbeitgeber, weshalb es keine Rolle spielt, in welcher Branche oder mit welcher Rechtsform das Unternehmen betrieben wird (auch die Frage der Gemeinnützigkeit hat keinen Einfluss). Die Arbeitsverhältnisse sind sozialversicherungspflichtig, aber es werden keine Beiträge zur Arbeitslosenversicherung entrichtet.

Zu c) *Die Förderung schwer zu erreichender junger Menschen (§ 16h SGB II)*: Dies ist ein niedrigschwelliges Angebot für junge Menschen zwischen 15 und 25 Jahren, die von den üblichen Leistungssystemen nicht erreicht werden. Es steht demzufolge weniger eine schnelle Eingliederung in Arbeit oder Ausbildung im Mittelpunkt, sondern erst einmal eine Heranführung an etwaige Förderungsmöglichkeiten.

- *Leistungen zur Sicherung des Lebensunterhalts:*[41]
  - Das *Arbeitslosengeld II* für erwerbsfähige Leistungsberechtigte umfasst die Regelbedarfe zur Sicherung des Lebensunterhalts mit einer pauschalierten Regelleistung für Alleinstehende von 432 Euro im Jahr 2020 sowie die Kosten für Unterkunft und Heizung, gegebenenfalls gibt es noch einen Mehrbedarfszuschlag
  - *Sozialgeld* gibt es für nicht erwerbsfähige Angehörige einer Bedarfsgemeinschaft: Für Kinder richtet sich die Regelleistung nach dem Lebensalter, für Partner beträgt die Regelleistung im Jahr 2020 389 Euro (entspricht 90 % des Eckregelsatzes), der Regelbedarf für erwerbsfähige Kinder, die mit ihren Eltern in einer Bedarfsgemeinschaft leben, beträgt 345 Euro vom 19. bis zum vollendeten 25. Lebensjahr, 328 Euro vom vollendeten 15. Lebensjahr bis zum vollendeten 18. Lebensjahr, 308 Euro vom 6. Lebensjahr bis zum 14. Lebensjahr und 240 Euro bis zum vollendeten 6. Lebensjahr. Zum Sozialgeld zählen noch Leistungen für Unterkunft und Heizung sowie eventuell ein Mehrbedarfszuschlag

[41] Vgl. Bäcker, Dauerbaustelle: Grundsicherung/Sozialhilfe & Wohngeld, S. 58 (Regelbedarfsstufen-Fortschreibung).

- *Mehrbedarfe* umfassen Bedarfe, die nicht durch die Regelbedarfe abgedeckt sind: Mehrbedarf für werdende Mütter, Mehrbedarf für Alleinerziehende[42], Mehrbedarf für behinderte Leistungsempfänger, Mehrbedarf bei kostenaufwändiger Ernährung, besonderer Mehrbedarf und Mehrbedarfe für dezentrale Erzeugung von Warmwasser
- Noch zu den Leistungen zur Sicherung des Lebensunterhalts zählen *einmalige Leistungen* wie z. B. eine Wohnungserstausstattung oder Erstausstattung für Bekleidung oder bei Schwangerschaft
- Mehrbedarfe können an sich nicht leistungsberechtigte, anderweitig – z. B. mit einer Berufsausbildungsbeihilfe – geförderte *Auszubildende und Studenten*, bei Schwangerschaft, Alleinerziehung, kostenaufwändiger Ernährung sowie gegebenenfalls für die Erstausstattung bei Schwangerschaft und Geburt erhalten. In bestimmten Fällen gibt es auch einen Wohnkostenzuschuss für Auszubildende
- *Unterkunft und Heizung:* Zuständig sind die kommunalen Träger, die die Angemessenheit der Kosten der Unterkunft beurteilen, wobei – jeweils ca. – 45 bis 50 qm für eine Person, 60 qm (oder 2 Wohnräume) für zwei Personen, 75 qm Wohnfläche (oder 3 Wohnräume) bei 3 Personen und 85 bis 90 qm (oder 4 Wohnräume) für vier Personen als angemessen gilt. Im Übrigen werden auch die Kosten eines selbst bewohnten Eigenheims oder einer Eigentumswohnung wie Schuldzinsen für Hypotheken, Grundsteuer, Wohngebäudeversicherung und Nebenkosten – wie sie bei Mietern anfallen – anerkannt. Wohnkosten für eine eigene Wohnung für unter 25jährige Personen bedürfen einer vorherigen Zustimmung des kommunalen Trägers
- Leistungen zur *medizinischen Rehabilitation* der Rentenversicherung und bei Anspruch auf Verletztengeld aus der Unfallversicherung gibt es als Vorschussleistung seitens des Trägers der Grundsicherung für Arbeitsuchende
- Leistungen für *Kinder, Jugendliche und junge Erwachsene zur Bildung und Teilhabe* wie z. B. Schulausflugkosten, Kosten für Klassenfahrten, für den Schulbedarf, für letzteren bis zu 150 Euro pro Schuljahr (Bildungspaket)

- Bezieher von Arbeitslosengeld II sind im Übrigen in der *Kranken- und Pflegeversicherung* versichert.

3.3.2 Die Sozialhilfe

Aufgrund der Einführung des sog. Arbeitslosengeldes II als Grundsicherung für Arbeitsuchende wurden die erwerbsfähigen Bedürftigen von den bedürftigen,

[42] Die Mehrbedarfe für Alleinerziehende hängen ab vom Alter und der Zahl der Kinder und werden als % der Regelleistung berechnet: 1 Kind unter 7 Jahren (= 155,52 Euro, d. h. 36% der Regelleistung), 1 Kind ab 7 Jahre (= 51,84 Euro, d. h. 12 % der Regelleistung), 2 Kinder unter 16 Jahren (= 155,52 Euro, d. h. 36% der Regelleistung), 2 Kinder (=103,68 Euro, d. h. 24% der Regelleistung) und 3 Kinder (= 155,52 Euro, d. h. 36% der Regelleistung).

nicht erwerbsfähigen Personen geschieden. Für Letztere bestehen nun die Sozialhilfe im engeren Sinn und die Grundsicherung im Alter und bei Erwerbsminderung. Beide Hilfesysteme sind im SGB XII verankert.

3.3.2.1 Die Grundsicherung im Alter und bei Erwerbsminderung

Die Grundsicherung im Alter und bei Erwerbsminderung ist im SGB XII geregelt. Das Ziel dieser im Jahre 2003 eingeführten Leistungen ist u. a. die Bekämpfung der sog. verschämten Altersarmut.[43] Diese Grundsicherung ist im Übrigen keine „Ersatz-" oder „Mindestrente", sondern eine Sozialhilfeleistung und setzt demzufolge Hilfebedürftigkeit voraus. Ende 2015 bezogen rund 1 038 000 Personen Leistungen der Grundsicherung im Alter und bei Erwerbsminderung.

Anspruchsberechtigter Personenkreis

(a) Personen, die in der Bundesrepublik Deutschland ihren gewöhnlichen Aufenthalt haben und die Altersgrenze zwischen dem 65. und 67. Lebensjahr entsprechend der gesetzlichen Rentenversicherung erreicht haben und ihren notwendigen Lebensunterhalt nicht aus eigenem Einkommen und Vermögen bestreiten können.

(b) Personen, die in der Bundesrepublik Deutschland ihren gewöhnlichen Aufenthalt haben, das 18. Lebensjahr erreicht haben und dauerhaft täglich weniger als drei Stunden arbeiten können sowie ihren notwendigen Lebensunterhalt nicht aus eigenem Einkommen und Vermögen bestreiten können.

(c) Die dauerhafte volle Erwerbsminderung stellt auf Ersuchen des Trägers der Sozialhilfe ein Träger der Rentenversicherung entsprechend den rentenrechtlichen Bestimmungen fest.

Nicht anspruchsberechtigte sind

(a) Leistungsberechtigte gemäß dem Asylbewerberleistungsgesetz

(b) Personen, die in den vorausgegangenen 10 Jahren ihre Bedürftigkeit vorsätzlich oder grob fahrlässig – etwa durch Verschleudern ihres Vermögens – herbeigeführt haben

(c) Leistungsberechtigte, bei denen unterhaltsverpflichtete Eltern oder Kinder mindestens 100 000 Euro Jahreseinkommen haben

Leistung der Grundsicherung im Alter und bei Erwerbsminderung:

Die Leistung setzt sich aus dem Regelsatz der Hilfe zum Lebensunterhalt außerhalb einer stationären Einrichtung, Mehrbedarfe, ergänzende einmalige Bedarfe, den Kosten für Unterkunft und Heizung, Bedarfe für Bildung und Teilhabe sowie Kranken- und Pflegeversicherungsbeiträge zusammen.

[43] Vgl. dazu Bundesministerium für Arbeit und Soziales (Hg.), Übersicht 2015, S. 805–817; Neumann/Schaper, Sozialordnung, S. 64, S. 270.

Eigenes Einkommen und Vermögen wird auf diesen Bedarf angerechnet, ebenso das Einkommen und Vermögen des nicht getrennt lebenden Ehegatten, Lebenspartners, Partner einer gleichgeschlechtlichen Lebensgemeinschaft bzw. einer eheähnlichen Lebensgemeinschaft. Eine Anrechnung von Unterhaltsansprüchen des Leistungsberechtigten gegenüber Kindern und Eltern unterbleibt im Unterschied zur Hilfe zum Lebensunterhalt, solange deren Gesamteinkommen unter 100 000 Euro liegt. Bei mehreren Kindern gilt die Grenze von 100 000 Euro für jedes Kind, bei nicht dauernd getrennt lebenden unterhaltspflichtigen Eltern für beide Ehepartner gemeinsam.

Finanziert wird diese Grundsicherung aus Steuermitteln, die der Bund seit 2014 den Ländern dafür zur Verfügung stellt.

3.3.2.2 Die Sozialhilfe (im engeren Sinn)

Die Leistungen der seit 2005 im SGB XII geregelten Sozialhilfe verfolgen das Ziel, bedürftigen Menschen ein menschenwürdiges Leben führen zu lassen und dies zukünftig ohne Sozialhilfe zu erreichen.[44] Die Sozialhilfe, das „unterste soziale Netz", ist mit ihren Leistungen gegenüber anderen Leistungen, vor allem gegenüber anderen Sozialleistungen, nachrangig. Die Sozialhilfe leistet demzufolge erst dann Hilfe, wenn alle anderen, vorrangigen Systeme der sozialen Sicherheit keine oder keine ausreichende Leistungen erbringen. Grundlegende Voraussetzung für ein Eingreifen der Sozialhilfe ist, dass sich eine Person aus eigenen Mitteln in einer Notlage nicht helfen kann.

Leistungen der Sozialhilfe:

Es wird bei den Leistungen der Sozialhilfe zwischen der Hilfe zum Lebensunterhalt und den sonstigen Hilfen – vormals Hilfen in besonderen Lebenslagen – unterschieden.

(a) *Hilfe zum Lebensunterhalt:*

Anspruchsberechtigt sind Personen, die keine Leistungen aus der Grundsicherung für Arbeitsuchende und aus der Grundsicherung im Alter und bei Erwerbsminderung erhalten und ihren eigenen Lebensunterhalt weder mit eigenen Mitteln noch mit Mitteln naher Angehöriger bestreiten können. Hier handelt es sich seit den sog. Hartzreformen mittlerweile um die kleinste Gruppe Hilfebedürftiger, denn die weitaus größte Gruppe Bedürftiger befindet sich in der Grundsicherung für Arbeitsuchende und in der Grundsicherung im Alter und bei Erwerbsminderung. So bezogen im Jahre 2004 vor den Reformen 2,9 Millionen Personen außerhalb von

[44] Vgl. dazu Bundesministerium für Arbeit und Soziales (Hg.), Übersicht 2015, S. 753–853, S. 753 (das folgende Zitat); Neumann/Schaper, Sozialordnung, S. 266–270; Model/Creifelds, Staatsbürger-Taschenbuch, S. 1088–1092.

Einrichtungen die Hilfe zum Lebensunterhalt, während es im Jahr 2015 nur noch rund 137000 hilfebedürftige und nicht erwerbsfähige Personen waren.

Einzelne Hilfen:

- *Notwendiger Lebensunterhalt, Regelbedarfe und Regelsätze*: Generell gilt, Leistungen zum Lebensunterhalt müssen ein menschenwürdiges Existenzminimum sichern, wie es das Bundesverfassungsgericht im Jahre 2010 in seinem Urteil über die Regelleistungen und Regelsätze nachhaltig gefordert hat. Im Mittelpunkt stehen demzufolge die Regelbedarfe bzw. die Regelbedarfsstufen nach denen sich die Regelsätze richten. Der notwendige Lebensunterhalt umfasst Ernährung, Körperpflege, Kleidung, Hausrat, Haushaltsenergie, Unterkunft und Heizung, persönliche Bedürfnisse des täglichen Lebens einschließlich zur Teilnahme am sozialen und kulturellen Leben, letzteres insbesondere für Kinder und Jugendliche:

– *Regelbedarfsstufen*: Es bestehen sechs im Normalfall bundesweit geltende Regelbedarfsstufen, nämlich die Stufen 1 bis 3 für erwachsene Leistungsberechtigte und die Stufen 4 bis 6 für Kinder und Jugendliche je nach Lebensalter. 2020 bewegten sich die Regelbedarfsstufen zwischen 432 Euro in der Stufe 1 (= alleinstehender oder alleinerziehender Leistungsberechtigter mit eigenem Haushalt) und 240 Euro in der Stufe 6 (= Kind bis zur Vollendung des 6. Lebensjahres)

– *Regelsätze*: Den Regelsätzen liegen die Regelbedarfsstufen zugrunde, die Regelsätze stellen einen monatlichen Pauschalbetrag dar, der vom Regelbedarf abweichen kann

- *Notwendiger Lebensunterhalt für Leistungsberechtigte in Einrichtungen:* Dieser entspricht dem Leistungsumfang, der Berechtigten außerhalb von stationären Einrichtungen gewährt wird, zusätzlich eines Barbetrages („Taschengeldes“) für persönliche Bedürfnisse (2015: 107 Euro).

- *Heiz- und Mietkosten in voller Höhe:* Hier gilt der Grundsatz der Angemessenheit, der verschiedene Aspekte wie Zahl der Haushaltsangehörigen, das Alter der Kinder, das örtliche Mietniveau usw. berücksichtigen muss. Für eine alleinstehende Person wird von einer Spannbreite zwischen 30 und 45 Quadratmeter Wohnfläche ausgegangen zuzüglich von 10 bis 15 Quadratmeter für jede weitere Person. Gegebenenfalls werden auch Bedarfe für selbstgenutztes Wohneigentum berücksichtigt, wobei es hier normalerweise um die Betriebskosten geht.

- *Mehrbedarfe:* Die sechs Mehrbedarfe ergänzen die zu zahlenden Regelsätze, wenn besondere Lebenslagen vorliegen. Sie werden in Form von Prozentanteilen der Regelbedarfsstufen festgelegt und können für diese Personengruppen bzw. Konstellationen beansprucht werden:

- Über 65jährige bzw. unter 65jährige mit voller Erwerbsminderung, wenn sie wegen einer Gehbehinderung schwerbehindert sind
- Schwangere von der 13. Schwangerschaftswoche bis zum Entbindungsmonat für erhöhte Aufwendungen im Rahmen der Schwangerschaft
- Alleinerziehende für eventuelle Mehraufwendungen bei der Kinderbetreuung
- Behinderte Menschen ab dem 15. Lebensjahr erhalten einen Ausgleich im Rahmen der Eingliederungshilfe für die Schulausbildung, schulische Berufsausbildung oder den Besuch einer Hochschule
- Ernährungsbedingter Mehrbedarf („Diäten"), wenn dieser ärztlich bescheinigt ist
- Haushalte mit dezentraler Warmwassererzeugung

- *Einmalige Bedarfe als ergänzende Bedarfe*: Erstausstattung für Wohnung und Haushaltsgeräte, Kleidung sowie Erstausstattung bei Schwangerschaft und Geburt, Anschaffung und Reparaturen orthopädischer Schuhe usw.
- *Zuschüsse zu Beiträgen für die Kranken- und Pflegeversicherung*
- *Beiträge für eine angemessene Alterssicherung und Sterbegeld:* Hierunter fallen u. a. die Altersvorsorge der kapitalgedeckten sog. „Rürup-Rente" und der steuerlich geförderten sog. „Riester-Rente".
- *Bedarfe für Bildung und Teilhabe für Schüler sowie Kinder und Jugendliche*: Dies ist eine Folge des Urteils des Bundesverfassungsgerichts vom Februar 2010 betreffend der Verfassungsmäßigkeit der bis dahin angewandten Regelleistungen und Regelsätzen. Das Bundesverfassungsgericht hatte hierbei eine Erweiterung des Leistungsumfangs gefordert. Schulausflüge, Kostenübernahme von Mehraufwendungen für die gemeinschaftliche Mittagessenverpflegung und Klassenfahrten wie auch das sog. Schulbedarfspaket und das Teilhabepaket für Mitgliedschaften in Sport- oder kulturellen Vereinen in Höhe von 10 Euro monatlich zählen dazu.
- *Gewährung von Darlehen in besonderen Ausnahmefällen*

(b) *Sonstige Hilfen*:

Hierunter fallen die Hilfen für bestimmte Lebenslagen bzw. -risiken.

- *Hilfen zur Gesundheit*: Aufgrund der 2007 eingeführten Krankenversicherungspflicht und der 2009 geregelten Absicherungspflicht in der privaten Krankenversicherung – mittels des Basistarifs – ist der für diese Leistungen in Frage kommende Personenkreis stark geschrumpft. Die Leistungen umfassen die vorbeugende Gesundheitshilfe wie Früherkennung, Hilfe bei Krankheit, Hilfe zur Familienplanung, Hilfe bei Schwangerschaft und Mutterschaft, Hilfe bei Sterilisation

- *Eingliederungshilfen für behinderte Menschen:*[45] Diese vorwiegend von den überörtlichen Trägern der Sozialhilfe erbrachten Leistungen beinhalten die medizinische Rehabilitation und die Teilhabe am Arbeitsleben. Beide Leistungen entsprechen im Umfang den Rehabilitationsleistungen der gesetzlichen Krankenversicherung und der Bundesagentur für Arbeit. Des Weiteren Leistungen im Arbeitsbereich einer Werkstatt für behinderte Menschen, Leistungen zur Teilhabe am Leben in der Gemeinschaft, Hilfen zu einer angemessenen Schulbildung, zur schulischen Berufsausbildung einschließlich des Hochschulbesuchs (Neu zum Januar 2020:[46] Die Eingliederungshilfe für behinderte Menschen wurde zum 1. Januar 2020 reformiert und in das SGB IX (Rehabilitation und Teilhabe von Menschen mit Behinderungen überführt)
- *Hilfe zur Pflege*: Bis zur Einführung der Pflegeversicherung 1995 bildete die Pflegebedürftigkeit einen erheblichen Ausgabeposten für die Sozialhilfe:

– Es gilt die Prämisse „Vorrang für Prävention und Rehabilitation“

– Die an die Leistungen der sozialen Pflegeversicherung angeglichenen Hilfen zur Pflege richten sich an pflegebedürftige Menschen, die keine oder nicht ausreichende Leistungen aus der Pflegeversicherung erhalten. Als pflegebedürftig gelten Personen, die wegen einer körperlichen, geistigen oder seelischen Krankheit oder Behinderung für die gewöhnlichen und wiederkehrenden Verrichtungen im Alltag auf Dauer oder mindestens sechs Monate in erheblichem oder höherem Maße der Hilfe bedürfen

– Die Hilfe umfasst die häusliche Pflege und wird nicht für Pflegebedürftige in einer stationären oder teilstationären Einrichtung gewährt. Alternativ kann bei der häuslichen Pflege Pflegegeld gewählt werden, wenn sich Pflegebedürftige selbst die Pflegeleistungen organisieren und beschaffen wollen. Das Pflegegeld gibt es analog den Pflegegraden 2 bis 5 der Pflegeversicherung und es beträgt derzeit

  + bei Pflegegrad 2: 316 Euro
  + bei Pflegegrad 3: 545 Euro
  + bei Pflegegrad 4: 728 Euro
  + bei Pflegegrad 5: 901 Euro

– Aufwendungen für Pflegepersonen

– Pflegesachleistungen, Hilfsmittel

– teilstationäre Pflege, stationäre Pflege und Kurzzeitpflege

---

[45] Vgl. dazu unten das Kapitel 3.5.(Definition von Behinderung).

[46] Vgl. Bundesministerium für Arbeit und Soziales (Hg.), Übersicht 2018/2019, S. 841ff. und unten das Kapitel 3.5.

- *Hilfe zur Überwindung besonderer sozialer Schwierigkeiten:* Die Hilfen in besonderen schwierigen Lebenslagen, die erheblich von den allgemein üblichen Lebensumständen abweichen müssen, beinhalten Beratung und Betreuung, Hilfen zur Wohnungserhaltung und/oder –beschaffung, zur Ausbildung und Erhaltung und/oder Sicherung eines Platzes im Arbeitsleben

- *Hilfe in anderen Lebenslagen:*

– *Hilfe zur Weiterführung des Haushalts*: Hier geht es in einem Notfall um die persönliche Betreuung von Personen mit eigenem Haushalt und den zur Weiterführung des Haushalts erforderlichen Tätigkeiten

– *Altenhilfe:* Die Leistungen betreffen Schwierigkeiten infolge des Alters und sollen es ermöglichen, weiterhin am Leben in der Gemeinschaft teilzunehmen. Im Einzelnen geht es z. B. um die Beschaffung und Erhaltung einer altersgerechten Wohnung, Leistungen zur Teilnahme am gesellschaftlichen Leben (Bildung, Geselligkeit, Kultur, Unterhaltung), Beratung und Betreuung in altersspezifischen Fragen

– *Blindenhilfe*: Hilfen zum Ausgleich schwerer Sehbehinderung und Erblindung durch das Blindengeld

– *Hilfe in sonstigen Lebenslagen*: Hier sind Darlehen oder Beihilfen möglich, wenn dies gerechtfertigt ist

– *Bestattungskosten*: Hier werden die entsprechenden Kosten übernommen, wenn diese dem eigentlich dazu Verpflichteten nicht zugemutet werden können

Grundsätze zur Leistungserbringung:[47]

– Es herrscht der Bedarfsdeckungsgrundsatz, demzufolge die Leistungen der Sozialhilfe einen Bedarf abdecken, der für ein menschenwürdiges Leben erforderlich ist.

– Das Nachrangprinzip legt fest, dass Sozialhilfe nur dann gewährt wird, wenn sich der Einzelne nicht mehr selbst helfen kann und Verpflichtungen Unterhaltspflichtiger und anderer Sozialleistungsträger nicht greifen.

– Die Träger der Sozialhilfe sollen mit den nichtstaatlichen Trägern der freien Wohlfahrtspflege kooperieren und nicht in Konkurrenz treten.

– Die Sozialhilfe soll bei ihren Leistungen jeweils die besonderen individuellen Bedürfnisse und Lebensumstände der hilfesuchenden Person berücksichtigen.

– Auf die meisten Leistungen der Sozialhilfe besteht ein Rechtsanspruch, wobei der Sozialhilfeträger über Art und Maß der konkreten Hilfen gemäß den gesetzlichen Bestimmungen des Sozialhilferechts und der SGB I und X entscheidet.

[47] Vgl. auch Neumann/Schaper, Sozialordnung, S. 64f.

- Die Leistungen der Sozialhilfe werden in Form von Geld-, Sach- und Dienstleistungen erbracht. Dienstleistungen beinhalten Beratung und Unterstützung durch den Sozialhilfeträger.

Einsatz des Einkommens und Vermögens

- Die Leistungen der Sozialhilfe werden nur dann gewährt, wenn die Leistungsberechtigten den jeweiligen Bedarf nicht mit eigenem Einkommen und Vermögen sowie dem Einkommen und Vermögen der Angehörigen ihrer jeweiligen Einsatzgemeinschaft und Wohngemeinschaft decken können
- Einkommen von Personen, die leistungsberechtigt in der Hilfe zum Lebensunterhalt und in der Grundsicherung im Alter und bei Erwerbsminderung sind, ist voll einzusetzen
- Bei den Hilfen zur Gesundheit, der Eingliederungshilfe für behinderte Menschen, der Hilfe zur Pflege, den Hilfen zur Überwindung besonderer sozialer Schwierigkeiten und den Hilfen in anderen Lebenslagen ist der Einsatz des Einkommens der Leistungsberechtigten und ihrer Ehepartner bzw. Lebenspartner eingeschränkt.
- *Neu:* Durch das Angehörigen-Entlastungsgesetz erfährt der bisherige Unterhaltsrückgriff in der Sozialhilfe ab Januar 2020 aber eine grundlegende Reform: Kinder pflegebedürftiger Eltern, die Hilfe zur Pflege gemäß dem SGB XII erhalten, werden zum Unterhalt ihrer Eltern erst ab einem Bruttoeinkommen des unterhaltspflichtigen Kindes von mehr als 100 000 Euro jährlich herangezogen. Diese 100 000-Euro-Grenze gilt nun auch für die gesamte Sozialhilfe, d. h. unterhaltspflichtige Angehörige werden in der Sozialhilfe und in der Eingliederungshilfe entlastet. Als Ausnahme bleibt die Unterhaltspflicht bestehen bei Eltern minderjähriger leistungsbeziehender Kinder, d. h. die Eltern sind in diesem Fall weiterhin zum Unterhalt verpflichtet.[48]
- Unterhaltspflichtige Angehörige in der geraden Linie werden im Übrigen zu den Kosten der Sozialhilfe herangezogen, d. h. erwachsene Kinder sind unterhaltspflichtig gegenüber ihren Eltern und umgekehrt sind Eltern gegenüber ihren Kindern unterhaltspflichtig
- Unterhaltspflicht besteht unter Ehepartnern, auch bei getrennt lebenden oder geschiedenen
- Unterhaltsverpflichtungen gegenüber Verwandten zweiten und entfernten Grades bestehen nicht mehr
- Alleinerziehende haben einen Unterhaltsanspruch gegenüber dem anderen, nicht im Haushalt lebenden Elternteil

[48] Vgl. Bäcker, Dauerbaustelle: Grundsicherung, Sozialhilfe & Wohngeld, S. 57 (Gesetz zur Entlastung unterhaltsverpflichteter Angehöriger in der Sozialhilfe und in der Eingliederungshilfe).

- Grundsätzlich hat jeder Unterhaltspflichtige Anspruch auf angemessenes Einkommen und Vermögen, d. h. eine unterhaltspflichtige Person hat Anspruch auf einen sog. Selbstbehalt. Die Freibeträge orientieren sich an der sog. Düsseldorfer Tabelle (siehe: http://www.unterhalt.net/duesseldorfer-tabelle.html)

Was versteht man unter *Einkommen*?

Einkommen sind alle geldwerten Zuflüsse im Bedarfsmonat (= Kalendermonat) und sie werden voll angerechnet, also Erwerbseinkommen, Renten, Pensionen, Unterhaltszahlungen, Zinsen, Einkünfte aus Kapitalvermögen sowie aus Vermietung und Verpachtung. Es gibt aber bestimmte Einkünfte, die nicht angerechnet werden wie z. B. Zuwendungen der freien Wohlfahrtspflege oder Leistungen nach dem Bundesversorgungsgesetz oder Sozialhilfeleistungen oder Kindergeld. Dazu bestehen vom Einkommen abzuziehende Absetzbeträge wie Steuern, Sozialversicherungsbeiträge, ein sog. Erwerbstätigenabsetzbetrag und auch absetzbare Werbungskosten.

Was versteht man unter *Vermögen*?

Vermögen sind alle geldwerten Positionen, die am Beginn des Bedarfsmonats (= Kalendermonat) vorhanden sind wie z. B. Bargeld, Aktien, Wechsel, Schecks, Immobilien, Grundstücke. Keine Berücksichtigung erfährt das sog. Schonvermögen wie z. B. zusätzliche Aufwendungen für die Altersvorsorge, angemessener Hausrat, angemessenes Hausgrundstück, Familien- und Erbstücke, deren Veräußerung eine besondere Härte bedeuten würde. Vermögen muss aber verwertbar sein und bis zu einem kleinen Barbetrag **(aktuell: 5 000 Euro)** aufgebraucht werden. Bei der Eingliederungshilfe ist das Vermögen zum Teil nicht einzusetzen. Darüber hinaus bestehen differenzierte Grenzbeträge für das sog. Schonvermögen, die sich auch nach der beanspruchten Hilfe unterscheiden. Als Beispiel: Eine alleinstehende leistungsberechtigte Person hat in der Hilfe zum Lebensunterhalt 1600 Euro frei.

Finanzierung der Sozialhilfe

Im Jahre 2016 betrugen die Nettoausgaben der Sozialhilfe – netto bedeutet die Ausgaben für Leistungen, abzüglich von Einnahmen wie Erstattungsbeträgen anderer Sozialleistungsträger – rund 29 Mrd. Euro, was ein Plus von 4,8% gegenüber dem Vorjahr ausmachte. Den größten Ausgabeposten bei den Gesamtausgaben der Sozialhilfe bildeten – 2015 – die Aufwendungen für die Eingliederungshilfe für behinderte Menschen mit 15,6 Mrd. Euro, gefolgt von den Ausgaben in der Grundsicherung im Alter und bei Erwerbsminderung mit annähernd 5,9 Mrd. Euro, dann die Aufwendungen nach dem Asylbewerberleistungsgesetz mit 5,2 Mrd. Euro, gefolgt von den Ausgaben für die Hilfe zur Pflege mit 3,6 Mrd. Euro und an fünfter Stelle rangierten die Ausgaben in der Hilfe zum Lebensunterhalt mit jetzt noch 1,4 Mrd. Euro.

Die Kosten für die Sozialhilfe tragen die Länder, seit 2014 erstattet allerdings der Bund den Ländern die vollständigen Aufwendungen in der Grundsicherung im Alter und bei Erwerbsminderung. Die Länder müssen die Kommunen, d.h. die kreisfreien Städte und Kreise, die Teil der Länder sind, mit einer angemessenen Finanzausstattung versehen. Dies ist von großer Bedeutung, denn die Kommunen tragen unmittelbar als örtliche Träger die Sozialhilfekosten und übernehmen zum Teil auch mittelbar Sozialhilfekosten von überörtlichen Trägern. Somit bedürfen die Kommunen für diese Ausgaben ihnen zustehende Steuereinnahmen und Zahlungen im Rahmen eines jeweiligen landesinternen kommunalen Finanzausgleichs.

3.4 Kinder- und Jugendhilfe

Die Kinder- und Jugendhilfe mit ihren Institutionen, den Jugendämtern und sonstigen Einrichtungen wie Wohnheimen usw., stellt ein umfangreiches sozialpolitisches Aufgabenfeld dar.[49] Die Kinder- und Jugendhilfe wird vor allem im SGB VIII geregelt, dazu kommen noch ergänzende landesrechtliche Vorschriften.

Zielsetzung der Kinder- und Jugendhilfe:

Entsprechend ihrer Zielsetzung sind junge Menschen die Adressaten der Kinder- und Jugendhilfe, wobei sich die Leistungen auch an junge Volljährige bis zur Vollendung des 27. Lebensjahres richten. Grundsätzliches Ziel der 1991 neu geordneten Kinder- und Jugendhilfe ist es, Eltern bei der Erziehung ihrer Kinder zu unterstützen und hierbei verstärkt auf Vorsorge und Prävention zu setzen. Wie in § 1 SGB VIII nachhaltig hervorgehoben wird, hat jeder junge Mensch ein „Recht auf Förderung seiner Entwicklung und auf Erziehung zu einer eigenverantwortlichen und gemeinschaftsfähigen Persönlichkeit“.

Junge Menschen sollen in ihrer individuellen und sozialen Entwicklung gefördert werden, Benachteiligungen vermieden werden und es soll den Eltern bei der Erziehung Beratung und Unterstützung gewährt werden. Ist das Wohl des Kindes oder des Jugendlichen gefährdet und die Eltern wollen oder können entsprechende Hilfen zur Abwendung der Gefährdung nicht in Anspruch nehmen, so kann das Familiengericht die diesbezüglichen Leistungen für das Kind anordnen. Dies erfolgt unter Einschaltung eines Vormunds oder Pflegers, in akuten Fällen ist auch eine Inobhutnahme durch das Jugendamt zulässig.

Die Kinder- und Jugendhilfe orientiert ihren umfangreichen Auftrag jeweils an der individuellen Konstellation. Dabei soll sie

- junge Menschen in ihrer individuellen und sozialen Entwicklung fördern und etwaige Benachteiligungen vermeiden

[49] Vgl. zum Folgenden Bundesministerium für Arbeit und Soziales (Hg.), Übersicht 2015, S. 593–617; Neumann/Schaper, Sozialordnung, S. 304ff.; Model/Creifelds, Staatsbürger-Taschenbuch, S. 1077–1082.

- Eltern bei der Erziehung beraten und unterstützen
- Kinder und Jugendliche vor Gefahren schützen
- zu positiven und familienfreundlichen Lebensbedingungen für junge Menschen und ihre Familien beitragen.

Leistungen der Kinder- und Jugendhilfe:

Vorbemerkung: Die Träger der Jugendhilfe erbringen die Leistungen, um die einleitend angeführten Ziele zu erreichen, wobei die Leistungen der Kinder- und Jugendhilfe gegenüber anderen Sozialleistungsträgern – abgesehen von bestimmten Ausnahmen – nachrangig sind. Hinsichtlich der Träger differenziert man zwischen Trägern der öffentlichen Jugendhilfe und Trägern der freien Jugendhilfe. Die Träger sollen miteinander kooperieren, wobei gemäß dem Subsidiaritätsgrundsatz die öffentlichen Träger nur dann eigene Einrichtungen, Dienste usw. errichten sollen, wenn die freien Träger derartige Angebote nicht vorweisen können. Abweichend davon gilt aber bei den sog. anderen Aufgaben der Jugendhilfe, dass diese prinzipiell von den Trägern der öffentlichen Jugendhilfe wahrgenommen werden. Zwar sollen die öffentliche und freie Jugendhilfe partnerschaftlich kooperieren, aber laut SGB VIII § 79 hat der Träger der öffentlichen Jugendhilfe die Gesamtverantwortung inne.

(a) *Leistungen der Jugendhilfe:*

- Jugendarbeit, Jugendsozialarbeit, erzieherischer Kinder- und Jugendschutz:
  - Jugendarbeit beinhaltet Bildungsangebote sowie Erholungs- und Freizeitangebote wie Jugendfreizeitstätten und Jugendaustausch
  - Jugendsozialarbeit mit Kindern und Jugendlichen soll zum Ausgleich sozialer und individueller Benachteiligungen beitragen. Die Maßnahmen erstrecken sich von der schulischen bis zur beruflichen Integration (Schulsozialarbeit)
  - Erzieherischer Kinder- und Jugendschutz: Hier geht es um die Befähigung junger Menschen, sich vor gefährdenden Einflüssen zu schützen und zugleich Kritik und Entscheidungsfähigkeit, Eigenverantwortung und Verantwortung gegenüber ihren Mitmenschen zu erlangen
- *Förderung der Erziehung in der Familie*:
  - Allgemeine Förderung der Erziehung in der Familie: Dies umfasst Angebote zur Familienbildung, allgemeine Erziehungsberatung, zur gewaltfreien innerfamiliären Konfliktlösung und Angebote zur Familienfreizeit und -erholung
  - Beratung in Fragen der Partnerschaft, Trennung und Scheidung: Ziel ist das Erreichen eines partnerschaftlichen familiären Zusammenlebens und die Bewältigung etwaiger Krisen und Konflikte durch eine Partnerschaftskonfliktberatung. Maßgebend bei Trennung oder Scheidung ist das Wohl des Kindes bzw. des Jugendlichen

- Beratung und Unterstützung bei der Ausübung der Personensorge und des Umgangsrechts: Hier geht es um Unterhalt, Unterhaltsersatz der Kinder, Unterhaltsanspruch einer unverheirateten Mutter usw.
- Gemeinsame Wohnformen mit Betreuung für Mütter oder Väter, die allein ein Kind unter sechs Jahren zu versorgen haben
- Betreuung und Versorgung des Kindes in Notsituationen beim gesundheitlichen oder anderweitig bedingten Ausfall des überwiegend betreuenden Elternteils
- Unterstützung bei notwendiger Unterbringung zur Erfüllung der Schulpflicht

● *Förderung der Erziehung in Tageseinrichtungen und in Kindertagespflege*:

- Ein Kind, das das erste Lebensjahr vollendet hat, hat bis zur Vollendung des dritten Lebensjahres einen Rechtsanspruch auf frühkindliche Förderung in einer Tageseinrichtung oder in einer Kindertagespflege
- Ein Kind, das das dritte Lebensjahr vollendet hat, hat bis zum Schuleintritt Anspruch auf Förderung in einer Tageseinrichtung. Die Träger der öffentlichen Jugendhilfe haben darauf hinzuwirken, dass für diese Altersgruppe ein bedarfsgerechtes Angebot an Ganztagsplätzen zur Verfügung steht
- Ende 2018 beschloss der Bundestag das sog. *Gute-Kita-Gesetz zur Weiterentwicklung der Qualität und zur Teilhabe in der Kindertagesbetreuung*:[50] Dadurch stellt der Bund den Bundesländern bis zum Jahre 2022 rund 5,5 Mrd. Euro zur Verbesserung der Qualität in den Kindertagesstätten und zur Erleichterung der Gebührenbelastung der Eltern bei den Kitas zur Verfügung. Einzelne Elemente dieses umfangreichen Gesetzes betreffen u. a. die Inklusion, längere Öffnungszeiten, Verbesserungen bei den Fachkräften und den Räumlichkeiten.

● *Hilfen zur Erziehung*: Wenn eine dem Wohl des Kindes oder Jugendlichen entsprechende Erziehung nicht gewährleistet ist, dann gibt es Hilfen für die Personensorgeberechtigten, also die Eltern, den Vormund oder den Pfleger. Es muss also ein erzieherischer Bedarf des Kindes vorliegen, den die Eltern nicht abdecken können:

- Erziehungsberatung
- Soziale Gruppenarbeit für ältere Kinder und Jugendliche
- Erziehungsbeistandschaft / Betreuungshelfer
- Sozialpädagogische Familienhilfe beinhaltet eine intensive Begleitung und Betreuung von Familien
- Erziehung in einer Tagesgruppe
- Vollzeitpflege, d. h. die Unterbringung in einer anderen Familie

[50] Vgl. Bäcker, Dauerbaustelle: Familienlastenausgleich / Kindergeld, Elterngeld und -zeit, Kinderbetreuung, S. 236f.

– Heimerziehung, sonstige betreute Wohnform mit und ohne Freiheitsentziehung
– Intensive sozialpädagogische Einzelbetreuung ist für Jugendliche auf längere Zeit angelegt

- *Eingliederungshilfe für seelisch behinderte Kinder und Jugendliche:* Weicht bei Betroffenen die seelische Gesundheit mehr als sechs Monate im Vergleich zu einem lebensalterstypischen Zustand ab und resultiert daraus eine Beeinträchtigung der Teilhabe am Leben in der Gesellschaft, kommt diese Hilfe je nach Einzelfall zur Anwendung:

– in ambulanter Form
– in Tageseinrichtungen
– durch geeignete Pflegepersonen
– in Einrichtungen über Tag und Nacht
– in sonstigen Wohnformen

- *Hilfe für junge Volljährige*

– Hilfen zur Persönlichkeitsentwicklung und zur eigenverantwortlichen Lebensführung in der Regel bis zum 21. Lebensjahr bzw. längstens bis zum 27. Lebensjahr

Anmerkung zum Hilfeverfahren bei den personenbezogenen sozialen Dienstleistungen wie Hilfen zur Erziehung oder Hilfen für junge Volljährige:

Da der Erfolg dieser personenbezogenen Dienstleistungen weitgehend von der Zusammenarbeit zwischen den sozialpädagogischen Fachkräften und den beteiligten Eltern und Kindern bzw. Jugendlichen abhängt, soll nach SGB VIII § 36 ein spezifisches Hilfeplanverfahren mit allen Beteiligten zur Anwendung kommen.

(b) *Die anderen Aufgaben der Jugendhilfe umfassen*:

- Inobhutnahme von Kindern und Jugendlichen, diese ist auch auf eigenem Wunsch der Kinder möglich und relevant bei akuten Konfliktsituationen. Sie betrifft auch unbegleitete minderjährige Flüchtlinge:[51] Da 2015/16 unter den deutlich gestiegenen Flüchtlingen auch viele Kinder und Jugendliche waren, die unbegleitet nach Deutschland gekommen waren, wurde zum 1. November 2015 ein bundesweites und landesinternes Verteilungsverfahren eingeführt, um die spezifische Versorgung dieser jungen Personen zu gewährleisten. Das Verfahren der Inobhutnahme verläuft in zwei Stufen, d.h. am Ankunftsort nimmt das Jugendamt als vorläufige Inobhutnahme eine Ersteinschätzung vor und anschließend wird das Kind bzw. der Jugendliche an ein Jugendamt weiterverwiesen oder es erfolgt der Übergang in die endgültige Inobhutnahme. Das ganze Verfahren soll möglichst in 17 Tagen abgeschlossen sein.

[51] Vgl. Bundesministerium für Arbeit und Soziales (Hg.), Übersicht 2018/2019, S. 611f.

- Erlaubnis zur Kindertagespflege
- Erlaubnis zur Vollzeitpflege
- Erlaubnis für den Betrieb einer Einrichtung und Recht zur örtlichen Prüfung
- Mitwirkung in Verfahren vor den Familiengerichten
- Beratung und Belehrung in Verfahren zur Annahme als Kind
- Mitwirkung in Verfahren nach dem Jugendgerichtsgesetz
- Beratung und Unterstützung bei Vaterschaftsfeststellung und Geltendmachung von Unterhaltsansprüchen (Beurkundung)
- Beratung und Unterstützung von Pflegern und Vormündern
- Erlaubnis zur Übernahme von Vereinsvormundschaften
- Beistandschaft, Amtspflegschaft und Amtsvormundschaft
- Führung der Beistandschaft, Amtspflegschaft und Amtsvormundschaft

Zur Finanzierung der Kinder- und Jugendhilfe:

Die Ausführung des SGB VIII und dessen Finanzierung ist Ländersache, die die Kinder- und Jugendhilfe als kommunale Selbstverwaltungsaufgabe bestimmt haben. Somit müssen die meisten Aufgaben von den Kommunen finanziert werden, die aber zusätzlich zweckgebundene Zuwendungen der Länder erhalten.

3.5 Rehabilitation und Teilhabe behinderter Menschen

Die Zahl der behinderten Menschen nimmt im Gefolge der Alterung der Gesellschaft zu, da bei einem steigenden Lebensalter mehr Behinderungen zu verzeichnen sind. Das Sozialrecht und das Arbeitsrecht behinderter Menschen werden im SGB IX zusammengefasst und geregelt. Damit wurde im Jahre 2001 zugleich eine grundlegende Reform im Behindertenrecht eingeleitet. Zielsetzung der Reform ist nun die „Rehabilitation und die Förderung von Selbstbestimmung und der Teilhabe behinderter Menschen am gesellschaftlichen Leben“[52].

Seit März 2009 ist die UN-Behindertenkonvention nun auch für Deutschland verbindlich mit dem Ziel, auch den Menschen mit Behinderung alle Menschenrechte bzw. Grundfreiheiten zu ermöglichen. Leitendes Prinzip der UN-Behindertenkonvention sind der Schutz vor Diskriminierung und der Gedanke der Inklusion, also die Integration der Menschen mit Behinderung in alle Lebensbereiche. Als Folge dieser neuen Leitlinien trat am 1. Januar 2017 das Bundesteilhabegesetz (BTHG) in Kraft, das vor allem das bisherige SGB IX neu fassen soll und dessen Ziel die Verbesserung der Lebenssituation behinderter Menschen im Hinblick auf mehr Teilhabe und mehr Selbstbestimmung darstellt. Das neue BTHG von 2016 führte

[52] Neumann/Schaper, Sozialordnung, S. 276 und S. 276–280 (zum Folgenden); Bundesministerium für Arbeit und Soziales (Hg.), Übersicht 2015, S. 619–651; Model/Creifelds, Staatsbürger-Taschenbuch, S. 1082–1085.

eine neue Definition von Behinderung ein, der dem Verständnis der UN-Behindertenkonvention entspricht. Des Weiteren werden die Begriffe der *drohenden Behinderung* und der *Schwerbehinderung* definiert:

a) Behinderung: „Menschen mit Behinderungen im Sinne des SGB IX sind Menschen, die körperliche, seelische, geistige oder Sinnesbeeinträchtigungen haben, die sie in Wechselwirkung mit einstellungs- und umweltbedingten Barrieren an der gleichberechtigten Teilhabe an der Gesellschaft mit hoher Wahrscheinlichkeit länger als sechs Monate hindern können". (SGB IX, § 2 Abs. 1)

b) Drohende Behinderung: „Menschen sind von Behinderung bedroht, wenn eine Beeinträchtigung nach Satz 1[des § 2] zu erwarten ist." (SGB IX, § 2 Abs. 1 Satz 3)

c) Schwerbehinderung: „Menschen sind im Sinne des Teils 3 [des SGB IX] schwerbehindert, wenn bei ihnen ein Grad der Behinderung von wenigstens 50 vorliegt und sie ihren Wohnsitz, ihren gewöhnlichen Aufenthalt oder ihre Beschäftigung auf einem Arbeitsplatz im Sinne des § 156 rechtmäßig im Geltungsbereich dieses Gesetzbuches haben." (SGB IX, § 2 Abs. 2) Die Feststellung, ob eine Schwerbehinderung vorliegt, trifft das Versorgungsamt.

Neu: Seit Januar 2020 sind die bisher geltenden Vorschriften der Eingliederungshilfe aus dem sechsten Kapitel des SGB XII (Sozialhilfe) aufgehoben und sind nunmehr als Teil 2 im neugefassten SGB IX verankert.

Leistungen der Teilhabe

Merke: Es herrscht der Grundsatz „Rehabilitation vor Rente", was besagt, dass die Rehabilitationsträger vor der Rentenbewilligung prüfen müssen, ob etwaige Maßnahmen der Rehabilitation und Teilhabe einen Erfolg versprechen. Eine weitere wichtige allgemeingültige Regelung betrifft den hohen Stellenwert von Prävention, Früherkennung und Frühförderung. Gezielte Prävention soll das Entstehen von Behinderungen und chronischen Erkrankungen möglichst vermeiden. Vorsorgeuntersuchungen für Säuglinge und Kinder bis zum 10. Lebensjahr sollen etwaige Auffälligkeiten hinsichtlich möglicher Behinderungen feststellen. Zur Frühförderung kann man auf ein vielfältiges Angebot medizinischer, heilpädagogischer, psychologischer, pädagogischer und sozialer Einrichtungen zurückgreifen.

Es handelt sich bei den Leistungen zur Teilhabe um (a) Leistungen zur medizinischen Rehabilitation, (b) Leistungen zur Teilhabe am Arbeitsleben, (c) Leistungen zur Teilhabe an Bildung, d) unterhaltssichernde und ergänzende Leistungen sowie (e) Leistungen zur sozialen Teilhabe. Diese Leistungen sollen die Behinderung abwenden, mindern oder ihre Folgen mildern, Einschränkungen der Erwerbsfähigkeit oder Pflegebedürftigkeit vermeiden oder abmildern, die Teilhabe am Arbeitsleben gemäß den Neigungen und Fähigkeiten dauerhaft sichern und die persönliche Entwicklung ganzheitlich fördern und eine weitgehend selbstständige und selbstbestimmte Lebensführung ermöglichen.

Die Leistungen zur Teilhabe sind eingebettet in die jeweiligen Aufgaben einer Reihe von Leistungsträgern, die man zusammenfassend als Rehabilitationsträger bezeichnet. Insgesamt kommen hierbei acht Gruppen von Trägern in Frage:

Rehabilitationsträger und Leistungen zur Teilhabe[53]

Träger	Medizinische Rehabilitation	Teilhabe am Arbeitsleben	**Teilhabe an Bildung**	**Teilhabe zur sozialen Teilhabe**
Unfallversicherung	**X**	**X**	**x**	X
Soziale Entschädigung	X	X	**x**	X
Krankenversicherung	X			
Rentenversicherung	X	X		
Bundesagentur für Arbeit		X		
Grundsicherung für Arbeitssuchende		X		
Jugendhilfe	X	X	**x**	X
Sozialhilfe (Eingliederungshilfe)	X	X	**x**	X

Welcher Träger jeweils zuständig ist, richtet sich nach dessen Bestimmungen, beispielsweise kann nur derjenige Leistungen aus der Rentenversicherung erwarten, der dort auch versichert ist. Das SGB IX regelt die Zusammenfassung der für mehrere Sozialleistungsbereiche einheitlich geltenden Vorschriften. Die Rehabilitationsträger sind im Übrigen zur Zusammenarbeit verpflichtet. Diese verlangte Kooperation der Rehabilitationsträger wird durch das neue, sog. Teilhabeplanverfahren gesichert, das seit Januar 2018 gilt. Demnach ist es bei der Beantragung von Leistungen nicht mehr entscheidend, ob man bei der „richtigen" Einrichtung bzw. „Behörde" den Antrag gestellt hat. Als Grundsatz der gesamten Eingliederungsleistungen ist zu beachten, dass diese nur dann erfolgen, wenn nicht andere Träger zur Leistungserbringung verpflichtet sind (z. B. die Krankenversicherung oder die Rentenversicherung oder die Agentur für Arbeit).

Grundsätzliche Anmerkung zum Teilhabeplanverfahren:

Als Kern jeder Teilhabeplanung fungiert die individuelle Feststellung der individuell erforderlichen Leistungen, so dass eine pauschale Leistungsumschreibung nicht zulässig ist. Die jeweiligen Leistungen sind dem Verlauf der Rehabilitation anzupassen.

53 Tabelle nach Bundesministerium für Arbeit und Soziales (Hg.), Übersicht 2018/2019, S. 627f.

Persönliches Budget

Um die Zielsetzung des Bundesteilhabegesetzes und damit des SGB IX, den Menschen mit Behinderung ein selbstständiges und selbstbewusstes Leben zu ermöglichen, zu erreichen, besteht seit 2008 das Persönliche Budget. Dabei können Menschen mit Behinderung auf Antrag anstelle von Sachleistungen regelmäßige oder einmalige Geldzahlungen erhalten, mit denen sie selbst die benötigten Leistungen organisieren und finanzieren. Das sog. klassische Leistungsdreieck aus Leistungsträger, Leistungsempfänger und Leistungserbringer löst sich demzufolge auf. Schwerbehinderte können des Weiteren neben den Leistungen zur Teilhabe am Arbeitsleben, besondere Leistungen und sonstige Hilfen gemäß SGB IX erhalten (z. B. Ausstattung von Arbeitsplätzen usw.). Finanziert werden diese aus der Ausgleichsabgabe.

(a) *Leistungen zur medizinischen Rehabilitation:* Es gilt bei den Leistungen zur medizinischen Rehabilitation der allgemeine Grundsatz „ambulant vor stationär“

- Ärztliche und zahnärztliche Behandlung
- Früherkennung und Frühförderung behinderter Kinder
- Arznei- und Verbandmittel
- Heilmittel einschließlich physikalischer, Sprach- und Beschäftigungstherapie
- Psychotherapie
- Hilfsmittel
- Belastungserprobung und Arbeitstherapie

Ergänzung zur Pflegethematik: Ausgehend vom Grundsatz „Leistungen zur Teilhabe vor Pflege“ ist bei älteren Menschen eine geriatrisch-rehabilitative Behandlung erforderlich (Krankengymnastik, Bewegungs-, Sprach- und Beschäftigungstherapie). Dadurch ist vielfach ein Verbleib im eigenen Haushalt oder mit weitgehender Selbstständigkeit in einem Seniorenheim möglich und auch hier gilt der Regelsatz „ambulant vor stationär“. Ein mehrgliedriges System soll das gesamte Ziel ermöglichen: ambulante (geriatrische) Rehabilitation, teilstationäre Rehabilitation (Tageskliniken) und stationäre Rehabilitation.

(b) *Leistungen zur Teilhabe am Arbeitsleben:* Diese Leistungen umfassen alles, was erforderlich ist, um die Erwerbsfähigkeit behinderter oder von Behinderung bedrohter Menschen entsprechend ihrer Leistungsfähigkeit zu erhalten oder wiederherzustellen.

- Hilfen zur Erhaltung und Erlangung eines Arbeitsplatzes mit Beratung und Vermittlung
- Berufsvorbereitung einschließlich einer wegen der Behinderung erforderlichen Grundausbildung

- Individuelle betriebliche Qualifizierung im Rahmen unterstützter Beschäftigung
- Berufliche Anpassung und Weiterbildung, diese kann erforderlichenfalls für erwachsene Behinderte in Berufsförderungswerken erfolgen
- Berufliche Ausbildung: Vorrangig ist die Ausbildung in einem anerkannten Ausbildungsberuf und, falls nötig, mit „Nachteilsausgleich" etwa bei Prüfungen; falls erforderlich ist eine Erstausbildung behinderter junger Menschen in Berufsbildungswerken möglich
- Gründungszuschuss
- Sonstige Hilfen zur Teilnahme am Arbeitsleben
- Leistungen an Arbeitgeber, d. h. Lohnkostenzuschüsse bis zu 70 % des Arbeitslohns bis zu fünf Jahren bzw. bei älteren Schwerbehinderten bis zu acht Jahren
- Leistungen an Träger
- Leistungen in Werkstätten für Behinderte für diejenigen, die auf dem ersten Arbeitsmarkt nicht vermittelbar sind
- Unterstützte Beschäftigung: Darunter versteht man die individuelle betriebliche Qualifizierung, Einarbeitung und Berufsbegleitung behinderter Menschen mit besonderem Unterstützungsbedarf auf Arbeitsplätzen in Betrieben des allgemeinen Arbeitsmarktes

Ergänzung: Besondere Hilfen für schwerbehinderte Menschen zur Teilhabe am Arbeitsleben:

Hierunter fällt *erstens* die Beschäftigungspflicht für öffentliche und private Arbeitgeber, demzufolge jedes Unternehmen mit mindestens 20 Beschäftigten 5 % der Arbeitsplätze mit einem Schwerbehinderten besetzen muss. Wer diese Vorschrift nicht beachtet, hat eine Ausgleichsabgabe zu entrichten, die einem Fonds zur Rehabilitation Behinderter zufließt. Die Ausgleichsabgabe bewegt sich je nach einer jahresdurchschnittlichen Beschäftigungsquote zwischen 125 Euro und 320 Euro. Die Mittel aus der Ausgleichsabgabe sind nur für entsprechende Zwecke der Teilhabe schwerbehinderter Menschen am Arbeitsleben zu verwenden.

Zweitens besteht ein Benachteiligungsverbot und eine Pflicht des Arbeitgebers, bei der Besetzung freier Stellen zu prüfen, ob ein Schwerbehinderter oder ein ihm Gleichgestellter dafür beschäftigt werden kann.

Drittens besitzen schwerbehinderte Beschäftigte nach Ablauf von sechs Monaten einen besonderen Kündigungsschutz, demzufolge der Arbeitgeber vor einer Kündigung die Zustimmung des Integrationsamtes einholen muss.

Viertens sind in Betrieben und Verwaltungen die Betriebs- und Personalräte bzw. bei mehr als fünf schwerbehinderten Mitarbeitern eine gewählte Vertrauensperson als Schwerbehindertenvertretung für die besonderen Interessen dieser Beschäftigten zuständig.

Schließlich verfügen *fünftens* schwerbehinderte Beschäftigte über einen in der Regel fünftägigen Zusatzurlaub.

(c) *Leistungen zur Teilhabe an Bildung:* Hierunter fallen alle Leistungen, die Menschen mit Behinderung die Wahrnehmung von Bildungsangeboten ermöglichen sollen:

- Hilfen zur schulischen Bildung
- Hilfen zur schulischen Berufsausbildung
- Hilfen zur Hochschulbildung
- Hilfen zur Weiterbildung

(d) *Unterhaltssichernde und ergänzende Leistungen:*

- Krankengeld
- Versorgungskrankengeld
- Verletztengeld
- Übergangsgeld zur Sicherung des Lebensunterhalts
- Ausbildungsgeld (bei Erstausbildung)
- Unterhaltsbeihilfe
- Beiträge und Beitragszuschüsse zur Sozialversicherung
- Rehabilitationssport
- Funktionstraining
- Reisekosten
- Betriebs- und Haushaltshilfe
- Kinderbetreuungskosten

(e) *Leistungen zur sozialen Teilhabe*: Diese Leistungen muss man mit dem eigentlichen Ziel aller Leistungen und Bemühungen der neu geordneten Behindertenpolitik verbinden, nämlich behinderte Menschen oder von Behinderung Bedrohten umfassend am Leben in der Gesellschaft teilhaben zu lassen.

- Nichtmedizinische und nicht berufliche Hilfsmittel wie Kommunikations- und Mobilitätshilfen
- Heilpädagogische Leistungen für Kinder
- Hilfen zum Erwerb lebenspraktischer Fähigkeiten
- Hilfen zur Förderung der Verständigung mit der Umwelt
- Leistungen zur Mobilität
- Hilfen zur Beschaffung, dem Umbau, der Ausstattung und der Erhaltung der Wohnung
- Hilfen zu selbstbestimmten betreuten Wohnmöglichkeiten

- Hilfen zur Teilhabe am gemeinschaftlichen und kulturellen Leben (Freizeit, Sport)

Behindertengleichstellungsgesetz:

- *Ziel*: Neben dem SGB IX soll das Behindertengleichstellungsgesetz (BGG) Nachteile für behinderte Menschen beseitigen und wie das SGB IX den behinderten Menschen eine selbstbestimmte Lebensführung und gleichberechtigte Teilhabe am gesellschaftlichen Leben ermöglichen und sicherstellen.
- *Definition von Behinderung*: Unter einer Behinderung versteht das Behindertengleichstellungsgesetz gemäß § 3 BGG, wenn ein Mensch in seiner körperlichen Funktion, seinen geistigen Fähigkeiten oder seiner seelischen Gesundheit mit hoher Wahrscheinlichkeit für einen Zeitraum von mehr als sechs Monaten von dem für das entsprechende Lebensalter typischen Zustand abweicht und er deshalb nur noch unter Beeinträchtigungen am Leben in der Gesellschaft teilhaben kann.
- Um das Ziel der Gleichberechtigung zu erreichen, beinhaltet das Gesetz *Bestimmungen zu einem Benachteiligungsverbot* für Träger öffentlicher Gewalt, berücksichtigt die besonderen Belange behinderter Frauen, verfolgt den Grundsatz der Barrierefreiheit bei allen baulichen oder sonstigen Anlagen, damit diese von den behinderten Menschen ohne fremde Hilfe genutzt werden können, anerkennt die Gebärdensprache und ein Verbandsklagerecht.
- Im Übrigen wird bei der Bundesregierung ein Beauftragter für behinderte Menschen bestellt.

Schließlich sei noch das „*Allgemeine Gleichstellungsgesetz*“, besser bekannt als „Antidiskriminierungsgesetz“ von 2006 genannt, das Menschen mit Behinderungen bei Alltagsgeschäften und im gesamten Arbeitsleben schützt. Auch die *UN-Behindertenkonvention*, die seit 2009 in Deutschland gilt und dem Gedanken der Inklusion verpflichtet ist, vervollständigt die Rechte von Menschen mit Behinderungen.

3.6 Asylrecht und das Asylbewerberleistungsgesetz

Die Thematik Zuwanderung, Flüchtlinge und Asyl hat ungeachtet des mittlerweile eingetretenen Rückgangs der Zahlen immer noch eine hohe Aktualität, so dass ein knapper Überblick hierzu im Rahmen einer Darstellung zum deutschen Sozialstaat notwendig ist.[54] Im Jahre 2016 stellten 722 370 Ausländer einen Erstantrag auf Asyl und 2017 war diese Zahl auf 198 317 (Anerkennungsquote: 0,7 %) gesunken. Im Jahr 2017 stammten die meisten Asylerstantragssteller aus Syrien, dann dem Irak und Afghanistan.

---

[54] Vgl. Bundesministerium für Arbeit und Soziales (Hg.), Übersicht 2018/2019, S. 1117–1150; Model/Creifelds, Staatsbürger-Taschenbuch, S. 348–350.

3.6.1 Zum Asylrecht

Zur Rechtslage:

Erstmals ist das Recht auf Asyl in einer deutschen Verfassung, dem Grundgesetz, geregelt. Hierbei müssen die Erfahrungen mit dem Nationalsozialismus als Hintergrund beachtet werden. Nach einer Änderung im Jahre 1993 ist nunmehr der Artikel 16a maßgebend, wo es in Absatz 1 heißt: „Politisch Verfolgte genießen Asylrecht." Asylberechtigte dürfen weder ausgeliefert noch ausgewiesen werden. Das Recht auf Asyl zielt auf politische Ursachen ab, d. h. beim Vorliegen anderer Gründe wie etwa wirtschaftlicher Not bietet es keinen entsprechenden Schutz. Allgemeine politische und/oder soziale Notsituationen wie Armut, Bürgerkrieg, Naturkatastrophen oder Arbeitslosigkeit fallen nicht unter das Asylrecht.

Das Asylrecht in der Bundesrepublik Deutschland ist ein vor Gericht einklagbares Grundrecht mit Verfassungsrang und das einzige Grundrecht, das nur Ausländern zusteht. Das Grundrecht auf Asyl weist seit der Änderung 1992 jedoch bestimmte Einschränkungen auf. So kann sich jemand, der aus einem sicheren Drittstaat einreist, nicht mehr auf dieses Grundrecht berufen. Als sichere Drittstaaten gelten vorrangig die Staaten der Europäischen Union sowie weitere europäische Staaten, in denen die Genfer Flüchtlingskonvention und die Menschenrechtskonvention eingehalten werden (Norwegen und die Schweiz). Darüber hinaus kann durch Gesetz eine Liste sicherer Herkunftsstaaten bestimmt werden, bei denen davon ausgegangen wird, dass dort keine politische Verfolgung herrscht. In diesen Fällen sind nunmehr verkürzte Asylverfahren möglich. Sichere Herkunftsstaaten sind wiederum alle EU-Mitgliedstaaten und Albanien, Bosnien-Herzegowina, Ghana, Mazedonien, Montenegro, Senegal und Serbien (Stand Sommer 2017).

Auf der Ebene der Europäischen Union ist die 2003 in Kraft getretene Dublin-II-Verordnung relevant. Diese Verordnung besagt, welcher Mitgliedstaat der Europäischen Union für einen Asylantrag zuständig ist. Grundsätzlich ist demzufolge der Staat zuständig, den der Asylsuchende legal, d. h. mit Visum oder illegal betritt.

Die genaueren Regelungen zur Asylgewährung und zum Asylverfahren finden sich im *Asylverfahrensgesetz (AsylVfG)*:

- Nach der Ankunft des Flüchtlings folgen zunächst die Registrierung bei der lokalen Ausländerbehörde und die Zuteilung in eine Erstaufnahmeeinrichtung, wofür die Bundesländer zuständig sind.
- Der Antrag auf Asyl wird beim Bundesamt für Migration und Flüchtlinge gestellt. Die Entscheidung über einen Asylantrag trifft das Bundesamt für Migration und Flüchtlinge mit Sitz ihrer Zentrale in Nürnberg und 24 über ganz Deutschland verteilten Außenstellen.

- Solange das Asylverfahren läuft, bekommen die Asylsuchenden eine Aufenthaltsgestattung, also ein begrenztes Bleiberecht. Die Aufenthaltsgestattung ist räumlich auf den Bezirk der Erstaufnahmeeinrichtung beschränkt.
- Nach einer eventuellen Anerkennung durch das Bundesamt für Migration und Flüchtlinge erfolgt die befristete Aufenthaltserlaubnis durch die Ausländerbehörde. Es bestehen nun ein unbeschränkter Arbeitsmarktzugang und die Teilnahme an einem Integrationskurs einschließlich eines Sprachkurses.
- Wird der Antrag abgelehnt, herrscht die Pflicht zur Ausreise, außer es gibt einen Duldungsgrund (z. B. Krankheit, nicht vorhandene Papiere).
- Die Asylbewerber werden gemäß einem bundesweiten Verteilungsschlüssel auf die 16 Bundesländer verteilt und hierbei wird auch die zuständige Aufnahmeeinrichtung festgelegt, wo sie längstens für drei Monate wohnen müssen. Die Verteilungsquote basiert auf dem Königsteiner Schlüssel, der sich zu zwei Drittel aus dem Steueraufkommen und zu einem Drittel aus der Bevölkerungszahl der Bundesländer zusammensetzt. Im Jahre 2016 hatte Nordrhein-Westfalen vor Bayern, Baden-Württemberg, Niedersachsen und Hessen die höchste Quote.
- Nach der Erstaufnahmeeinrichtung ist ein Aufenthalt in Gemeinschaftsunterkünften vorgesehen.
- Für den Asylbewerber bestehen Vorschriften bezüglich seines Aufenthaltsbereichs, die einzuhalten sind.
- Solange ein Asylbewerber sich in einer Aufnahmeeinrichtung befindet, ist eine Erwerbstätigkeit untersagt, danach ist eine Genehmigung durch die Bundesagentur für Arbeit erforderlich. Nach drei Monaten bekommen Flüchtlinge einen Arbeitsmarktzugang, wobei in einigen Regionen die Zustimmung der Bundesagentur für Arbeit erforderlich ist. In Erstaufnahmeeinrichtungen gibt es keinen Arbeitsmarktzugang, jedoch sind Beschäftigungsmaßnahmen gemäß dem Asylbewerberleistungsgesetz innerhalb und außerhalb der Einrichtungen möglich.

3.6.2 Zum Asylbewerberleistungsgesetz

Die Flüchtlinge erhalten Leistungen nach dem Asylbewerberleistungsgesetz. Im Zusammenhang mit den 1992 durchgesetzten Änderungen im Asylrecht wurde 1993 das Asylbewerberleistungsgesetz geschaffen, dessen Leistungen unter dem Niveau der Sozialhilfe des SGB XII liegen und im Regelfall in Form von Sachleistungen gewährt werden. Dieses Gesetz wurde im Übrigen zwischenzeitlich mehrfach geändert, die aktuelle Novellierung zum 1. März 2015 ist eine Konsequenz aus einem Urteil des Bundesverfassungsgerichts vom 18. Juli 2012. Nun wurden die Leistungen wieder angehoben und der Vorrang der Sachleistungen zum Teil aufgehoben, die letzteren sollen nur während des Aufenthalts in den Erstaufnahmeeinrichtungen gewährt werden, danach sollen überwiegend Geldleistungen gezahlt werden. Über den Wert der Sachleistungen sagt das Asylbewerberleistungsgesetz nichts aus, ausschlaggebend ist der im Einzelfall notwendige Bedarf. Seit 1. März 2015 verfügen Kinder, Jugendliche und junge Erwachsene von Anfang an über einen Anspruch auf Bildungs- und Teilhabeleistungen gemäß dem SGB XII.

Die *Grundleistungen* umfassen den notwendigen Ernährungsbedarf, Unterkunft, Heizung, Kleidung, Gesundheitspflege und Haushaltsgüter. Dazu kommt noch ein Bargeldbedarf zur eigenverantwortlichen Abdeckung ihrer persönlichen Bedürfnisse je nach Status und Lebensalter von monatlich 140 Euro für alleinstehende Leistungsberechtigte bis zu 82 Euro für leistungsberechtigte Kinder bis zum 6. Lebensjahr.

Ärztliche und zahnärztliche Behandlung ist nur bei akuten Erkrankungen und Schmerzen zulässig. Schwangere und junge Mütter erhalten weitgehend die gleichen Leistungen wie sie das SGB XII vorsieht, lediglich der Anspruch auf Pflege in stationären Einrichtungen und auf häusliche Pflege fehlt.

Sachleistungen werden im Rahmen einer Unterbringung in einer Aufnahmeeinrichtung gewährt, bei einer Unterbringung außerhalb von Aufnahmeeinrichtungen stehen seit der Gesetzesänderung seit 1. März 2015 den Leistungsberechtigten vorrangig Geldleistungen zu.

Seit 1. März 2015 gelten die Leistungen des Asylbewerberleistungsgesetzes für 15 Monate, in denen sich der Leistungsberechtigte in Deutschland aufhält, danach ist die Sozialhilfe des SGB XII oder das SGB II (Grundsicherung für Arbeitsuchende) oder das SGB III (Arbeitsförderung) zuständig, d. h. mit der Anerkennung als Asylberechtigter gilt das Asylbewerberleistungsgesetz nicht mehr.

Weitere Reformen zum Asylbewerberleistungsgesetz:

- Integrationsgesetz v. 31. Juli 2016:
  - Ziel ist die möglichst schnelle Integration in die Gesellschaft und den Arbeitsmarkt für Menschen mit guter Bleibeperspektive
  - Flüchtlinge ohne Perspektive auf Anerkennung mit Blick auf ihre Rückkehr zu fördern
- Änderungen des Asylbewerberleistungsgesetzes vom Juli 2017: Beinhaltet Maßnahmen zur Identitätsfeststellung und Mitwirkungspflicht für Leistungsberechtigte
- Zum 1. September 2019 trat die dritte Änderung des Asylbewerberleistungsgesetzes in Kraft, die u. a. die Geldleistungen für den notwendigen und den notwendigen persönlichen Bedarf neu festsetzte sowie die Bedarfsstufen für Erwachsene neu gestaltete. Seit dem 1. Januar 2020 gelten folgende neue

Leistungssätze, die sich an der Entwicklung der Preise und Löhne in Deutschland orientieren:

a) Für Alleinstehende oder Alleinerziehende liegt der Gesamtbedarf bei 351 Euro
b) für Paare in einer Wohnung/Unterbringung in einer Sammelunterkunft bei 316 Euro, c) für Erwachsene in einer stationären Einrichtung (Erwachsene unter 25 Jahren und im Elternhaushalt lebend) 280 Euro
d) für Jugendliche zwischen 14 und 17 Jahren ebenfalls 280 Euro
e) für Kinder zwischen sechs und 13 Jahren bei 273 Euro.

3.7 Das System der Arbeitsbeziehungen

Der Rahmen in dem die Arbeitsmarktparteien miteinander umgehen müssen, stellt einen elementaren Baustein im deutschen Sozialstaat dar. Die folgenden Ausführungen beziehen sich überwiegend auf kollektive Bestimmungen und Einrichtungen.[55] Wir gehen auf die wesentlichen Arbeitsbeziehungen auf der betrieblichen Ebene zur Mitbestimmung ein, also das Betriebsverfassungsgesetz und weitere Mitbestimmungsgesetze sowie die Regelungen zum Arbeitsschutz. Anschließend beschäftigen wir uns mit der Tarifautonomie und den Schluss bildet eine Skizze zur Arbeitsgerichtsbarkeit, die maßgeblich die Arbeitsbeziehungen in Deutschland prägt.

Die Regelungen zum System der Arbeitsbeziehungen finden sich in unterschiedlichen Rechtsquellen wie zuvörderst dem Grundgesetz und dem Richterrecht. Eine zusammenfassende Kodifikation entsprechend dem Sozialgesetzbuch existiert für das Arbeitsrecht nicht.

3.7.1 Arbeitsbeziehungen im Betrieb

Das 1952 beschlossene Betriebsverfassungsgesetz (BetrVG) regelt die Mitbestimmung der Betriebsräte in Betrieben, wodurch die Abhängigkeit der Arbeitnehmer im Betrieb eingegrenzt werden soll und ihnen ein gewisser Handlungsspielraum eingeräumt wird. Hingegen wird die Mitbestimmung der Arbeitnehmer in den Aufsichtsorganen der großen Unternehmen durch das Montan-Mitbestimmungsgesetz von 1951 und das Mitbestimmungsgesetz außerhalb des Montanbereichs von 1976 bestimmt.[56]

a) *Betriebsverfassungsgesetz*

- *Geltung*: Das Betriebsverfassungsgesetz gilt für alle *inländischen* Betriebe mit

[55] Der Kündigungsschutz wird hier deshalb nicht behandelt, vgl. dazu Neumann/Schaper, Sozialordnung, S. 84ff.

[56] Vgl. zum Folgenden Neumann/Schaper, Sozialordnung, S. 89–97;Model/Creifelds, Staatsbürger-Taschenbuch, S. 1006–1012.

mindestens fünf wahlberechtigten, volljährigen Arbeitnehmern, unter denen drei wählbar sein müssen, d. h. mindestens sechs Monate dem Betrieb angehören. Die Betriebe müssen *privatrechtlich* organisiert sein. Verwaltungen und Betriebe des Bundes, der Länder und der Gemeinden sowie sonstige Körperschaften, Anstalten und Stiftungen des öffentlichen Rechts fallen nicht unter dieses Gesetz. Für den *öffentlichen Dienst* bestehen eigene Mitbestimmungsgesetze. Keine Anwendung findet das Betriebsverfassungsgesetz somit bei *Religionsgemeinschaften* und deren karitativen und erzieherischen Einrichtungen. *Persönlich* gilt das Betriebsverfassungsgesetz für alle Arbeitnehmer, weitgehend nicht jedoch für die leitenden Angestellten.

- *Stellung der Gewerkschaften*: Die Gewerkschaften besitzen ein Zugangsrecht zum Betrieb und sollen auf der Seite der Arbeitnehmer vertrauensvoll mit dem Arbeitgeber zusammenarbeiten. Gewerkschaften dürfen an Betriebsratssitzungen und Betriebsversammlungen teilnehmen. Weiterhin haben die Gewerkschaften ein Informationsrecht gegenüber dem Betriebsrat bei Betriebsversammlungen und können bei etwaigen Verstößen gegen das Betriebsverfassungsgesetz tätig werden.

Folgende Organe der Betriebsverfassung gibt es:

- *Betriebsrat:*

– Zur Bildung eines Betriebsrates sind mindestens fünf wahlberechtigte Arbeitnehmer notwendig, von denen drei wählbar sind.

– *Leitende Angestellte zählen nicht zu den Arbeitnehmern im Sinne dieses Gesetzes.*

– *Ein Betriebsrat muss auf Verlangen der Belegschaft eingerichtet werden.*

– *Die Zahl der Betriebsratsmitglieder richtet sich nach der Zahl der wahlberechtigten Arbeitnehmer im Betrieb und erstreckt sich von einem Betriebsrat bei einer Beschäftigtenzahl zwischen 5 und 20 Arbeitnehmern auf bis zu 35 Betriebsräten bei einer Beschäftigtenzahl zwischen 7001 und 9000 Arbeitnehmern.*

– *Betriebsratswahlen finden alle vier Jahre statt. Die Betriebsräte arbeiten ehrenamtlich, jedoch sind sie ab einer bestimmten Beschäftigtenzahl freizustellen. Bei einer Beschäftigtenzahl von 200 bis 500 ist mindestens ein Betriebsrat freizustellen.*

– *Die Kosten für den Betriebsrat muss der Arbeitgeber übernehmen.*

- *Betriebsversammlung*: Die Betriebsversammlung findet turnusgemäß alle drei Monate während der Arbeitszeit statt, zusätzliche außerordentliche Betriebsversammlungen können außerhalb der Arbeitszeiten durchgeführt werden. In der Betriebsversammlung muss der Betriebsrat der Belegschaft über seine Tätigkeit berichten.

- *Gesamtbetriebsrat:* Bestehen in einem Unternehmen mehrere Betriebsräte, so ist ein Gesamtbetriebsrat zu errichten.
- *Konzernbetriebsrat:* Für einen gemäß dem Aktiengesetz definierten Konzern kann von den einzelnen Gesamtbetriebsräten ein Konzernbetriebsrat errichtet werden.
- *Jugend- und Auszubildendenvertretung:* Bei mindestens fünf Arbeitnehmern, die das 18. Lebensjahr noch nicht vollendet haben oder die zu ihrer Ausbildung beschäftigt sind und das 25. Lebensjahr noch nicht vollendet haben, wird eine Jugend- und Auszubildendenvertretung gewählt. Diese ist zuständig für die Interessen der jungen Arbeitnehmer und Auszubildenden, sie ist aber kein eigenständiges Organ der Betriebsverfassung, sondern gehört dem Betriebsrat an, wo sie ein Teilnahme- und Stimmrecht bei allen Themen für junge Arbeitnehmer und Auszubildende hat.
- Weitere *Organe* nach dem Betriebsverfassungsgesetz sind der *Wirtschaftsausschuss*, die *Versammlung der leitenden Angestellten* und die *Sprecherausschüsse der leitenden Angestellten.*

Befugnisse des Betriebsrates (Auswahl)

Vereinfacht lassen sich drei Formen von Beteiligungsrechten des Betriebsrates unterscheiden, nämlich ein Informationsrecht als schwächste Form, ein Mitwirkungsrecht, das weiter reicht und schließlich die Mitbestimmungsrechte als größtes Machtmittel.

Informationsrechte	Mitwirkungsrechte	Mitbestimmungsrechte
Fragen der Arbeitsorganisation (z.B. Einführung neuer Techniken)	Anhörung vor einer Kündigung	Regelung der Arbeitszeit (Beginn und Ende der täglichen Arbeitszeit)
Betriebsstillegung	Personalplanung (hier kann der Betriebsrat Vorschläge machen)	Aufstellung von Urlaubsplänen
Neu-, Um- und Erweiterungsbauten	Förderung der Berufsausbildung	Entlohnungsformen
	Arbeitsplatzgestaltung	Unfallverhütung
		Betriebsordnung
		Errichtung von Sozialeinrichtungen
		Aufstellung von Sozialplänen bei Betriebsänderungen

Betriebsvereinbarung:

Der Betriebsrat kann im Übrigen mit dem Arbeitgeber Betriebsvereinbarungen schließen. Diese Betriebsvereinbarungen können sich aber nur auf Angelegenheiten beziehen, die zu den Aufgaben des Betriebsrates zählen. Themen wie Arbeitsentgelte oder andere Aspekte der Arbeitsbedingungen, die normalerweise in einem Tarifvertrag festgelegt werden, können durch eine Betriebsvereinbarung nicht geregelt werden, außer ein Tarifvertrag erlaubt dies durch eine Öffnungsklausel ausdrücklich. Schließlich kann der Abschluss einer Betriebsvereinbarung nicht durch einen Streik erzwungen werden.

Sonderformen der betrieblichen Mitbestimmung:

- Für den *öffentlichen Dienst* bestehen anstelle des Betriebsverfassungsgesetzes das Bundespersonalvertretungsgesetz und die Personalvertretungsgesetze der Bundesländer. Dabei werden Personalräte eingerichtet, die sich aus den Gruppen für Beamte, Angestellte und Arbeiter zusammensetzen. Entsprechend dem mehrstufigen Verwaltungsaufbau gibt es örtliche, Bezirks- und Hauptpersonalräte sowie gegebenenfalls Jugend- und Auszubildendenvertretungen. Da die Mitbestimmungs- und Mitwirkungsrechte der Personalräte weitgehend den Befugnissen der Betriebsräte entsprechen, braucht hier nicht weiter darauf eingegangen werden. Erwähnenswert ist noch, dass bei Streitigkeiten über die Personalräte die Verwaltungsgerichte entscheiden.
- Keine Geltung hat das Betriebsverfassungsgesetz bei *kirchlichen bzw. den Kirchen nahestehenden Einrichtungen.* Dort existieren nach dem Kirchenrecht geregelte Mitarbeitervertretungen.

b) *Mitbestimmung:*

Hier geht es um die Mitbestimmung der Arbeitnehmer in den Aufsichtsorganen großer Unternehmen (Unternehmensmitbestimmung) mit einer bestimmten Größe und einer bestimmten Rechtsform. Dabei wird zwischen der Montan-Mitbestimmung gemäß dem Gesetz von 1951, dem Mitbestimmungsgesetz von 1976 und dem *Drittelbeteiligungsgesetz* von 2004 unterschieden.

- Das *Montan-Mitbestimmungsgesetz von 1951* ermöglicht als einzige Regelung eine paritätische Mitbestimmung in den Aufsichtsräten von Unternehmen der Montanindustrie, also des Bergbaus und der eisen- und stahlerzeugenden Industrie, die als Aktiengesellschaften oder GmbHs mit mehr als 1000 Arbeitnehmern organisiert sind. Paritätisch heißt, dass die Anteilseigner und die Arbeitnehmer gleich stark vertreten sind. Dazu kommt bei eventuellen Pattsituationen zwischen den Arbeitnehmervertretern und den Arbeitgebervertretern ein neutrales Mitglied, das von beiden Seiten gemeinsam vorgeschlagen wird. Die starke Stellung der Arbeitnehmerseite unterstreicht auch die Installation eines für das Personalwesen zuständigen Arbeitsdirektors in der Unternehmensleitung (Vorstand), der nicht gegen die Mehrheit der Stimmen der Arbeitnehmervertreter im Aufsichtsrat bestellt werden kann.

- Das *Mitbestimmungsgesetz von 1976* regelt die Mitbestimmung in Kapitalgesellschaften wie einer Aktiengesellschaft (AG), Gesellschaft mit beschränkter Haftung (GmbH) oder einer Kommanditgesellschaft auf Aktien (KGaA) außerhalb des Montanbereichs. Dabei müssen die Unternehmen mehr als 2000 Arbeitnehmer beschäftigen. Der Aufsichtsrat ist zwar paritätisch besetzt, aber die leitenden Angestellten haben auf der Arbeitnehmerseite mindestens einen Sitz. Zusätzlich hat bei Stimmengleichheit der von den Anteilseignern, der Kapitalseite, bestellte Aufsichtsratsvorsitzende die entscheidende Stimme. Somit kann von einer tatsächlichen Parität von Kapital und Arbeit im Aufsichtsrat nicht die Rede sein.
- Das Gesetz über die gleichberechtigte Teilhabe von Frauen und Männern in Führungspositionen in der Privatwirtschaft und im öffentlichen Dienst wirkt sich auf die Aufsichtsräte der Unternehmen aus und soll durch eine Geschlechterquote von mindestens 30 Prozent in börsennotierten oder paritätisch mitbestimmten Unternehmen die Frauenanteile erhöhen
- In Fortführung des Betriebsverfassungsgesetzes von 1952 besteht eine einfache *Mitbestimmung nach dem Drittelbeteiligungsgesetz* (Gesetz über die Drittelbeteiligung der Arbeitnehmer im Aufsichtsrat) von 2004 für Aktiengesellschaften, Gesellschaften mit beschränkter Haftung oder Kommanditgesellschaften auf Aktien. Bei einer Beschäftigtenzahl von mehr als 500 verfügen die Arbeitnehmer über ein Drittel der Sitze im Aufsichtsrat, sind jedoch in der Unternehmensleitung nicht vertreten. Die Institution eines Arbeitsdirektors gibt es nicht und insgesamt ist der Einfluss der Arbeitnehmerseite auf die Unternehmenspolitik eher gering einzuschätzen.

3.7.2 Arbeitsschutz

Historisch gesehen stellten Maßnahmen zum (Kinder) Arbeitsschutz in Preußen im Jahre 1839 die ersten staatlichen sozialpolitischen Eingriffe dar.[57] Heutzutage ist der Arbeitgeber zum Schutz des Arbeitnehmers vor Gefahren für Leben, Gesundheit und Sittlichkeit verpflichtet. Die rechtlichen Regelungen zum hier in einem engeren Sinne verstandenen Arbeitsschutz finden sich in verschiedenen Gesetzeswerken wie im Arbeitsschutzgesetz (ArbSchG) für alle Arbeitnehmer, im Mutterschutzgesetz (MuSchG), im Sozialgesetzbuch (SGB) IX für schwerbehinderte Menschen oder im Jugendarbeitsschutzgesetz (JArbSchG) für Jugendliche.

Wir unterscheiden im Folgenden zwischen dem *allgemeinen Arbeitsschutz* für alle Arbeitnehmer und besonderen Regeln für *hervorgehobene Personengruppen*.

---

[57] Vgl. zum Folgenden Neumann/Schaper, Sozialordnung, S. 83f.

a) *Allgemeiner Arbeitsschutz für alle Arbeitnehmer:*

- Die hier maßgebenden Vorschriften des Arbeitsschutzgesetzes gelten für alle Beschäftigten abgesehen von auf Schiffen Beschäftigten und Beschäftigten in Privathaushalten.
- Grundsätzlich ist der Arbeitgeber für die erforderlichen Arbeitsschutzmaßnahmen zuständig und er muss seine Arbeitnehmer darüber unterweisen.
- Die Schutzmaßnahmen müssen vom Arbeitgeber so gestaltet werden, dass die Arbeit im Betrieb nicht durch Bedrohungen für Leben und Gesundheit gefährdet ist.
- Weitere Beispiele für arbeitsschutzrechtliche Regelungen finden sich u. a. in der Arbeitsstättenverordnung, in der Bildschirmarbeitsverordnung, im Arbeitssicherheitsgesetz, in der Gewerbeordnung und im Arbeitszeitgesetz. Letzteres regelt die Tage der Arbeitsruhe, der Höchstdauer der täglichen Arbeitszeit von 8 bzw. maximal 10 Stunden.

b) *Arbeitsschutz für besondere Personengruppen*

- *Mutterschutzgesetz*: Dieses Gesetz untersagt eine Beschäftigung sechs Wochen vor der Geburt und acht Wochen danach bzw. 12 Wochen danach bei Früh- oder Mehrlingsschwangerschaften. Außerdem sind schwere körperliche Arbeiten während der Schwangerschaft verboten. Der Arbeitgeber meldet die ihm mitgeteilte Schwangerschaft dem Gewerbeaufsichtsamt. Während des generellen Beschäftigungsverbots erhält die Schwangere von der gesetzlichen Krankenversicherung Mutterschaftsgeld, außerdem genießt die Schwangere einen besonderen Kündigungsschutz, d. h. eine Kündigung während der ersten vier Monate nach der Entbindung ist unzulässig.

Neu: Zum 1. Januar 2018 trat eine Neuregelung des Mutterschutzrechtes in Kraft, demnach die Schutzfrist nach der Geburt eines behinderten Kindes auf Antrag von acht auf zwölf Wochen verlängert wird. Des Weiteren wird ein Kündigungsschutz für Frauen eingeführt, die eine Fehlgeburt nach der zwölften Schwangerschaftswoche erlebten.

- *Jugendarbeitsschutzgesetz:* Dieses Gesetz gilt für Kinder und Jugendliche vom 15. bis unter dem 18. Lebensjahr.

– Eine Beschäftigung von Kindern unter 15 Jahren ist verboten, allerdings bestehen Ausnahme: Kinder über 13 Jahre dürfen leichte Tätigkeiten wenige Stunden am Tag ausführen wie etwa die Mithilfe in der Landwirtschaft oder das Austragen von Zeitungen

– Die Arbeitszeit von Jugendlichen beträgt acht Stunden täglich und 40 Stunden in der Woche

- Die Arbeitszeit soll grundsätzlich zwischen 6 und 20 Uhr liegen, wobei in bestimmten Gewerben wie Bäckereien schon ab 5 Uhr die Arbeit begonnen werden darf
- Mindestens 30 Minuten Ruhepause ist vorgeschrieben bei einer Arbeitszeit von viereinhalb bis sechs Stunden, ansonsten 60 Minuten und die tägliche Freizeit bis zur Beschäftigung am nächsten Tag soll 12 Stunden betragen
- Freistellungen ohne Entgeltausfall müssen für den Besuch der Berufsschule, Prüfungen und außerbetriebliche Ausbildungsabschnitte gewährt werden
- Urlaubsregelung: Diese ist abhängig vom Lebensalter des Jugendlichen, d. h. ein Jugendlicher bis zum 16. Lebensjahr besitzt Anspruch auf 30 Urlaubstage, bis zum 17. Lebensjahr sind es 27 Tage und bis zum 18. Lebensjahr 25 Tage
- Untersagt sind gefährliche oder schädliche Tätigkeiten wie auch Akkordarbeit
- Ärztliche Untersuchung: Eine erstmalige Beschäftigung eines Jugendlichen erfordert eine ärztliche Untersuchung innerhalb der letzten 14 Monate vor dem Eintritt in das Erwerbsleben. Ein Jahr nach Beginn der ersten Beschäftigung muss noch einmal eine Nachuntersuchung erfolgen

- *Arbeitsschutz für schwerbehinderte Menschen:* Schwerbehinderte genießen einen besonderen Kündigungsschutz, d. h. sie können – wenn sie länger als 6 Monate beschäftigt sind – nur mit Zustimmung des Integrationsamtes gekündigt werden. Außerdem haben sie einen Anspruch auf fünf Tage Zusatzurlaub.

3.7.3 Tarifautonomie und Tarifkonflikte

Die Grundlage für die kollektiven Arbeitsbeziehungen in Deutschland bildet die Koalitionsfreiheit gemäß Artikel 9 Abs. 3 Satz 1 des Grundgesetzes, demzufolge jeder das Recht hat „zur Wahrung und Förderung der Arbeits- und Wirtschaftsbedingungen Vereinigungen zu bilden“.[58]

Nach Auffassung der Rechtsprechung und der Rechtsliteratur – eine gesetzliche Regelung zum Begriff und Inhalt von Koalitionen fehlt – handelt es sich bei arbeitsrechtlichen Koalitionen um einen „freiwilligen dauerhaften Zusammenschluss von Arbeitnehmern und Arbeitgebern auf privatrechtlicher Grundlage“[59]. Unter *Gewerkschaften* versteht man „Organisationen von Arbeitnehmern mit dem Zweck, wirtschaftliche, soziale und politische Interessen in den Arbeitsbeziehungen mit den Arbeitgebern und im politischen System zur Geltung zu bringen“[60].

Die Koalitionsfreiheit hat eine positive Ausrichtung dahingehend, dass man Koalitionen gründen darf, ihnen beitreten darf und sich in ihnen entsprechend betätigen

[58] Vgl. zum Folgenden Neumann / Schaper, Sozialordnung, S. 97–104 und S. 120–124;

[59] Model / Creifelds, Staatsbürger-Taschenbuch, S. 1000 und zum Folgenden dies., Staatsbürger-Taschenbuch, S. 999–1006.

[60] Neumann / Schaper, Sozialordnung, S. 98.

darf. Genauso besteht aber auch die negative Ausrichtung, dass man nicht in eine derartige Koalition eintreten muss bzw. jederzeit wieder austreten darf. Ein wesentliches Element der Koalitionsfreiheit ist das Recht, Tarifverträge abzuschließen und auch Arbeitskämpfe durchzuführen. Damit ist der zentrale Kern der *Tarifautonomie* angesprochen, bei der der Staat zurücktritt. Sie wird als Konfliktinstanz und vielleicht „wichtigste Institution unserer Sozialordnung zur Stabilisierung der Gesellschaft[61]" eingestuft.

Das *Tarifvertragswesen* ist rechtlich im Tarifvertragsgesetz (TVG) von 1949 geregelt: Im Einzelnen ist hier zu definieren:

- *Tarifvertrag:*

  Der Tarifvertrag ist ein gegenseitiger privatrechtlicher Vertrag zwischen einem Arbeitgeber bzw. einem oder auch mehreren Arbeitgeberverbänden und einer oder mehreren Gewerkschaften, also entweder ein Haus- oder Firmentarifvertrag oder ein sog. Verbandstarifvertrag. Dieser Vertrag setzt Rechtsnormen für das Arbeitsverhältnis fest. Man unterscheidet des Weiteren zwischen sog. *Lohn- oder Gehaltstarifverträgen*, die die Lohnhöhe für einen zumeist relativ kurzen Zeitraum bestimmen und sog. *Manteltarifverträgen*, die über einen längeren Zeitraum allgemeine Arbeitsbedingungen wie die Bildung der Lohngruppen, Zulagensysteme, Urlaubszeiten usw. regeln. Selbstverständlich muss ein Tarifvertrag schriftlich geschlossen werden.

- *Tarifpartner bzw. Tariffähigkeit*:

  Die Fähigkeit, Partei eines Tarifvertrages sein zu können, besitzen nur die erwähnten arbeitsrechtlichen Koalitionen wie Gewerkschaften, Innungen und Innungsverbände, einzelne Arbeitgeber und Arbeitgeberverbände.

- *Tarifbindung*:

  Darunter versteht man, dass die in einem Tarifvertrag vereinbarten Normen nur gelten, wenn die Tarifvertragsparteien tarifgebunden sind. Vereinfacht heißt dies, die Normen gelten nur für die Mitglieder der Tarifpartner, also die Gewerkschaftsmitglieder und die Mitglieder des Arbeitgeberverbandes. Besteht keine Tarifgebundenheit, dann gilt der Tarifvertrag nur im Falle einer Allgemeinverbindlicherklärung durch das Bundesministerium.

- *Geltungsbereich des Tarifvertrags*:

  Ein Tarifvertrag ist dann anwendbar, wenn die Arbeitsverhältnisse unter den Geltungsbereich des Tarifvertrags fallen. Dabei gibt es räumliche, branchenmäßige, zeitliche und fachlich-persönliche Zuordnungen. Die räumliche Zuordnung bezieht sich auf eine Region, in der der Tarifvertrag gelten soll wie z.B. ein Bundesland. Branchenmäßiger Geltungsbereich ist der jeweilige Wirtschaftsbe-

[61] Neumann/Schaper, Sozialordnung, S.121.

reich, für den der Tarifvertrag Geltung beansprucht, beispielsweise die metallverarbeitende Industrie. Der zeitliche Geltungsbereich legt den Beginn und das Ende des Tarifvertrags fest. Die fachlich-persönliche Zuordnung definiert die entsprechende Arbeitnehmergruppe, für die der Tarifvertrag gelten soll.

- *Inhalt des Tarifvertrags*:

  Ein Tarifvertrag regelt Normen für die Arbeitsverhältnisse. Dabei geht es um Lohn bzw. Gehalt, Urlaub, Arbeitszeiten, Kündigungsbedingungen, Friedenspflichten der beteiligten Partner usw. Hier ist noch kurz auf das sog. Günstigkeitsprinzip zu verweisen, das eine Abweichung vom Tarifvertrag zulässt, wenn diese Abweichung für den Arbeitnehmer günstiger ist. Als Beispiel: Ein Arbeitnehmer vereinbart mit seinem Arbeitgeber einen längeren Urlaubsanspruch im Vergleich zum geltenden Tarifvertrag.

- *Tarifkonflikte:*

  Gemäß der grundgesetzlich garantierten Koalitionsfreiheit dürfen die arbeitsrechtlichen Koalitionen bzw. Vereinigungen Arbeitskämpfe durchführen. Die beiden Hauptformen des Arbeitskampfes sind der Streik und die Aussperrung. Weitere Arbeitskampfmittel wären z. B. Betriebsbesetzungen oder Betriebsblockaden.

Grundsätzlich ist bei Arbeitskämpfen und Tarifkonflikten zu beachten:

- Der Arbeitskampf ist nur rechtmäßig, wenn er von Tarifvertragspartnern geführt wird. Somit ist ein Streik, der nicht von Gewerkschaften geführt wird, der sog. wilde Streik, unzulässig. Dies gilt umgekehrt auch für eine sog. wilde Aussperrung durch Arbeitgeber.
- Der Arbeitskampf ist nur rechtmäßig, wenn er auf den Abschluss eines Tarifvertrags gerichtet ist, d. h. das im Arbeitskampf angestrebte Ziel muss in einem Tarifvertrag regelbar sein. Daraus folgt, dass etwa ein politisch motivierter Streik unzulässig ist.
- Der Arbeitskampf ist nur rechtmäßig, wenn die eingesetzten Kampfmittel mit dem Recht vereinbar sind. Beispielsweise wäre es ein Verstoß gegen das Grundgesetz, wenn ein Arbeitgeber Mitglieder der Gewerkschaft nicht einstellt oder nur diese aussperrt. Weiterhin dürfen die beteiligten Tarifvertragsparteien nicht gegen das Strafrecht verstoßen, d. h. es darf keine Gewalt gegen Streikende geübt werden oder umgekehrt dürfen Streikposten selber keine Gewalt anwenden.
- Der Arbeitskampf ist nur rechtmäßig, wenn er nicht tarifvertragswidrig ist. Hier spielt vor allem die Einhaltung der Friedenspflicht eine wesentliche Rolle.
- Der Arbeitskampf ist nur rechtmäßig, wenn während seines Verlaufs die Vorgaben der Kampfparität und der Verhältnismäßigkeit gewahrt werden. Ersterer Gesichtspunkt besagt, es sollen sich ungefähr gleich starke Parteien gegenüber-

stehen. Dazu gehört auch die Neutralität des Staates, die sich u. a. darin niederschlägt, dass die Bundesagentur für Arbeit kein Arbeitslosengeld oder auch Kurzarbeitergeld an Streikende bzw. vom Streik mittelbar betroffene Arbeitnehmer zahlen darf. Unter die Verhältnismäßigkeit fällt der Grundsatz, dass unzulässige Kampfmaßnahmen, die zur Zielerreichung nicht geeignet sind, verboten sind. Dies betrifft auch die Frage des Umfangs eventueller Aussperrungen eines bestreikten Arbeitgebers, die in Relation zur Anzahl der Streikenden stehen muss.

3.7.4 Die Arbeitsgerichtsbarkeit

Die Arbeitsgerichtsbarkeit ist ein selbstständiger Zweig der Rechtspflege und wird im Arbeitsgerichtsgesetz von 1953 (ArbGG) geregelt.[62]

Zuständigkeit der Arbeitsgerichte:

Die Arbeitsgerichte sind zuständig für Entscheidungen in privatrechtlichen Rechtsstreitigkeiten:

- Zwischen Arbeitgebern und Arbeitnehmern das Arbeitsverhältnis betreffend
- Zwischen den Arbeitnehmern im Zusammenhang mit dem Arbeitsverhältnis
- Zwischen den Tarifvertragsparteien
- Zum Betriebsverfassungsrecht
- Bei der Wahl von Arbeitnehmervertreter gemäß dem Mitbestimmungsgesetz von 1976 und dem Betriebsverfassungsgesetz von 1952

Aufbau der Arbeitsgerichtsbarkeit

Die Arbeitsgerichtsbarkeit ist dreistufig aufgebaut:

- Die *erste Instanz* bilden die *Arbeitsgerichte*, deren Kammern aus einem Vorsitzenden Richter und jeweils einen ehrenamtlichen Richter aus Kreisen der Arbeitgeber und der Arbeitnehmer zusammengesetzt sind. Berufung gegen Urteile der Arbeitsgerichte ist nur erlaubt, wenn der Streitwert den Betrag von 600 Euro überschreitet, das Urteil über den Bestand oder die Kündigung eines Arbeitsverhältnisses ergangen ist oder das Arbeitsgericht die Berufung selbst genehmigt hat.
- Die *zweite Instanz* bilden die *Landesarbeitsgerichte*, die entsprechend den Arbeitsgerichten zusammengesetzt sind. Sie sind die Berufungsinstanz für Entscheidungen der Arbeitsgerichte.
- Die *dritte Instanz* bildet das *Bundesarbeitsgericht* in Erfurt, das in Senate gegliedert ist. Die Senate sind aus einem Vorsitzenden Richter, zwei Berufsrichtern als Beisitzer und jeweils einen ehrenamtlichen Richter aus Kreisen der

[62] Vgl. Model/Creifelds, Staatsbürger-Taschenbuch, S. 1012–1015.

Arbeitgeber und der Arbeitnehmer zusammengesetzt. Das Bundesarbeitsgericht entscheidet über Revisionen gegen Urteile der Landesarbeitsgerichte und sog. Sprungrevisionen[63] gegen Urteile der Arbeitsgerichte. Eine Revision muss zugelassen sein, sie ist erlaubt, wenn sie von einer Entscheidung des Landesarbeitsgerichts oder einer Entscheidung des Bundesarbeitsgerichts abweicht.

Zum Verfahren vor den Arbeitsgerichten

Es wird zwischen Urteilsverfahren und Beschlussverfahren unterschieden:

- *Urteilsverfahren*: Einige Punkte weichen von den Vorschriften der Zivilprozessordnung, die auch für das arbeitsgerichtliche Verfahren gelten, ab. Zunächst haben Kündigungsverfahren Vorrang, dann sind die Gerichtskosten niedrig, weiterhin können sich die Parteien vor Gericht durch einen Rechtsanwalt oder einen Verbandsvertreter aus der Gewerkschaft bzw. aus einem Arbeitgeberverband vertreten lassen und es findet vorab eine Güteverhandlung statt.
- *Beschlussverfahren: Das Beschlussverfahren entscheidet über Streitfälle in Angelegenheiten der Betriebsverfassung.*

3.7.5 Mindestlohn und Mindestausbildungsvergütung

a) Mindestlohn: Nach langjährigen Debatten wurde zum 1. Januar 2015 endgültig in Deutschland ein gesetzlicher Mindestlohn eingeführt:[64]

- Er gilt für alle Arbeitnehmer über 18 Jahre bzw. mit einer abgeschlossenen Berufsausbildung.
- Bei Langzeitarbeitslosen ist zwecks Erleichterung eines Einstiegs in den Arbeitsmarkt in den ersten sechs Monaten kein Mindestlohn erforderlich.
- Praktikanten haben ebenfalls Anspruch auf den Mindestlohn, außer es handelt sich um ein Pflichtpraktikum etwa im Rahmen des Studiums.
- Für Auszubildende nach dem Berufsbildungsgesetz gilt der Mindestlohn aber nicht.
- Derzeit liegt der Mindestlohn bei 9,35 Euro pro Stunde (brutto), am Anfang waren es noch 8,50 Euro.
- Für branchenspezifische Mindestlöhne bildet das Arbeitnehmer-Entsendegesetz den Rechtsrahmen, voraussetzend für Branchenmindestlöhne ist der Abschluss eines Mindestlohntarifvertrages. Seit 1. Januar 2017 dürfen diese Branchenmindestlöhne den allgemeinen Mindestlohn nicht mehr unterschreiten.

---

[63] Sprungrevisionen dienen der Beschleunigung des Rechtsstreits, d. h. man kann ein Urteil des Arbeitsgerichts unter Übergehung des Landesarbeitsgerichts unmittelbar durch Revision beim Bundesarbeitsgericht anfechten. Allerdings muss eine Sprungrevision durch das Arbeitsgericht ausdrücklich zugelassen sein und sie bedarf der Zustimmung des Gegners.

[64] Vgl. Bäcker, Dauerbaustelle: Arbeitsförderung / SGB III & Arbeitsrecht, S. 13 f.

b) Einführung einer Mindestausbildungsvergütung

Zum 1. Januar 2020 wurde gegen Bedenken der Arbeitgeberverbände und des Handwerks eine Mindestvergütung für Auszubildende in der betrieblichen wie auch der außerbetrieblichen Ausbildung eingeführt.[65] Die nunmehrige Mindestvergütung beträgt im ersten Ausbildungsjahr 515 Euro (Monat) und steigt im Jahr 2021 auf 550 Euro, 2022 auf 585 Euro und im Jahre 2023 auf 620 Euro. Im Verlauf der Ausbildung steigt die Mindestvergütung, nämlich um 18 Prozent im zweiten Ausbildungsjahr, um 35 Prozent im dritten und um 40 Prozent im vierten Ausbildungsjahr.

3.7.6 Weiterentwicklung der Teilzeitarbeit

Diese Änderung bei der Teilzeitarbeit trat zum 1. Januar 2019 in Kraft und betrifft vor allem Frauen, denn Frauen arbeiten zu fast 50 Prozent in Teilzeit, da sie überwiegend familiäre und weitere Verpflichtungen übernehmen (Brückenteilzeit). Dabei besteht die Gefahr der sog. Teilzeitfalle, d. h. einmal eine Tätigkeit in Teilzeit begonnen zu haben, bedeutet vielfach „immer Teilzeit" mit all ihren Folgen für Verdienst und Altersversorgung:

- Nunmehr wird ein Anspruch auf zeitlich befristete Teilzeitarbeit eingeführt und ein Anspruch auf unbefristet in Teilzeit Beschäftigte auf Verlängerung ihrer vertraglichen Arbeitszeit.
- Das „Gesetz zur Weiterentwicklung des Teilzeitrechts" beinhaltet somit einen Anspruch auf Arbeitszeitverringerung für mindestens ein Jahr und maximal fünf Jahre mit dem Recht zur Rückkehr auf Vollzeitarbeit.
- Ausnahmen bestehen bei kleinen und mittleren Betrieben mit 45 oder weniger Beschäftigten, wo kein Anspruch geltend gemacht werden kann. Unternehmen zwischen 46 und 200 Beschäftigten müssen lediglich einen Antrag pro 15 Mitarbeiter berücksichtigen. Voraussetzung ist, dass das Arbeitsverhältnis seit mindestens ein halbes Jahr besteht.
- Die Teilzeit muss spätestens drei Monate vorher beantragt werden.
- Die Verlängerung der Arbeitszeit von Teilzeitbeschäftigten wird erleichtert.
- Verbesserungen bei „Arbeit auf Abruf" (Anteil der bei Arbeit auf Abruf vom Arbeitgeber abrufbaren Zusatzarbeit ist auf 25 Prozent der vereinbarten wöchentlichen Mindestarbeitszeit begrenzt).

[65] Vgl. Bäcker, Dauerbaustelle: Arbeitsförderung/SGB III & Arbeitsrecht, S. 2.

3.8 Soziale Entschädigung: Kriegsopferversorgung und -fürsorge, Entschädigung sonstiger Kriegsfolgen, Opferentschädigung, Impfopferentschädigung

Durch Leistungen der sozialen Entschädigung sollen Gesundheitsschäden ausgeglichen werden, für die der Staat eine überwiegende Verantwortung trägt. Dabei stehen Kriegsopfer, Opfer beim Wehr- und Zivildienst, Opfer von Gewalttaten, Impfopfer und politische Häftlinge im Mittelpunkt.[66]

a) *Kriegsopferversorgung- und Fürsorge*:[67]

Bei der im Bundesversorgungsgesetz (BVG) geregelten Kriegsopferversorgung geht es um Gesundheitsschäden, die aufgrund des Militärdienstes oder durch Krieg oder Kriegsfolgen, Kriegsgefangenschaft usw. erlitten wurden. Falls ein Beschädigter infolge des gesundheitlichen Schadens verstorben ist, haben seine Hinterbliebenen Anspruch auf Versorgungsleistungen.

Leistungen der Kriegsopferversorgung- und fürsorge:

- *Heilbehandlung:* ärztliche/zahnärztliche Behandlung, Krankenhausbehandlung, Versorgung mit Heilmittel, Zahnersatz, Arznei- und Verbandmittel, stationäre Rehabilitationsbehandlung, häusliche Krankenpflege, Versorgung mit Hilfsmittel, Blindenhund, Belastungs- und Arbeitstherapie usw.
- *Kriegsopferfürsorge,* wenn die vorrangigen Leistungen aus dem Bundesversorgungsgesetz nicht ausreichen: Leistungen zur Teilhabe am Arbeitsleben, Krankenhilfe, Hilfe zur Pflege, Hilfe zur Weiterführung eines Haushalts, Altenhilfe, Erziehungsbeihilfe, Wohnungshilfe, ergänzende Hilfe zum Lebensunterhalt usw.
- *Beschädigtenrenten und Zulagen:* Grundrente bei einer Minderung der Erwerbsfähigkeit von mindestens 30 von Hundert, Schwerstbeschädigtenzulage in sechs Stufen für erwerbsunfähige Beschädigte, Ausgleichsrente für Schwerbeschädigte abhängig von den wirtschaftlichen Verhältnissen und dem Grad der Schädigungsfolgen, Zuschläge für Ehegatten und Kinder, Berufsschadensausgleich zur Abgeltung der wirtschaftlichen Folgen der Schädigung hinsichtlich des Einkommens, Pflegezulage bei Hilflosigkeit, Führzulage für Blinde und ein Pauschbetrag für Kleider- und Wäscheverschleiß
- *Bestattungs- und Sterbegeld*
- *Leistungen für Hinterbliebene*: Hinterbliebenenrente, Witwengrundrente, wirtschaftlicher Schadensausgleich für Witwen, Pflegeausgleich für Witwen, Ausgleichsrente für Witwen, Waisenrente, Witwen- und Waisenbeihilfe, Eltern-

[66] Vgl. Model/Creifelds, Staatsbürger-Taschenbuch, S. 1070–1075.

[67] Vgl. dazu Bundesministerium für Arbeit und Soziales (Hg.), Übersicht 2015, S. 1131–1155; Neumann/Schaper, Sozialordnung, S. 280f.

rente, d. h. die Eltern müssen voll erwerbsgemindert oder erwerbsunfähig oder sechzig Jahre alt sein

Finanziert werden die Aufwendungen für die Versorgung durch den Bund, die Leistungen der Kriegsopferfürsorge übernimmt der Bund zu 80 % und zu 20 % die Länder.

b) *Entschädigung sonstiger Kriegsfolgen:*[68]

Hier stehen Vertriebene und Spätaussiedler sowie die Wiedergutmachung nationalsozialistischen Unrechts im Zentrum. Gesetzliche Regelungen dazu finden sich im Gesetz über die Angelegenheiten der Vertriebenen und Flüchtlinge (BVFG) und im Gesetz über den Lastenausgleich (LAG) sowie für die Wiedergutmachung nationalsozialistischen Unrechts im Bundesrückerstattungsgesetz (BRüG) und im Bundesgesetz zur Entschädigung für Opfer der nationalsozialistischen Verfolgung (Bundesentschädigungsgesetz – BEG).

- Vertriebene / Heimatvertriebene / ehemalige Kriegsgefangene / Heimkehrer / ehemalige politische Häftlinge / Spätaussiedler:

– *Vertriebene* sind deutsche Staatsangehörige oder Volkszugehörige, die ihren Wohnsitz in den deutschen Ostgebieten oder in Gebieten außerhalb des Deutschen Reichs entsprechend dem Gebietsstand am 31.12.1937 im Gefolge von Ereignissen des Zweiten Weltkriegs durch Vertreibung, vor allem in Gestalt von Ausweisung und Flucht verloren haben.

– *Heimatvertriebene* sind Vertriebene, die am 31. Dezember 1937 oder auch vorher noch dort wohnten, von wo sie vertrieben wurden und diese Gebiete vor dem 1. Januar 1993 verlassen haben.

– *Spätaussiedler* sind diejenigen, die ihren Wohnsitz nach dem 31. Dezember 1992 in Deutschland haben, ein förmliches, vom Bundesverwaltungsamt durchgeführtes Aufnahmeverfahren absolviert haben und innerhalb von sechs Monaten nach dem Verlassen ihrer Herkunftsländer sich in Deutschland ständig aufhalten. Als Herkunftsländer gelten vor allem die Republiken der ehemaligen Sowjetunion. Spätaussiedler waren von 1988 bis 2004 rund 3 Millionen Menschen.

– Die Zugehörigkeit zur Personengruppe der *Kriegsgefangenen* ist nur noch relevant im Hinblick auf Rentenansprüche.

– 1992 wurde das *Heimkehrergesetz* aufgehoben und somit spielt der Begriff „Heimkehrer" keine Rolle mehr.

– *Ehemalige politische Häftlinge* sind deutsche Staatsangehörige und Volkszugehörige, die nach dem 8. Mai 1945 bzw. nach der Besetzung ihres Aufenthaltsortes bzw. Vertreibungsgebietes, in der ehemaligen DDR oder Berlin (Ost) aus

[68] Vgl. auch Bundesministerium für Arbeit und Soziales (Hg.), Übersicht 2015, S. 1123–1129.

politischen Gründen und wegen von ihnen nicht zu vertretenden Gründen inhaftiert wurden. Hier werden in der Haft erlittene Gesundheitsschäden ausgeglichen. Die Leistungen können sich auch auf Hinterbliebene von an den Folgen der Schädigung gestorbenen Inhaftierten erstrecken (Gesetz über Hilfsmaßnahmen für Personen, die aus politischen Gründen außerhalb der Bundesrepublik Deutschland in Gewahrsam genommen wurden = HHG).

- *Leistungen*: Für die Aufnahme der Spätaussiedler gibt es die Erstaufnahmeeinrichtung in Friedland und entsprechende Aufnahmehilfen. Des Weiteren können Spätaussiedler Arbeitslosengeld II, Leistungen bei Krankheit, Renten, Hilfen zur beruflichen Eingliederung wie vom Bund finanzierte Integrationskurse, Existenzgründungshilfen und pauschale Entschädigungen für Haftzeiten usw. erhalten. Die meisten Hilfen für Aussiedler finanziert der Bund. Organisatorisch zuständig für das Aufnahmeverfahren ist das Bundesverwaltungsamt in Köln.
- Die *Wiedergutmachung nationalsozialistischen Unrechts* erfolgt durch das BRüG, das die Anmeldung von Ansprüchen aus Geldverbindlichkeiten des Deutschen Reichs und weiterer diesem gleichgestellter Rechtsträger regelt, und durch das Bundesentschädigungsgesetz (BEG). Das BEG ist zuständig für den Ausgleich von Personen- und Vermögensschäden, die Personen erlitten haben aufgrund ihrer politischen Gegnerschaft gegen den Nationalsozialismus oder die wegen ihrer Rasse oder ihrer Glaubensüberzeugung von nationalsozialistischen Gewaltmaßnahmen betroffen waren. An Leistungen gibt es Renten, Kapitalentschädigung, Heilverfahren, Krankenversorgung usw.
- Die im Jahr 2000 errichtete Stiftung „Erinnerung, Verantwortung und Zukunft" stellt finanzielle Hilfen (keine Renten) für ehemalige Zwangsarbeiter und andere vom nationalsozialistischen Unrecht betroffene Personen bereit. Das Stiftungsvermögen beläuft sich auf 10 Milliarden Mark.

c) *Opferentschädigung*:[69]

Wer durch einen vorsätzlichen, rechtswidrigen tätlichen Angriff oder dessen Abwehr verletzt worden ist, hat für die dabei erlittenen Gesundheitsschäden Anspruch auf Opferentschädigung gemäß dem Opferentschädigungsgesetz (OEG). Dieser Schutz beinhaltet auch die eventuelle Versorgung von Hinterbliebenen verstorbener Gewaltopfer und erstreckt sich seit 2009 auch auf Schädigungen von Deutschen im Ausland und auf rechtmäßig in Deutschland lebende ausländische Mitbürger. Touristen und Besucher können eine einmalige Leistung erhalten. Der konkrete Inhalt der Entschädigung richtet sich nach dem Bundesversorgungsgesetz. Die Kosten für die Entschädigung übernimmt das Bundesland, in dem die Schädigung eingetreten ist. Der Bund beteiligt sich mit 40 % der Kosten.

[69] Vgl. Bundesministerium für Arbeit und Soziales (Hg.), Übersicht 2015, S. 1137–1140.

d) *Impfopferentschädigung:*[70]

Gemäß dem Infektionsschutzgesetz gibt es für Impfgeschädigte und deren Hinterbliebene eine Versorgung entsprechend den Vorschriften des Bundesversorgungsgesetzes. Der Schutz tritt v.a. ein bei Schutzimpfungen und anderen prophylaktischen Maßnahmen, die von einer zuständigen Behörde empfohlen wurden, aufgrund des Infektionsschutzgesetzes angeordnet oder gesetzlich vorgeschrieben waren. Die Leistungen tragen vollständig die Länder.

3.9 Weitere familienpolitische Leistungen:[71] Wohngeld, Ausbildung, Kindergeld, Baukindergeld, Kinderzuschlag, Elterngeld, Unterhaltsvorschuss

a) *Wohngeld (Wohngeldgesetz):*

Gegenstand: Das Wohngeld ist ein steuerfinanzierter Zuschuss des Staates zu den Wohnkosten. Es soll jedem Haushalt ein angemessenes und familiengerechtes Wohnen ermöglichen. Ende 2016 bezogen 631 000 Haushalte in Deutschland Wohngeld. Zum 1. Januar 2016 bzw. zum Januar 2019[72] traten Wohngeldreformen in Kraft, die eine Anhebung der Tabellenwerte, eine Anhebung der Höchstbeträge für Miete und Belastung und eine Neufestlegung der Mietstufen beinhalteten.

Arten des Wohngeldes:

Gezahlt wird a) ein *Mietzuschuss* für Mieter/Untermieter/Heimbewohner und b) ein *Lastenzuschuss* für Eigentümer selbst genutzten Wohnraums als Ausgleich für Hypothekenbelastung und Bewirtschaftungskosten.

Zur Wohngeldberechnung:

Ausschlaggebend für die Wohngeldberechnung ist

- die Anzahl der zu berücksichtigenden Haushaltsmitglieder
- die zu berücksichtigende Miete oder Belastung
- das Gesamteinkommen

Haushaltsmitglieder sind die wohngeldberechtigte Person, deren Ehegatten, Verwandte und Verschwägerte in gerader Linie, 2. und 3. Grades in der Seitenlinie, Pflegekinder und Lebenspartner sowie Personen, die mit der wohngeldberechtigten Person in einer sog. Verantwortungs- und Einstehensgemeinschaft leben.

---

[70] Vgl. Bundesministerium für Arbeit und Soziales (Hg.), Übersicht 2015, S. 1137.

[71] Vgl. Bundesministerium für Arbeit und Soziales (Hg.), Übersicht 2018/2019, S. 1101–1115 (Wohngeld), S. 1029–1099 (Ausbildungsförderung), S. 1003–1013 (Kindergeld), S. 1011f. (Kinderzuschlag), S. 1014–1024 (Elterngeld), S. 1014f. (bisheriges Betreuungsgeld), S. 1026–1028. (Unterhaltsvorschuss).

[72] Vgl. Bäcker, Dauerbaustelle: Grundsicherung /Sozialhilfe & Wohngeld, S. 57f. u. S. 72.

Vom Wohngeldbezug *ausgeschlossen* sind u. a. Bezieher von Arbeitslosengeld II und Sozialgeld, von Übergangsgeld, von Verletztengeld, der Grundsicherung im Alter und bei Erwerbsminderung und der Hilfe zum Lebensunterhalt nach dem SGB XII.

Bei der zu berücksichtigenden *Miete und Belastung* gibt es Höchstbeträge, die sich nach der Zahl der zu berücksichtigenden Haushaltsmitglieder und dem örtlichen Mietniveau richten. Dabei müssen die jeweiligen Mietstufen der Gemeinden beachtet werden, ein alphabetisches Verzeichnis der nach Bundesländern geordneten Gemeinden findet sich in der Anlage zur Wohngeldverordnung.

Die Berechnung des *Gesamteinkommens* berücksichtigt die Summe der Jahreseinkommen der in Frage kommenden Haushaltsmitglieder abzüglich von Freibeträgen für Steuern und Sozialversicherungsbeiträge oder für schwerbehinderte Haushaltsmitglieder und Abzugsbeträgen für Unterhaltsleistungen. Kindergeld wird bei der Einkommensermittlung nicht berücksichtigt.

Höhe des Wohngeldes: Wohngeld wird für einen Zeitraum von 12 Monaten bewilligt, die Höhe des Wohngeldes wird aus den zu berücksichtigenden Haushaltsmitgliedern, dem Gesamteinkommen und der Höhe der zuschussfähigen Miete bzw. Belastung errechnet. Dazu kann man das umfangreiche Tabellenwerk hinzuziehen, das der Allgemeinen Verwaltungsvorschrift zur Durchführung des Wohngeldgesetzes 2009 angefügt ist. Vor dem Hintergrund der gerade in den letzten Jahren außerordentlich gestiegenen Mieten wie auch der allgemeinen Entwicklung der Einkommen wurde Ende 2019 eine Anhebung des Wohngeldes nunmehr jeweils alle zwei Jahre beschlossen. Außerdem erweitert sich die Reichweite des Erhalts von Wohngeld, d. h. es werden mehr Menschen Wohngeld beziehen.

Finanzierung:

Das Wohngeld wird vom Bund und den Ländern aus Steuermitteln finanziert, dabei übernimmt der Bund die Hälfte des von einem Land gezahlten Wohngeldes.

b) *Ausbildungsförderung:*

Grundsätzlich hat in der Bundesrepublik Deutschland jeder ein Recht auf individuelle Förderung gemäß seinen Neigungen und Leistungen, wenn seine Mittel bzw. die der Eltern oder des Ehepartners hierfür nicht ausreichen. Maßgebend ist hier das 1970 in Kraft getretene Bundesausbildungsförderungsgesetz (BAföG). Nach Abschluss der Ausbildung muss das Darlehen wieder zurückgezahlt werden. Zum 1. Januar 2015 „erfolgte eine Zäsur in der staatlichen Ausbildungsförderung“[73], d.h. die Länder übernehmen nur noch die Kosten für den Verwaltungsvollzug, der Bund trägt nun die Aufwendungen der Förderleistungen vollständig. Zum

[73] Bundesministerium für Arbeit und Soziales (Hg.), Übersicht 2018/2019, S. 1037 und ebenda, S. 1037ff. (zum Folgenden).

1. August 2016 wurden u. a. die BAföG-Bedarfsätze, Freibeträge oder der Krankenversicherungszuschlag erhöht.

Förderungsfähig sind Ausbildungen an allgemein- und berufsbildenden Schulen, an Kollegs, Akademien und Hochschulen, wobei es keinen Unterschied macht, ob es sich um eine öffentliche oder eine private Einrichtung handelt. Nicht gefördert werden betriebliche Ausbildungen.

Altersgrenzen der Förderung: Ausbildungsförderung gibt es nur, wenn bei Beginn des beantragten Ausbildungsabschnittes das 30. Lebensjahr bzw. bei Masterstudiengängen das 35. Lebensjahr noch nicht vollendet ist. Ausnahmen bestehen jedoch bei Absolventen des zweiten Bildungsweges oder bei einer Kindererziehung, die den rechtzeitigen Ausbildungsbeginn behinderte.

Inhalt der Ausbildungsförderung: Die Förderung beinhaltet den Lebensunterhalt und die Ausbildung, wobei es hier pauschale Bedarfssätze je nach Art der Ausbildung und danach, ob die Auszubildenden bei ihren Eltern wohnen, gibt.

Fördervoraussetzung: Es wird das Einkommen und Vermögen des Auszubildenden, des Ehegatten und/oder der Eltern verrechnet. Ausnahmen davon sind möglich bei Behinderten, Schwangeren und Auszubildenden mit Kindern.

Schließlich gibt es noch das *Aufstiegsfortbildungsförderungsgesetz* („Meister-BAföG“) zur Unterstützung der beruflichen Aufstiegsfortbildung v. a. von Handwerkern und anderen Fachkräften zum Handwerksmeister oder Industriemeister, wobei Voraussetzung der Abschluss einer beruflichen Erstausbildung ist. Hier besteht keine Altersgrenze.

Das seit 2001 bestehende *Bildungskreditprogramm* bietet Schülern und Studenten in fortgeschrittener Ausbildungsphase die Möglichkeit zu einem zinsgünstigen Kredit, wobei Bedürftigkeit unberücksichtigt bleibt und Einkommen und Vermögen – auch der Eltern – keine Rolle spielt. Es werden maximal 24 Monate zu je 300 € zur Verfügung gestellt.

c) *Kindergeld nach dem Bundeskindergeldgesetz (BKGG):*

Berechtigte:

- *Steuerpflicht*: Zunächst gilt, Kindergeld wird nicht an ein Kind, sondern für ein Kind eines Kindergeldberechtigten gezahlt. Dieser Kindergeldberechtigte muss in Deutschland unbeschränkt steuerpflichtig sein, d. h. er muss im Inland einen Wohnsitz oder seinen gewöhnlichen Aufenthalt haben. Wer im Ausland wohnt, in Deutschland jedoch unbeschränkt einkommensteuerpflichtig ist, erhält Kindergeld.
- *Wohnsitz des Kindes:* Leben die Eltern getrennt oder sind sie geschieden, dann bekommt derjenige, bei dem das Kind lebt, das Kindergeld
- *Staatsangehörigkeit*: Ausländer erhalten Kindergeld, wenn sie

- Staatsangehörige eines EU-Mitgliedstaats oder eines Staates des Abkommens über den Europäischen Wirtschaftsraums oder der Schweiz sind
- eine Niederlassungserlaubnis besitzen
- eine zur Erwerbstätigkeit berechtigende Aufenthaltserlaubnis besitzen, die nicht für eine Ausbildung, befristete Erwerbstätigkeit oder für einen aus humanitären Gründen nur vorübergehenden Aufenthalt ausgestellt worden ist
- eine Aufenthaltserlaubnis aus humanitären oder völkerrechtlichen Gründen besitzen und sich seit mindestens drei Jahren im Inland aufhalten
- Neu zugewanderte Staatsangehörige eines EU-Mitgliedstaats oder eines Staates des Abkommens über den Europäischen Wirtschaftsraums oder der Schweiz bekommen in den ersten drei Monaten nur Kindergeld, wenn sie in Deutschland erwerbstätig sind. Dient der Aufenthalt nur der Arbeitssuche, so besteht normalerweise kein Anspruch auf Kindergeld

- *Berücksichtigt als Kinder* werden leibliche Kinder, Adoptivkinder, aufgenommene Stief- oder Pflegekinder, aufgenommene Enkel oder Geschwister bis zum 18. Lebensjahr bzw. bei einer Ausbildung bis zum 25. Lebensjahr. 2012 entfiel auch die bisherige Einkommensgrenze der Kindergeldempfänger (Auszubildende und Studenten).
- *Altersgrenzen für das Kindergeld:* Kindergeld wird nur für ein bestimmtes Alter gewährt, nämlich

- bei Kindern bis zur Vollendung des 18. Lebensjahres bestehen keine Voraussetzungen
- zwischen dem 18. Lebensjahr und der Vollendung des 21. Lebensjahres werden Kinder berücksichtigt, wenn sie bei der Agentur für Arbeit arbeitsuchend gemeldet sind
- über das 21. Lebensjahr hinaus können Zeiten berücksichtigt werden, in denen das arbeitslose Kind vor der Vollendung des 21. Lebensjahres den gesetzlichen Grundwehrdienst oder Zivildienst geleistet hat
- vom 18. Lebensjahr bis zum 25. Lebensjahr werden Kinder berücksichtigt, wenn sie sich in einer Schul- oder Berufsausbildung befinden oder bestimmte freiwillige Dienste wie beispielsweise ein freiwilliges soziales Jahr oder ein freiwilliges ökologisches Jahr leisten oder eine geplante Ausbildung wegen fehlender Ausbildungsplätze nicht beginnen können
- Über das 25. Lebensjahr hinaus gibt es Kindergeld für behinderte Kinder, wenn diese wegen ihrer Behinderung nicht in der Lage sind, sich selbst zu unterhalten und wenn die Behinderung vorher eingetreten war

Höhe des Kindergeldes: Seit 1.1.2019 beträgt das Kindergeld für das erste und zweite Kind 204 Euro, für das dritte 210 Euro und für jedes weitere Kind 235 Euro. Das Kindergeld ist nicht zu versteuern und wird vom Bund finanziert. Eltern können sich aber auch für den Kinderfreibetrag entscheiden, was aber nur bei höherem Einkommen interessant ist.

d) *Baukindergeld*[74]

Ziel des Anfang 2018 in Kraft getretenen Gesetzes ist die Förderung des erstmaligen Erwerbs von selbstgenutztem Wohneigentum für Familien mit Kindern (auch Alleinerziehende):

- Es muss mindestens ein Kind unter 18 Jahren im Haushalt vorhanden sein
- Die Einkommensgrenze beträgt 75.000 Euro (zu versteuerndes Haushaltseinkommen) plus weitere 15.000 Euro pro Kind
- Der Zuschuss in Höhe von 1.200 Euro je Kind wird pro Jahr über den Zeitraum von 10 Jahren ausgezahlt. Bei einer Familie mit einem Kind beträgt der Zuschuss über 10 Jahre somit insgesamt 12.000 Euro, bei 2 Kindern 24.000 Euro. Mit jedem weiteren Kind erhöht sich der Zuschuss um 12.000 Euro.
- Der Zuschuss muss nicht zurückgezahlt werden

e) *Kinderzuschlag*

Grundsätzlich verfolgt der Kinderzuschlag das Ziel, zu verhindern, dass Familien wegen ihrer Kinder auf den Bezug von Arbeitslosengeld II („Hartz IV") angewiesen sind. Anspruch auf den Kinderzuschlag haben Eltern für ein bei ihnen lebendes, unverheiratetes Kind unter 25 Jahren, wobei folgende Voraussetzungen bestehen müssen:

- Sie beziehen Kindergeld für dieses Kind
- Ihr Einkommen die Mindesteinkommensgrenze von 900 Euro brutto (Paare) und 600 Euro (Alleinerziehende) erreicht
- Ihr Einkommen zusammen mit dem Kinderzuschlag den Bedarf der Familie deckt und das auf den Kinderzuschlag anzurechnende Einkommen nicht so hoch liegt, demnach sich der Kinderzuschlag auf null Euro reduziert
- Der Kinderzuschlag beläuft sich auf 185 Euro monatlich pro Kind (bis dahin waren es 170 Euro) und deckt mit dem monatlichen Kindergeld den Kindesbedarf (Starke-Familien-Gesetz)
- Eigenes Kindereinkommen vermindert den Kinderzuschlag, wird aber nicht vollständig, sondern zu 45 Prozent angerechnet
- Seit 2011 stehen für Empfänger von Kinderzuschlag auch Leistungen für Bildung und Teilhabe zu (z.B. für Schulausflüge, Schulbedarf, Schülerbeförderung, Lernförderung, Teilnahme an einer gemeinschaftlichen Mittagsverpflegung, Sportvereine u.ä.) in Höhe von 150 Euro pro Schuljahr bzw. von 15 Euro monatlich für Teilhabe am kulturellen oder sozialen Leben

[74] Vgl. Bäcker, Dauerbaustelle: Familienleistungsausgleich / Kindergeld, Elterngeld und -zeit, Kinderbetreuung, S. 238.

f) *Elterngeld nach dem Bundeselterngeld- und Elternzeitgesetz (BEEG):*

Ziel: Das 2007 anstelle des Erziehungsgeldes eingeführte Elterngeld und die Elternzeit soll Eltern die Möglichkeit geben, sich in der ersten Lebensphase ihres Kindes intensiv um die Erziehung und Betreuung zu kümmern. Aus gesamtgesellschaftlicher Perspektive wird durch dieses Gesetz eine Erhöhung der Geburtenrate angestrebt und es soll zur besseren Vereinbarkeit von Familie und Beruf beitragen. **Anspruch auf Elterngeld haben Mütter und Väter**.

Die Voraussetzungen für das Elterngeld erfüllt

- Derjenige, der in der Bundesrepublik Deutschland seinen Wohnsitz oder gewöhnlichen Aufenthalt hat
- Auch ausländische Eltern können Elterngeld erhalten entsprechend den Voraussetzungen wie beim Kindergeld
- Derjenige, der mit einem Kind, für das er die Personensorge innehat, in einem Haushalt lebt und das Kind selbst betreut und erzieht
- Das Elterngeld können Eltern als Elternpaar, als alleinerziehender Elternteil oder als getrennt Erziehender erhalten
- Derjenige, der nicht bzw. nicht voll erwerbstätig ist, d. h. nicht mehr als 30 Stunden in der Woche arbeitet
- Für ein Kind wird jeweils nur für eine Person Elterngeld gezahlt, die Eltern müssen für den Fall, dass beide die Anspruchsvoraussetzungen erfüllen, festlegen, wer das Elterngeld erhält

Bezugsdauer:

Es gibt drei Formen von Elterngeld, die die Eltern wählen können und wovon dann die Bezugsdauer abhängt:

a) *Das Basiselterngeld*: Das Elterngeld wird ab der Geburt des Kindes für zunächst 12 Monate gezahlt, es verlängert sich um 2 Monate, wenn der andere Elternteil vorübergehend seine Erwerbstätigkeit einschränkt und das Kind betreut.

b) *Das ElterngeldPlus*: Das Elterngeld plus ist eine Alternative zum Elterngeld mit einer verdoppelten Laufzeit und halben Beträgen und ist speziell für diejenigen interessant, die schon während des Elterngeldbezugs wieder in Teilzeit arbeiten wollen. Mütter und Väter, die mit einer gewissen Stundenzahl ihrer Arbeit nachgehen wollen, haben demzufolge die Möglichkeit, länger als bisher diese Leistung in Anspruch zu nehmen. Sie bekommen doppelt so lange Elterngeld, in maximal halber Höhe, und können so ihr Elterngeldbudget besser ausschöpfen.

c) *Der Partnerschaftsbonus*: Seit 1.7.2015 gibt es das Elterngeld plus mit Partnerschaftsbonus und einer flexibleren Elternzeit. Der Partnerschaftsbonus ist für diejenigen Eltern gedacht, die sich die familiären und beruflichen Aufgaben untereinander aufteilen, d.h. sie bekommen vier zusätzliche ElterngeldPlus-Monate für jeden Elternteil, wenn beide in vier aufeinanderfolgenden Lebensmonaten nicht weniger als 25, aber nicht mehr als 30 Wochenstunden im Monatsdurchschnitt erwerbstätig sind. Der Partnerschaftsbonus muss für vier Monate im Stück genommen werden.

Höhe des Elterngeldes:

Die Höhe des Elterngeldes beträgt 67 % des durchschnittlichen Nettoeinkommens einer in den letzten 12 Monaten vor der Geburt des Kindes ausgeübten Beschäftigung, jedoch mindestens 300 Euro – wenn kein Erwerbseinkommen erzielt worden ist – und höchstens 1800 Euro im Monat. Sind noch mehr Kinder im Haushalt vorhanden, gibt es einen Zuschlag von 75 Euro. Das Elterngeld wird im Übrigen mit anderen Leistungen verrechnet (z. B. Mutterschaftsleistungen, Arbeitslosengeld II, Sozialhilfe, Kinderzuschlag).

Zum Betreuungsgeld:

Seit August 2013 bestand das politisch umstrittene Betreuungsgeld als Ergänzung zum Elterngeld. Es sollte diejenigen Eltern unterstützen, die ihre ab 1. August 2012 geborenen Kleinkinder nicht in Tageseinrichtungen betreuen ließen, sondern dies zu Hause selbst übernahmen, ohne eine Einschränkung ihrer Berufstätigkeit. Das einkommensunabhängige Betreuungsgeld in Höhe von 150 Euro im Monat wurde vom 15. Lebensmonat bis zum 3. Lebensjahr des Kindes bezahlt. Im Juli 2015 allerdings wurde diese Leistung vom Bundesverfassungsgericht wegen der fehlenden Gesetzgebungskompetenz des Bundes für verfassungswidrig erklärt. Am 1. Juni 2016 beschloss demnach das Bundesland Bayern ein bayerisches Betreuungsgeldgesetz und führte damit das Betreuungsgeld als Leistung Bayerns weiter.

g) *Unterhaltsvorschuss:*

Unterhaltsvorschuss bekommen Kinder bis zum 12. Lebensjahr, die bei einem alleinstehenden Elternteil leben und vom anderen Elternteil keinen Unterhalt beziehen:

+ Die Höhe des Unterhaltsvorschusses orientiert sich am Mindestunterhalt.
+ Der Vorschuss beträgt seit dem 1. Januar 2020 für Kinder bis fünf Jahren 165 Euro (jeweils monatlich), für Kinder von sechs bis elf Jahren 220 Euro und – seit dem 1. Juli 2017 – für Kinder von 12 bis 17 Jahren 293 Euro (jeweils monatlich), allerdings ist bei Letzteren Voraussetzung, dass das Kind nicht auf Leistungen des SGB II angewiesen ist.
+ Ebenfalls seit 1. Juli 2017 wird der Unterhaltsvorschuss zeitlich unbegrenzt gezahlt (bis dahin waren es maximal sechs Jahre). Bei Kindern unter 12 Jahren spielt das Einkommen des alleinerziehenden Elternteils keine Rolle.

3.10 Sozialgerichtsbarkeit

In Angelegenheiten des Sozialrechts und der Sozialleistungen entscheiden beim Rechtsweg die Sozialgerichte, die Verwaltungsgerichte und bei Streitfragen in Bezug auf die steuerrechtlichen Regelungen zum Kindergeld die Finanzgerichte. Die Verwaltungsgerichte sind zuständig für die Jugendhilfe, das Wohngeld oder das BAföG. Hier interessieren uns vorrangig die Sozialgerichte der 1954 errichteten Sozialgerichtsbarkeit.[75]

Zuständigkeit der Sozialgerichte:

- Sozialversicherung, d.h. die Renten-, Kranken-, Unfall- und Pflegeversicherung
- Arbeitsförderung und die weiteren Aufgaben der Bundesagentur für Arbeit wie etwa die Gewährung des Kindergeldes
- Grundsicherung für Arbeitsuchende: Arbeitslosengeld II
- soziale Entschädigung
- Sozialhilfe und das Asylbewerberleistungsgesetz
- Schwerbehindertenrecht

Der Aufbau der Sozialgerichtsbarkeit:

Die Sozialgerichtsbarkeit ist in drei Stufen aufgebaut:

- *Als erste Instanz fungieren die Sozialgerichte*: Sie sind in Fachkammern für einzelne Sachgebiete gegliedert (Beispiel: Für die Rentenversicherung oder die Unfallversicherung). Die Kammern bestehen aus einem Berufsrichter, der den Vorsitz innehat und zwei ehrenamtlichen Richtern.
- *Als zweite Instanz fungieren die Landessozialgerichte*: Sie entscheiden über Berufungen gegen Urteile und Beschwerden gegen andere Entscheidungen der Sozialgerichte bei einem Streitwert von mehr als 750 Euro. Für die einzelnen Sachgebiete bestehen Fachsenate, die sich aus einem vorsitzenden Berufsrichter, zwei weiteren Berufsrichtern und zwei ehrenamtlichen Richtern zusammensetzen.

  In Bayern gibt es außerhalb des Sitzes des Landessozialgerichts in München noch eine Zweigstelle in Schweinfurt, Niedersachsen und Bremen haben das gemeinsame Landessozialgericht Niedersachsen-Bremen in Celle und eine Zweigstelle in Bremen und Berlin hat mit Brandenburg das gemeinsame Landessozialgericht Berlin-Brandenburg in Potsdam errichtet.
- *Oberste Instanz* ist das *Bundessozialgericht in Kassel*: Das Bundessozialgericht entscheidet über Revisionen gegen Urteile der Landessozialgerichte, wenn

[75] Vgl. zum Folgenden Bundesministerium für Arbeit und Soziales (Hg.), Übersicht 2015, S. 1193–1205; Model/Creifelds, Staatsbürger-Taschenbuch, S. 1098–1103.

diese vom Landessozialgericht ausdrücklich zugelassen worden sind, über Beschwerden gegen die Nichtzulassung von Revisionen und über nichtverfassungsrechtliche Streitigkeiten zwischen dem Bund und den Ländern. Auch hier gibt es Fachsenate für die einzelnen Sachgebiete, die mit drei Berufsrichtern und zwei ehrenamtlichen Richtern besetzt sind. In grundsätzlichen Fragen oder zur Vereinheitlichung der Rechtsprechung entscheidet der Große Senat, der von einem Senat des Bundessozialgerichts angerufen wird.

Weitere Gesichtspunkte zur Sozialgerichtsbarkeit:

- Die *örtliche Zuständigkeit* richtet sich nach dem Wohnsitz bzw. Aufenthalt des Klägers. Klage kann auch am Beschäftigungsort erhoben werden.
- *Klagearten:* Es werden folgende Klagearten unterschieden:
  - *Anfechtungsklagen:* Diese beziehen sich auf einen für den Kläger nachteiligen Verwaltungsakt.
  - *Kombinierte Anfechtungs- und Leistungsklagen*: Es wird die Aufhebung eines Verwaltungsaktes *und* die Erbringung einer Sozialleistung anvisiert.
  - *Kombinierte Anfechtungs- und Verpflichtungsklagen*: Es soll ein Verwaltungsakt aufgehoben werden und zugleich wird eine Entscheidung über eine Ermessensleistung begehrt. Diesen Klagen muss jeweils ein Vorverfahren – Widerspruchsverfahren – vorausgehen, das der nochmaligen Überprüfung der Verwaltungsentscheidung dient.
  - *Leistungsklagen*: Diese zielen ab auf die Durchsetzung eines Anspruchs, ohne eine vorherige Aufhebung eines Verwaltungsaktes.
  - *Feststellungsklagen*: Klage einer Körperschaft oder Anstalt des öffentlichen Rechts zur Aufhebung der Anordnung einer Aufsichtsbehörde, wenn sie der Meinung ist, die betreffende Anordnung der Aufsichtsbehörde überschreite das Aufsichtsrecht.
  - *Untätigkeitsklagen*: Wenn ein Antrag zur Durchführung eines Verwaltungsaktes nicht in einer angemessenen Frist entschieden worden ist, dann kann nach sechs Monaten Klage zur Durchführung des Verwaltungsaktes erfolgen.
- *Verfahrensablauf*: Hier gilt das sog. Amtsprinzip, d. h. die Sozialgerichte ermitteln den Sachverhalt von Amts wegen und sind demzufolge nicht an die Vorgaben oder Anträge der Prozessbeteiligten gebunden.
- *Verfahrensbeteiligte* sind Kläger, Beklagte und Beigeladene (= Personen oder Behörden, deren Interessen durch die gerichtliche Entscheidung berührt werden).
- *Rechtsmittel im sozialgerichtlichen Verfahren* sind die Berufung gegen Urteile der Sozialgerichte, die Revision gegen Urteile der Landessozialgerichte soweit das Landessozialgericht diese zulässt oder das Bundessozialgericht sie zulässt und die Beschwerde gegen sonstige Entscheidungen der Sozialgerichte.

- *Verfahrensabschlüsse*: a) ohne gerichtliche Entscheidung durch Vergleich oder b) durch Gerichtsbescheid, d. h. ohne mündliche Verhandlung und ohne Mitwirkung der ehrenamtlichen Mitglieder und c) durch Urteil nach mündlicher Verhandlung.
- *Kosten der Verfahren*: Das Verfahren vor den Sozialgerichten ist für Versicherte, Leistungsempfänger oder Behinderte grundsätzlich kostenfrei.

4. Die Organisation des deutschen Sozialstaates

Nachdem im Kapitel 3 die Anspruchsberechtigungen und Leistungen der verschiedenen Bereiche des deutschen Sozialstaates beschrieben worden sind, richtet sich nun der Blick auf die organisatorische Ausgestaltung des Sozialstaates. Leitlinie ist hierbei vereinfacht formuliert die Fragestellung, wer ist grundsätzlich für die jeweiligen Leistungen zuständig bzw. wer sind die Ansprechpartner. Dabei kann angesichts der vielfältigen Strukturen und Ebenen selbstverständlich nur ein Überblick gegeben werden.[1]

4.1 Die Zweige der Sozialversicherung

Ein grundsätzliches Merkmal der Sozialversicherung im deutschen Sozialstaat ist seit ihrer Einführung vor mehr als 120 Jahren die Selbstverwaltung, die lediglich in der Zeit des Nationalsozialismus außer Kraft gesetzt war.[2] Seit 1977 ist das Buch IV des Sozialgesetzbuches (SGB) anstelle des Selbstverwaltungsgesetzes von 1951 für die Regelung der Selbstverwaltung zuständig. Die Ausführung der Sozialversicherung erfolgt nicht durch allgemeine staatliche oder kommunale Verwaltungen, sondern durch eigenständige, mit eigener Rechtspersönlichkeit ausgestattete Verwaltungen. Das maßgebliche Prinzip der Sozialversicherung ist dabei die Mitwirkung und Beteiligung der Betroffenen in den Organen der Selbstverwaltung.

Die Versicherungsträger führen die jeweilige Sozialversicherung als öffentliche Aufgaben eigenverantwortlich durch. Diese Träger – Krankenkassen, Pflegekassen, Berufsgenossenschaften, Deutsche Rentenversicherung, Bundesagentur für Arbeit – sind Körperschaften des öffentlichen Rechts und verwalten sich selbst durch entsprechende Organe, in denen Vertreter der Versicherten und der beteiligten Arbeitgeber in der Regel paritätisch sitzen. Dadurch sind die Betroffenen unmittelbar an der Selbstverwaltung beteiligt. Die Organe heißen außer bei den Krankenkassen Vertreterversammlung und Vorstand, wobei die Geschäftsführung zum Vorstand gehört. Bei den Krankenkassen besteht seit 1996 nur noch ein Verwaltungsrat als das einzige ehrenamtliche Gremium, dazu gibt es einen hauptamtlichen Vorstand.

Die Zusammensetzung der Selbstverwaltungsorgane erfolgt durch die alle sechs Jahre stattfindenden Sozialversicherungswahlen, bei denen die Versicherten und die Arbeitgeber ihre jeweiligen Vertreter getrennt mittels Vorschlagslisten wählen. Wahlberechtigte sind alle, die zu einer der Gruppen eines Versicherungsträgers gehören und mindestens 16 Jahre alt sind. Wählbar sind diejenigen, die volljährig

[1] Vgl., wenn nicht anders vermerkt, zu den folgenden Ausführungen die jeweiligen Verweise zu den einzelnen Bereichen oben im Kapitel 3.

[2] Vgl. Bundesministerium für Arbeit und Soziales (Hg.), Übersicht 2015, S. 855ff.

sind. Die Kandidatenlisten werden vorrangig von den Sozialpartnern, also den Gewerkschaften und den Arbeitgebervereinigungen erstellt.

Das höchste Organ eines Versicherungsträgers ist die Vertreterversammlung, sie ist das „Parlament" eines Trägers. In der Unfallversicherung hat die Vertreterversammlung das Recht zur Festlegung der Beiträge, in der Krankenversicherung ist aufgrund der Reformen der letzten Jahre nur noch die Befugnis zur Bestimmung des jeweiligen Zusatzbeitrags erhalten geblieben, den eigentlichen Krankenversicherungsbeitrag bestimmt der Bundesgesetzgeber. Auch die Beiträge der übrigen Sozialversicherungszweige werden gesetzlich geregelt. Abgesehen von den gesetzlich fixierten Regelleistungen können die Sozialversicherungen eigenständig Mehrleistungen festlegen.

Schließlich wählen die Vertreterversammlungen auch den Vorstand, der praktisch als ausführendes Verwaltungsorgan fungiert. Auf Vorschlag des Vorstands wird die Geschäftsführung gewählt. Des Weiteren bestimmen die Vertreterversammlungen noch die sog. Versicherungsältesten. Die Versicherungsältesten sollen die ortsnahe Betreuung und Beratung der Versicherten garantieren und stellen ein Bindeglied zwischen dem Versicherungsträger und den Versicherten dar.

Die jeweiligen Versicherungsträger haben das Recht, sich eine Satzung als „Verfassung" zu geben, in der sie ihren rechtlichen und organisatorischen Aufbau festlegen. Eine Satzung ist im Übrigen für alle Zweige der Sozialversicherung gesetzlich vorgeschrieben.

Die Beaufsichtigung der Sozialversicherungsträger übernimmt der Staat durch das Bundesversicherungsamt und die Versicherungsämter. Für Träger, deren Zuständigkeit über das Gebiet eines Bundeslandes hinausreicht, ist das Bundesversicherungsamt die Aufsichtsbehörde. Das Bundesversicherungsamt ist eine Bundesoberbehörde mit Sitz in Bonn, die dem Bundesministerium für Arbeit und Soziales untersteht. Für die Krankenversicherung und die Pflegeversicherung ist als oberste Aufsichtsinstanz das Bundesministerium für Gesundheit zuständig. Die Versicherungsämter fungieren als untere Verwaltungsbehörde. Die Länder haben das Recht, weitere Versicherungsämter einzurichten bzw. die Aufsicht auch durch die Fachministerien ausüben zu lassen. Die Aufsicht umfasst ganz allgemein die Einhaltung der Gesetze und maßgeblichen Rechtsvorschriften, die weitergehende Fachaufsicht besteht nur in einigen Bereichen wie in der Unfallverhütung und der Ersten Hilfe bei Arbeitsunfällen.

Zur Organisation der gesetzlichen Unfallversicherung:

Die Berufsgenossenschaften als Träger der gesetzlichen Unfallversicherung sind wie die anderen Träger der verschiedenen Zweige der Sozialversicherung rechtsfähige Körperschaften des öffentlichen Rechts und besitzen das Recht der Selbstverwaltung. Ihre Organe heißen Vorstand und Vertreterversammlung. Die Fachaufsicht zu den schon genannten Bereichen Unfallverhütung und Erste Hilfe bei Arbeitsunfällen liegt beim Bundesministerium für Arbeit und Soziales.

Bei den Trägern der gesetzlichen Unfallversicherung unterscheidet man zwischen den gewerblichen und den landwirtschaftlichen Berufsgenossenschaften, die seit 2013 zur „Sozialversicherung für Landwirtschaft, Forsten und Gartenbau" zusammengefasst werden sowie den Unfallversicherungsträgern der öffentlichen Hand. Die gewerblichen Berufsgenossenschaften sind nach Branchen gegliedert, die landwirtschaftlichen Berufsgenossenschaften, die Gemeindeunfallversicherungsverbände und Feuerwehrunfallkassen sind auf Regionen bezogen. Am 1. Januar 2015 bestanden neun gewerbliche Berufsgenossenschaften und 26 Unfallversicherungsträger der öffentlichen Hand.

Unter die Unfallversicherungsträger der *öffentlichen Hand* fallen die Unfallversicherung Bund und Bahn und seit Fusionen 2015 und 2016 die Berufsgenossenschaft Verkehrswirtschaft Post-Logistik Telekommunikation, die aus der Unfallkasse Post und Telekom und der Berufsgenossenschaft für Transport und Verkehr gebildet wurde[3], die von den Landesregierungen errichteten Unfallversicherungsträger im Landesbereich (Unfallkassen der Länder) und die Unfallversicherungsträger im kommunalen Bereich (Braunschweigischer Gemeinde-Unfallversicherungsverband, Gemeinde-Unfallversicherungsverband Hannover, Gemeinde-Unfallversicherungsverband Oldenburg und die Kommunale Unfallversicherung Bayern) sowie die Feuerwehr-Unfallkassen (Feuerwehr-Unfallkasse Brandenburg, Feuerwehr-Unfallkasse Niedersachsen, Feuerwehr-Unfallkasse Mitte der Länder Sachsen-Anhalt und Thüringen, Hanseatische Feuerwehr-Unfallkasse Nord). Es besteht für alle Unternehmen Pflichtmitgliedschaft in einer Berufsgenossenschaft.

Folgende *gewerbliche Berufsgenossenschaften* bestehen derzeit: Berufsgenossenschaft Rohstoffe und chemische Industrie, Berufsgenossenschaft Holz und Metall, Berufsgenossenschaft Energie, Textil, Elektro, Medienerzeugnisse, Berufsgenossenschaft Nahrungsmittel und Gastgewerbe, Berufsgenossenschaft der Bauwirtschaft, Berufsgenossenschaft Handel und Warendistribution, Verwaltungsberufsgenossenschaft, Berufsgenossenschaft Verkehrswirtschaft Post-Logistik Telekommunikation, Berufsgenossenschaft Gesundheitsdienst und Wohlfahrtspflege.

Als Spitzenverband der gewerblichen Berufsgenossenschaften und den Unfallversicherungsträgern der öffentlichen Hand fungiert die Deutsche Gesetzliche Unfallversicherung (DGUV) in Berlin.

b) *Zur Organisation der gesetzlichen Rentenversicherung:*

Seit 2005 bestehen eine allgemeine Rentenversicherung, da die Unterscheidung von Angestellten und Arbeitern aufgehoben wurde, eine knappschaftliche Rentenversicherung und eine Alterssicherung für Landwirte. Die bisherige Unterschei-

[3] Vgl. Bundesministerium für Arbeit und Soziales (Hg.), Übersicht 2018/2019, S. 584f.

dung zwischen der von den Landesversicherungsanstalten durchgeführten Rentenversicherung für Arbeiter und der von der Bundesversicherungsanstalt für Angestellte durchgeführten Rentenversicherung für Angestellte wurde somit abgeschafft. Nunmehr ist die Deutsche Rentenversicherung Bund -ehemalige Bundesversicherungsanstalt für Angestellte – zuständig.

Die gesetzliche Rentenversicherung gliedert sich in die Deutsche Rentenversicherung Bund und in 14 Regionalträger, die bisherigen Landesversicherungsanstalten:

- Deutsche Rentenversicherung Baden-Württemberg
- Deutsche Rentenversicherung Bayern Süd
- Deutsche Rentenversicherung Berlin-Brandenburg
- Deutsche Rentenversicherung Braunschweig-Hannover
- Deutsche Rentenversicherung Hessen
- Deutsche Rentenversicherung Mitteldeutschland
- Deutsche Rentenversicherung Nord
- Deutsche Rentenversicherung Nordbayern
- Deutsche Rentenversicherung Oldenburg-Bremen
- Deutsche Rentenversicherung Rheinland
- Deutsche Rentenversicherung Rheinland-Pfalz
- Deutsche Rentenversicherung Saarland
- Deutsche Rentenversicherung Schwaben
- Deutsche Rentenversicherung Westfalen

Die vormalige Bundesknappschaft, Bundesbahnversicherungsanstalt und die Seekasse sind nunmehr in die Deutsche Rentenversicherung Knappschaft-Bahn-See zusammengefasst. Letztere und die Deutsche Rentenversicherung Bund sind Bundesträger.

Wie die anderen Träger der verschiedenen Zweige der Sozialversicherung sind auch die Rentenversicherungsträger öffentlich-rechtliche Körperschaften mit dem Recht der Selbstverwaltung.

Organisation der Alterssicherung für Landwirte:

Die Organisation für die Alterssicherung für Landwirte übernimmt seit 2013 als Gesamtträger für alle Sozialversicherungen im landwirtschaftlichen Bereich der Bundesträger „Sozialversicherung für Landwirtschaft, Forsten und Gartenbau" anstelle der bisherigen landwirtschaftlichen Alterskassen.

c) *Zur Organisation der gesetzlichen Krankenversicherung:*

Träger der gesetzlichen Krankenversicherung sind die gesetzlichen Krankenkassen, bei denen es sich um rechtsfähige Körperschaften des öffentlichen Rechts mit Selbstverwaltung handelt. Ihre Zahl hat sich im Lauf der letzten Jahre und Jahrzehnte erheblich vermindert. Seit 1997 herrscht freie Kassenwahl für Arbeitnehmer. Im Einzelnen unterscheidet man in unserem System der gegliederten Krankenversicherung zum Stichtag 1. Januar 2018

(a) 11 Ortskrankenkassen

(b) 85 Betriebskrankenkassen

(c) 6 Innungskrankenkassen

(d) 1 Landwirtschaftliche Krankenkasse

(e) 1 Deutsche Rentenversicherung Knappschaft-Bahn-See

(f) 6 Ersatzkassen.

Die Krankenkassen sind zwar finanziell und organisatorisch selbstständig, unterstehen aber staatlicher Aufsicht. Die Organe der gesetzlichen Kassen heißen hier Verwaltungsrat und Vorstand. Der Verwaltungsrat ist zuständig für die Wahl des hauptamtlichen Vorstands, der die laufenden Geschäfte führt. Gewählt wird der paritätisch zusammengesetzte ehrenamtliche Verwaltungsrat von den Arbeitgebern und den Versicherten bei den alle sechs Jahre stattfindenden Sozialwahlen.

Nur kurz sei erwähnt, dass sich die verschiedenen Krankenkassen auch zu überregionalen Krankenkassenverbänden zusammenschließen können. Es gibt also Landesverbände bei den Orts-, Betriebs- und Innungskrankenkassen. Auf der Bundesebene besteht ein von den Krankenkassen gebildeter Spitzenverband Bund, der die Krankenkassen im Rahmen der Selbstverwaltung vertritt und hier u. a. Kollektivverträge auf Bundesebene abschließt (GKV-Spitzenverband in Berlin).

Zusätzlich zu ihren originären Aufgaben gemäß SGB V übernehmen die Krankenkassen auch die Einziehung der Beiträge für die Pflege-, Renten- und Arbeitslosenversicherung.

Vertragspartner der Krankenkassen – auf Landesebene die Landesverbände der Krankenkassen und auf Bundesebene der GKV-Bund – sind die Kassenärztlichen Vereinigungen und die Kassenärztliche Bundesvereinigung, die die vertragsärztliche Versorgung sicherstellen müssen. Mitglieder der Kassenärztlichen Vereinigungen sind die zugelassenen Vertragsärzte, die ihr Honorar von den Kassenärztlichen Vereinigungen und nicht von den Krankenkassen erhalten. Letztere zahlen eine morbiditätsbedingte Gesamtvergütung an die Kassenärztliche Vereinigung. Die Kassenärztlichen Vereinigungen sind ebenfalls Körperschaften des öffentlichen Rechts mit Selbstverwaltung.

d) *Zur Organisation der sozialen Pflegeversicherung:*

Die Träger der sozialen Pflegeversicherung heißen Pflegekassen und sind bei den gesetzlichen Krankenkassen angesiedelt, bei denen der Pflegebedürftige gesetzlich krankenversichert ist. Eigenes Personal haben die Pflegekassen nicht, die Aufgaben werden vom Personal der Krankenkassen übernommen. Auch die Pflegekassen sind rechtsfähige Körperschaften des öffentlichen Rechts mit dem Recht auf Selbstverwaltung. Die Organe der Pflegekasse sind die Organe der Krankenkasse, bei der die Pflegekassen errichtet sind.

Die Pflegekassen schließen zwecks Sicherstellung der häuslichen, teilstationären und stationären Pflege mit ambulanten und stationären Pflegeeinrichtungen Versorgungsverträge. Parteien dieser Versorgungsverträge sind auf Seiten der Pflegeversicherung die Landesverbände der Pflegekassen und auf Seiten der Leistungserbringer die Träger der ambulanten und stationären Pflegeeinrichtungen. Die Pflegeeinrichtungen müssen dabei gewährleisten, dass die Einrichtungen unter der Verantwortung einer ausgebildeten Pflegefachkraft stehen, dass sie eine leistungsfähige und wirtschaftliche pflegerische Versorgung bieten, dass sie für ihr Personal die ortsübliche Arbeitsvergütung zahlen, ein Qualitätsmanagement aufweisen und sich verpflichten, alle verbindlichen Expertenstandards zur Pflegequalität anzuwenden.

e) *Zur Organisation der gesetzlichen Arbeitslosenversicherung:*

Die Bundesagentur für Arbeit – vormals Bundesanstalt für Arbeit – ist eine Behörde des Bundes und steht unter der Aufsicht des Bundesministeriums für Arbeit und Soziales. Die gesetzliche Grundlage bildet das Sozialgesetzbuch (SGB) III §§ 367 ff.

Die Bundesagentur gliedert sich in einen Hauptsitz mit der Zentrale in Nürnberg und 10 Regionaldirektionen, nämlich Baden-Württemberg, Bayern, Berlin-Brandenburg, Hessen, Niedersachsen-Bremen, Nord (umfasst Hamburg, Mecklenburg-Vorpommern und Schleswig-Holstein), Nordrhein-Westfalen, Rheinland-Pfalz-Saarland, Sachsen und Sachsen-Anhalt-Thüringen. Die Regionaldirektionen sind insgesamt zuständig für 156 örtliche Agenturen und mehr als 600 Geschäftsstellen. Des Weiteren bestehen als gemeinsame Einrichtungen 303 Jobcenter, die von den Agenturen für Arbeit zusammen mit kreisfreien Städten bzw. Landkreisen betrieben werden.

Die Bundesagentur für Arbeit ist eine Körperschaft des öffentlichen Rechts mit dem Recht der Selbstverwaltung. Die Selbstverwaltungsorgane heißen bei der Zentrale Verwaltungsrat und bei den lokalen Agenturen Verwaltungsausschüsse. Die Mitglieder der Selbstverwaltungsgremien stellen zu je einem Drittel Arbeitgebervertreter, Gewerkschaftsvertreter und Vertreter der öffentlichen Hand.

4.2 Das System der Grundsicherung und die Sozialhilfe

Die Träger der *Grundsicherung für Arbeitsuchende* sind die Bundesagentur für Arbeit und die kommunalen Träger, also die kreisfreien Städte und Kreise. Letztere sind zuständig für Unterkunft und Heizung, Kinderbetreuung, Schuldner- und Suchtberatung, psychosoziale Beratung und einmalige Bedarfe.

Ansonsten liegt die Zuständigkeit bei der Bundesagentur für Arbeit, die gemeinsam mit den kommunalen Trägern die sog. Jobcenter als einheitliche Anlaufstelle bilden. Davon abweichend bestanden ursprünglich 69 Kommunen – mittlerweile 106 kreisfreie Städte[4] und Landkreise –, die als sog. Optionskommunen die gesamte Grundsicherung für Arbeitssuchende übernehmen, d. h. auch die Aufgaben der Bundesagentur für Arbeit. Auch die Optionskommunen heißen seit 1. Januar 2011 Jobcenter.

Grundsicherung im Alter und bei Erwerbsminderung:

Die gesamte Durchführung der Grundsicherung im Alter und bei Erwerbsminderung erfolgt durch die von den Ländern bestimmten Träger. Die Länder haben demzufolge die Träger der Sozialhilfe dazu bestimmt, d. h. die Landkreise und die kreisfreien Städte.

Sozialhilfe (im engeren Sinn):

Zuständig für die Sozialhilfe sind als örtliche Träger („Sozialamt") die Landkreise und die kreisfreien Städte, soweit nicht der überörtliche Träger zuständig ist. Nach Landesrecht wird entschieden, wer überörtlicher Träger der Sozialhilfe ist, da das SGB XII dies nicht bestimmt. Somit können sowohl kommunale Selbstverwaltungskörperschaften wie auch staatliche Behörden als überörtliche Träger fungieren. Im Übrigen haben die Länder auch das Recht, kreisangehörige Gemeinden bei Eignung als örtliche Träger festzulegen.

Solange keine Zuständigkeit des überörtlichen Träger besteht, sind die örtlichen Träger immer zuständig. Überörtliche Träger der Sozialhilfe übernehmen vielfach Aufgaben in der Sozialhilfe, die über den örtlichen Bereich hinausreichen wie die Eingliederungshilfe, die Hilfe zur Pflege, die Hilfe zur Überwindung besonderer sozialer Schwierigkeiten und die Blindenhilfe. Die Länder haben auch das Recht, den überörtlichen Trägern Aufgaben zuzuweisen. Des Weiteren ist hinsichtlich der örtlichen Zuständigkeit der tatsächliche Aufenthaltsort der Leistungsberechtigten maßgebend. Für die Sozialhilfe für sich im Ausland befindliche Deutsche ist der überörtliche Träger der Sozialhilfe zuständig, in dessen Bezirk der Antragsteller geboren wurde.

---

[4] Liste der Optionskommunen zum Stand 30.06.2013 bei http://www.sgb2.info/bild/zugelassene-kommunale-tr-ger-liste.

4.3 Die Kinder- und Jugendhilfe

Die Jugendhilfe wird von öffentlichen und freien Trägern durchgeführt.

(a) *Träger der öffentlichen Jugendhilfe*:

Hier unterscheidet man zwischen den *örtlichen Trägern*, d. h. den Kreisen und kreisfreien Städten und den *überörtlichen Trägern*, die vom jeweiligen Landesrecht festgelegt werden.

Jeder örtlicher Träger errichtet zur Erfüllung der Aufgaben der Jugendhilfe gemäß SGB VIII ein *Jugendamt,* auf der überörtlichen Ebene in der Regel *Landesjugendämter.* Die Aufgaben des Jugendamtes werden durch den Jugendhilfeausschuss und durch die Verwaltung des Jugendamtes wahrgenommen. Der Jugendhilfeausschuss besteht zu drei Fünftel aus Mitgliedern der jeweiligen Vertretungskörperschaft und zu zwei Fünftel aus Personen, die auf Vorschlag der Träger der freien Jugendhilfe von der Vertretungskörperschaft gewählt werden. Dabei sind Vorschläge der Jugendverbände und der Wohlfahrtsverbände angemessen zu berücksichtigen.

Der Jugendhilfeausschuss beschäftigt sich mit aktuellen Problemlagen junger Menschen und ihrer Familien sowie mit Anregungen und Vorschlägen zur Weiterentwicklung der Jugendhilfe, der Jugendhilfeplanung und der Förderung der freien Jugendhilfe.

Grundsätzlich ist der örtliche Träger, d. h. das Jugendamt, sachlich zuständig, außer dem überörtlichen Träger wird eine Angelegenheit gesetzlich zugewiesen. Die örtliche Zuständigkeit richtet sich nach dem Wohnsitz der Eltern, der Mutter bei einem nichtehelichen Kind oder den Pflegepersonen. Der örtliche Träger ist zuständig für die Gewährung von Leistungen und anderen Aufgaben nach dem SGB VIII § 85 Abs. 1, der überörtliche Träger ist zuständig für Aufgaben nach SGB VIII § 85 Abs. 2. Unter die Zuständigkeit des überörtlichen Trägers fallen u. a.

- die Beratung der örtlichen Träger
- die Förderung der Zusammenarbeit zwischen den örtlichen Trägern und den anerkannten Trägern der freien Jugendhilfe, insbesondere bei der Planung und Sicherstellung eines bedarfsgerechten Angebots an Hilfen zur Erziehung
- Eingliederungshilfen für seelisch behinderte Kinder und Jugendliche
- Hilfen für junge Volljährige
- die Anregung und Förderung von Einrichtungen, Diensten und Veranstaltungen sowie deren Schaffung und Betrieb, soweit sie den örtlichen Bedarf übersteigen; dazu gehören insbesondere Einrichtungen, die eine Schul- oder Berufsausbildung anbieten, sowie Jugendbildungsstätten

- die Planung, Anregung, Förderung und Durchführung von Modellvorhaben zur Weiterentwicklung der Jugendhilfe
- die Beratung der örtlichen Träger, insbesondere bei der Auswahl einer Einrichtung oder der Vermittlung einer Pflegeperson in schwierigen Einzelfällen
- die Wahrnehmung der Aufgaben zum Schutz von Kindern und Jugendlichen in Einrichtungen
- die Beratung der Träger von Einrichtungen während der Planung und Betriebsführung
- die Fortbildung von Mitarbeitern in der Jugendhilfe
- die Erteilung der Erlaubnis zur Übernahme von Pflegschaften oder Vormundschaften durch einen rechtsfähigen Verein.

Am Beispiel *Bayerns* ist die Kinder- und Jugendhilfe wie folgt aufgebaut:

Es bestehen drei oberste Landesbehörden in der Jugendhilfe, nämlich das Staatsministerium für Arbeit und Soziales, das zuständig ist für Leistungen und andere Aufgaben nach dem SGB VIII, außer diese fallen unter die Zuständigkeit des Kultusministeriums, das Staatsministerium des Inneren als oberste Rechtsaufsichtsbehörde für die Landkreise und kreisfreien Städte und damit auch zuständig für die Jugendämter und das Staatsministerium für Unterricht und Kultus mit der Verantwortung für Jugendarbeit und Jugendsozialarbeit sowie für damit zusammenhängende Aufgaben des Kinder- und Jugendschutzes. *Überörtlicher Träger* ist das Land Bayern, die Aufgaben des überörtlichen Trägers der öffentlichen Jugendhilfe übernimmt hier das Bayerische Landesjugendamt, das beim Zentrum Bayern Familie und Soziales, einer dem Staatsministerium für Arbeit und Sozialordnung, Familie und Integration unmittelbar nachgeordneten Landesbehörde, errichtet ist.

Die Aufgaben des Landesjugendamtes nehmen der Landesjugendhilfeausschuss und die Verwaltung des Landesjugendamtes wahr. Hinsichtlich des Betriebs von Einrichtungen zur Betreuung von Kindern und Jugendlichen sind die – in Bayern sieben – Bezirke jeweils der zuständige überörtliche Träger. Örtliche Träger der Jugendhilfe in Bayern sind die Landkreise und kreisfreien Städte, es bestehen 96 Jugendamtsbezirke. Die Rechtsaufsicht über die Landkreise und kreisfreien Gemeinden liegt bei der jeweiligen Bezirksregierung. Die Kreis- und Stadtjugendringe können als örtliche Träger für den Bereich der Jugendarbeit fungieren, wenn die Aufgaben vom Jugendamt delegiert wurden, allerdings bleibt die Gesamtverantwortung beim Jugendamt. Schließlich erfüllen die kreisangehörigen Gemeinden, ohne selbst Träger der Jugendhilfe zu sein, Aufgaben im Bereich der örtlichen Jugendarbeit und der Kindertagesstätten im Rahmen ihrer Leistungsfähigkeit.

(b) *Träger der freien Jugendhilfe:*

Um eine Förderung zu erhalten, bedürfen Träger der freien Jugendhilfe einer Anerkennung. Für diese ist es erforderlich, dass man auf dem Gebiet der Jugendhilfe tätig ist, gemeinnützige Ziele verfolgt, über die notwendigen sachlichen und personellen Mittel für einen Beitrag zur Jugendhilfe verfügt und schließlich muss die Arbeit den Zielen des Grundgesetzes förderlich sein. Die Träger der öffentlichen Jugendhilfe sollen im Übrigen die freiwillige Tätigkeit in der Jugendhilfe anregen und fördern.

Die wichtigsten *Träger der freien Jugendhilfe* sind die folgenden Spitzenverbände der freien Wohlfahrtsverbände:

Das Deutsche Rote Kreuz (DRK), das Diakonische Werk (DW) der evangelischen Kirche, der Deutsche Caritas-Verband der katholischen Kirche, die Arbeiterwohlfahrt (AWO), der Deutsche Paritätische Wohlfahrtsverband (DPWV) und die Zentralwohlfahrtsstelle der Juden in Deutschland (ZWST).

Nur kurz erwähnt sei, dass die Bundesregierung in jeder Legislaturperiode durch die Jugendberichtskommission einen Jugendbericht über die Lage junger Menschen und über die Bestrebungen und Leistungen der Jugendhilfe erstellen lassen muss.

4.4 Die Rehabilitation und Teilhabe behinderter Menschen

Grundsätzlich sind für Aufklärung, Auskunft und Beratung die Sozialleistungsträger, also vor allem die verschiedenen Zweige der Sozialversicherung, die Träger der sozialen Entschädigung, die Träger der öffentlichen Jugendhilfe und die Träger der Grundsicherung sowie Ärzte und Landesärzte zuständig. Gemäß SGB IV § 22ff. bestehen für diese Aufgaben gemeinsame Servicestellen der Rehabilitationsträger in allen Landkreisen und kreisfreien Städten.

Bis 2001 waren die Hauptfürsorgestellen für alle Belange behinderter Menschen nach dem Schwerbehindertengesetz zuständig, seitdem ist dies die Aufgabe der Integrationsämter.[5] Das Integrationsamt ist also die zuständige Behörde für das Schwerbehindertenrecht (SGB IX), die mit den Rehabilitationsträgern und den Arbeitgebern bzw. Arbeitgeberverbänden, Gewerkschaften wie auch den Behindertenverbänden eng zusammenarbeitet. Als begleitende Hilfe im Arbeitsleben fungieren die Integrationsämter in enger Kooperation mit der Bundesagentur für Arbeit, die unter den Rehabilitationsträgern vorrangig die Leistungen zur Teilhabe am Arbeitsleben erbringt, und den Arbeitgebern. Sie sind auch zuständig für den besonderen Kündigungsschutz und für die von den Betrieben gegebenenfalls zu entrichtende Ausgleichsabgabe.

Die Integrationsämter sind in den einzelnen Bundesländern auf kommunaler oder staatlicher Ebene organisiert. Die Länder können einzelne Aufgaben der Integrationsämter nach dem Schwerbehindertenrecht auf örtliche sogenannte Fachstellen

[5] Vgl. auch https://www.integrationsaemter.de/Fachlexikon/Integrationsfachdienst/77c438i1p/index.html.

oder auch Versorgungsämter delegieren: In Baden-Württemberg ist das Integrationsamt dem dortigen Kommunalverband für Jugend und Soziales angegliedert, in Bayern gehört es zum Zentrum Bayern Familie und Soziales, in Hessen ist es beim Landeswohlfahrtsverband Hessen angesiedelt, in Nordrhein-Westfalen sind die Landschaftsverbände „Rheinland“ und „Westfalen-Lippe“ zuständig und in Sachsen-Anhalt sind die entsprechenden Aufgaben dem dortigen Landesverwaltungsamt übertragen.

Auf Bundesebene haben sich die Integrationsämter mit den Hauptfürsorgestellen zur Bundesarbeitsgemeinschaft der Integrationsämter und Hauptfürsorgestellen (BIH) zusammengeschlossen, die heute aus 17 Integrationsämtern und Hauptfürsorgestellen besteht. Zusätzlich unterstützen sog. Integrationsfachdienste von freien Trägern die Integrationsämter, die Agenturen für Arbeit bei der Arbeitsvermittlung, die Arbeitgeber und die weiteren beteiligten Rehabilitationsträger beim gesamten Prozess der Teilhabe behinderter Menschen am Arbeitsleben. Dies ist geregelt in SGB IX § 102 und § 109ff. Die Integrationsfachdienste werden von den Integrationsämtern beauftragt und aus den Mitteln der Ausgleichsabgabe finanziert. In jedem Bezirk einer Agentur für Arbeit ist mindestens ein derartiger Integrationsfachdienst angesiedelt.

Schließlich ist noch auf das Internetportal „einfach-teilhaben.de“ des Bundesministeriums für Arbeit und Soziales als umfassendes Informationsangebot für Menschen mit Behinderungen, ihre Angehörigen und die Arbeitgeber zu verweisen.

4.5 Das Asylbewerberleistungsgesetz

Die Entscheidung über einen Asylantrag trifft das Bundesamt für Migration und Flüchtlinge mit Sitz in Nürnberg (Zentrale) und 24 über ganz Deutschland verteilten Außenstellen. Die Asylbewerber werden gemäß einem bundesweiten Verteilungsschlüssel, dem Königsteiner Schlüssel, auf die 16 Bundesländer verteilt und hierbei wird auch die zuständige Aufnahmeeinrichtung festgelegt, wo sie längstens für drei Monate wohnen müssen. Nach der Erstaufnahmeeinrichtung ist ein Aufenthalt in Gemeinschaftsunterkünften vorgesehen.

Die Umsetzung *des Asylbewerberleistungsgesetzes* erfolgt in der Verantwortung des jeweiligen Bundeslandes, das auch die Kosten tragen muss. Die Landesregierungen oder die von ihnen beauftragten obersten Landesbehörden bestimmen diejenigen Behörden und Kostenträger, die für die Durchführung des Gesetzes zuständig sind:

In *Bayern* ist zuständig das Staatsministerium für Arbeit und Soziales, Familie und Integration, in *Brandenburg* das Ministerium für Arbeit, Soziales, Gesundheit, Frauen und Familie, in *Berlin* die Senatsverwaltung für Gesundheit und Soziales, in *Hamburg* die Behörde für Arbeit, Soziales, Familie und Integration, in *Hessen* das Ministerium für Soziales und Integration, in *Bremen* die Senatorin für Soziales,

Kinder, Jugend und Frauen, in *Baden-Württemberg* das Ministerium für Integration, in *Mecklenburg-Vorpommern, Saarland, Sachsen-Anhalt* und *Niedersachsen* jeweils das Ministerium für Inneres und Sport, in *Nordrhein-Westfalen* und *Thüringen* das Ministerium für Inneres und Kommunales, in *Rheinland-Pfalz* das Ministerium des Innern, für Sport und Infrastruktur, in *Sachsen* das Staatsministerium des Innern und in *Schleswig-Holstein* das Ministerium für Inneres und Bundesangelegenheiten.

4.6 Das System der Arbeitsbeziehungen

Arbeitsschutz:

Die Einhaltung der Vorschriften zum Arbeitsschutz überwachen die Gewerbeaufsichtsämter. Die Überwachung der Vorschriften des Jugendarbeitsschutzgesetzes erfolgt durch das Gewerbeaufsichtsamt, in Berlin und Hamburg durch das Amt für Arbeitsschutz.

Arbeitsbeziehungen im Betrieb und das Tarifwesen:

Die Organisation der Arbeitsbeziehungen im Betrieb – Betriebsverfassungsgesetz und Mitbestimmungsgesetz – wurde oben in den betreffenden Kapiteln bereits dargestellt, so dass an dieser Stelle nicht mehr darauf eingegangen werden muss. Das System der Arbeitsbeziehungen im deutschen Sozialstaat in Bezug auf das Tarifwesen wird maßgeblich von den Tarifpartnern bzw. den Sozialpartnern bestimmt und ausgestaltet. Hier stehen also die Gewerkschaften und die Arbeitgeber bzw. die Arbeitgeberverbände im Zentrum. Verfassungsrechtlich ist das Recht zur Bildung arbeitsrechtlicher Koalitionen in Art. 9 Abs. 3 des Grundgesetzes garantiert.

Seit 1945 besteht eine von Weltanschauungen oder berufsständischen Orientierungen weitgehend unabhängige Einheitsgewerkschaft, nämlich der Deutsche Gewerkschaftsbund (DGB) als Dachverband von acht Einzelgewerkschaften (Mitglieder im Jahr 2019)[6]: IG (= Industriegewerkschaft) Metall: 2 262 571, Vereinigte Dienstleistungsgewerkschaft (ver.di): 1 955 080, IG Bergbau, Chemie, Energie (IG BCE): 618 312, IG Bauen-Agrar-Umwelt (IG BAU): 240 146, Gewerkschaft Erziehung und Wissenschaft (GEW): 280 343, Gewerkschaft Nahrung-Genuss-Gaststätten (NGG): 197 791, Eisenbahn- und Verkehrsgewerkschaft (EVG): 185 793, Gewerkschaft der Polizei (GdP): 194 926.

Die Einzelgewerkschaften sind entsprechend dem Industrieprinzip organisiert, d.h. sie vertreten alle Arbeitnehmer einer Industrie oder Branche unabhängig vom jeweiligen Beruf. Sie führen auch die Tarifverhandlungen. Daneben existieren noch als Arbeitnehmervertretungen der Deutsche Beamtenbund und die Christlichen Gewerkschaften. In den letzten Jahren sind kleinere Berufsgewerkschaften sehr aktiv aufgetreten wie z.B. der Marburger Bund für die Ärzte, die Pilotenver-

[6] Die Mitgliedzahlen nach http://www.dgb.de/uber-uns/dgb-heute/mitgliederzahlen/2010.

einigung Cockpit oder die Gewerkschaft der Lokführer (GdL) und versuchen nachhaltig ihre spezifischen Interessen durchzusetzen. Erste politische Antworten auf diese neuen Tendenzen sind bereits in der Diskussion, wie die Debatte um das Tarifeinheitsgesetz zeigt.

Auf Seiten der *Arbeitgeber* agiert als Spitzenverband die Bundesvereinigung der Deutschen Arbeitgeberverbände (BDA), in dem die einzelnen Arbeitgeberverbände zusammengeschlossen sind. Diese sind ähnlich den Gewerkschaften nach Fachverbänden je nach Branche gegliedert und regional in Landesverbände bzw. lokale Untergliederungen unterteilt. Sie sind zuständig für die Tarifverhandlungen. Derzeit sind in der BDA 51 Bundesfachverbände und 14 Landesvereinigungen organisiert.

4.7 Die soziale Entschädigung

Kriegsopferversorgung/Opferentschädigung/Impfopferentschädigung: Das Bundesversorgungsgesetz wird von den Ländern mit ihren dafür vorgesehenen Behörden umgesetzt, also den Landesversorgungsämtern, Versorgungsämtern, orthopädischen Versorgungsstellen und Versorgungskuranstalten. Die Kriegsopferfürsorge liegt bei den Kreisen und kreisfreien Städten. In manchen Bundesländern heißen die entsprechenden Einrichtungen Amt für Versorgung und Familienförderung, Amt für Familie und Soziales oder Amt für Versorgung und Soziales. In Baden-Württemberg liegt die Zuständigkeit bei den Landratsämtern, in Nordrhein-Westfalen bei den Landschaftsverbänden und in Sachsen beim Kommunalen Sozialverband.

Durchgeführt wird die Versorgung von den Versorgungsämtern und den angeschlossenen orthopädischen Versorgungsstellen, wobei sich die Zuständigkeit nach dem Wohnsitz oder dem gewöhnlichen Aufenthalt des Antragstellers richtet.

Entschädigung sonstiger Kriegsfolgen:

Für die Aufnahme der Spätaussiedler gibt es die Erstaufnahmeeinrichtung in Friedland und entsprechende Aufnahmehilfen. Die meisten Hilfen für Aussiedler finanziert der Bund. Organisatorisch zuständig für das Aufnahmeverfahren ist das Bundesverwaltungsamt in Köln. Das Bundesverwaltungsamt bescheinigt die Spätaussiedlereigenschaft und die Berechtigung zur Teilnahme am Integrationskurs. Die Versorgungsleistungen an ehemalige politische Häftlinge gewähren die Versorgungsämter, darüber hinaus gibt es in Bonn eine Stiftung für ehemalige politische Häftlinge. Leistungen für Kriegsgefangene und Heimkehrer können beim Bundesverwaltungsamt beantragt werden.

4.8 Die familienpolitischen Leistungen

Wohngeld:

Grundsätzlich werden die Wohngeldbehörden vom Landesrecht oder von den Landesregierungen bestimmt, letztere können diese Zuständigkeiten auf oberste Landesbehörden übertragen. In der Regel muss das Wohngeld bei der jeweils zuständigen Wohngeldbehörde der Gemeinde-, Stadt-, Amts- oder Kreisverwaltung beantragt werden.

Ausbildungsförderung:

Grundsätzlich sind die Ämter für Ausbildungsförderung an den Universitäten für die Ausbildungsförderung zuständig.[7] Für die Studierendenförderung nach dem *BAföG im Inland* sind – abgesehen von Rheinland-Pfalz – die Studentenwerke der Hochschulen zuständig, an denen die Immatrikulation erfolgt. Es handelt sich hierbei um Anstalten des öffentlichen Rechts. Die Förderung einer Auslandsausbildung erfolgt durch bestimmte Förderungsämter, die als Auslandsämter fungieren. Dabei gibt es achtzehn Auslandsämter, die jeweils für einen ausländischen Staat oder auch mehrere ausländische Staaten zuständig sind.

Beispielsweise ist es Aufgabe des Studierendenwerks Hamburg, Amt für Ausbildungsförderung, die Auslandsförderung für die Vereinigten Staaten von Amerika zu übernehmen. Das Amt für Ausbildungsförderung bei der Kreisverwaltung Mainz-Bingen kümmert sich um Auslandsförderung für Frankreich.[8] Für die Förderung von Auszubildenden an Abendgymnasien, Kollegs, Höheren Fachschulen und Akademien ist das Amt für Ausbildungsförderung zuständig, in dessen Bezirk sich die Ausbildungsstätte befindet, für die übrigen Schüler sind es die Ämter für Ausbildungsförderung bei den Städten oder den Kreisverwaltungen jeweils am Wohnort der Eltern.[9]

Für die Gewährung der Förderung einer *Aufstiegsfortbildung* sind im Normalfall die kommunalen Ämter für Ausbildungsförderung bei den Kreisen und kreisfreien Städten zuständig. Davon abweichend ist in Hamburg die Handwerkskammer Hamburg dafür zuständig, in Hessen die jeweiligen Ämter für Ausbildungsförderung bei den Studentenwerken, in Niedersachsen und Bremen die Investitions- und Förderbank Niedersachsen (N Bank) in Hannover, in Nordrhein-Westfalen ist es die Bezirksregierung Köln (Amt für Ausbildungsförderung in Aachen), in Sachsen die Handwerkskammern und Industrie- und Handelskammern in Chemnitz, Dresden und Leipzig sowie die Landesdirektion Chemnitz (Landesamt für Aus-

---

[7] Vgl. die Zusammenstellung der Hochschulen und zuständigen Institutionen bei Bundesministerium (Hg.), für Arbeit und Soziales (Hg.), Übersicht 2015, S. 1043 – 1057.

[8] Vollständige Übersicht über die Zuständigkeiten für die einzelnen Staaten bei Bundesministerium (Hg.), für Arbeit und Soziales (Hg), Übersicht 2015, S. 1035f.

[9] Adressen findet man im Internet unter www.bafoeg.de.

bildungsförderung), in Schleswig-Holstein die Investitionsbank des Landes Schleswig-Holstein in Kiel und in Thüringen das Thüringer Landesverwaltungsamt.

Zuständig für die *Bildungskredite* ist das Bundesverwaltungsamt in Köln, wobei man den Kreditantrag auch über das Internet bei www.bildungskredit.de stellen kann.

Kindergeld und Kinderzuschlag:

Die Auszahlung des Bundeskindergeldes erfolgt, außer bei Angehörigen des öffentlichen Dienstes, durch die „Familienkassen", die bei der Bundesagentur für Arbeit als eigenständige Dienststellen angesiedelt sind. Dort muss man auch das Kindergeld beantragen. Örtlich ist die für den Wohnort oder gewöhnlichen Aufenthaltsort des Kindergeldberechtigten zuständige Familienkasse der Ansprechpartner. Für Berechtigte, die im Ausland ihren Wohnsitz haben oder im Ausland erwerbstätig sind, bestehen gesonderte Zuständigkeiten:

So ist für die Niederlande und Belgien die Familienkasse Aachen, für Luxemburg und Frankreich die Familienkasse Saarbrücken, wenn sich der letzte inländische Arbeitgeber in Rheinland-Pfalz oder im Saarland befand, zuständig, ansonsten ist für alle Berechtigten in Frankreich oder der Schweiz die Familienkasse Offenburg zuständig, für Österreich die Familienkasse Passau, für Grenzgänger aus Polen oder Tschechien die Familienkasse Bautzen und ansonsten die Familienkasse Nürnberg.

Angehörige des öffentlichen Dienstes erhalten das Kindergeld von ihren Dienststellen.

Baukindergeld

Da das Baukindergeld als kfw-Programm ausgestaltet ist, muss ein online-Antrag für den Zuschuss im KfW-Zuschussportal gestellt werden: (www.kfw.de/zuschussportal) Die Beantragung muss innerhalb von sechs Monaten nach dem Einzug in das Wohneigentum erfolgen. Eine Antragstellung vor dem Einzug in das Wohneigentum ist nicht zulässig, so dass derartige Anträge abgelehnt werden.

Elterngeld und Betreuungsgeld (nur Bayern):

Elterngeld und Elterngeld plus werden vom Bund finanziert. Diese Leistungen müssen bei den Elterngeldstellen – vormals Erziehungsgeldstellen – beantragt werden. Die Bundesländer legen die Behörden für Eltern- und Betreuungsgeld fest. Örtlich zuständig ist diejenige Behörde, in deren Bezirk der berechtigte Elternteil wohnt oder sich gewöhnlich aufhält.

Folgende Behörden sind für das Eltern- und Betreuungsgeld (nur Bayern) zuständig:

In *Bayern* das Zentrum Bayern Familie und Soziales in Augsburg, Bayreuth, Landshut, München, Nürnberg, Regensburg und Würzburg, in *Berlin* die Bezirksämter (Jugendämter), in *Brandenburg* die Landkreise und die Städte Brandenburg, Cottbus, Frankfurt/Oder, Potsdam und Schwedt, in *Bremen* das Amt für soziale Dienste Bremen (in Bremerhaven das Amt für Familie und Jugend), in *Hamburg* die Bezirksämter, in *Hessen* die Ämter für Versorgung und Soziales in Darmstadt, Frankfurt/Main, Fulda, Gießen, Kassel und Wiesbaden, in *Mecklenburg-Vorpommern* die Versorgungsämter in Neubrandenburg, Rostock, Schwerin und Stralsund, in *Niedersachsen* und *Nordrhein-Westfalen* die Landkreise und kreisfreien Städte, in *Rheinland-Pfalz* die Jugendämter der Kreis- und Stadtverwaltungen, in *Saarland* das Ministerium für Soziales, Gesundheit, Frauen und Familie mit der Elterngeldstelle in Saarbrücken, in *Sachsen* die Landkreise und kreisfreien Städte Chemnitz, Dresden und Leipzig, in *Sachsen-Anhalt* die Landkreise und kreisfreien Städte Dessau, Roßlau, Halle und Magdeburg, in *Schleswig-Holstein* die Außenstellen des Landesamtes für soziale Dienste Schleswig-Holstein in Heide, Kiel, Lübeck und Schleswig und in Thüringen die Jugendämter der Landkreise und kreisfreien Städte.

Unterhaltsvorschuss:

Die Länder bestimmen die verantwortliche Behörde. Zuständig für diese Leistung ist normalerweise das örtliche Jugendamt.

5. Der deutsche Sozialstaat im internationalen Vergleich

Die Position des deutschen Sozialstaates im internationalen Vergleich wird im Rahmen dieser Arbeit nur punktuell behandelt. Die folgenden Ausführungen sollen etwaige weitergehende Forschungen anregen, denn die vergleichende Wohlfahrtsstaatsforschung ist ein effizientes Verfahren zum besseren Verständnis von Wohlfahrts- bzw. Sozialstaaten und somit in der Lage, das gewonnene Wissen „zu analysieren und in eine systematisch vergleichenden Perspektive zu deuten, die die historischen, kulturellen und strukturellen Rahmungen sowie die eigentümlichen Wechselwirkungen sozialpolitischer Arrangements berücksichtigt“ [1].

Wir werden zunächst auf den Vergleich der Entwicklung des deutschen Sozialstaates mit Großbritannien, einen Wegbereiter des Sozial- bzw. Wohlfahrtsstaats des 19. Jahrhunderts, eingehen, anschließend den deutschen Sozialstaatstyp im Rahmen einer verallgemeinernden Typologie verorten sowie Bezüge zu einem europäischen Sozialmodell herstellen und schließlich Deutschland nochmals im Vergleich mit ausgewählten Industriestaaten beleuchten.

Ausgehend von der grundsätzlichen Feststellung, der „Sozial- oder Wohlfahrtsstaat ist eine genuin europäische ‘Erfindung’“[2], soll ein Vergleich des deutschen Sozialstaates mit anderen Staaten Gemeinsamkeiten wie auch Differenzen festmachen. Diese Methode erweist sich deswegen als reizvoll und erkenntnisfördernd, weil es keinen „Königsweg der Sozialpolitik und des Sozialstaates gibt“. Da Deutschland und Großbritannien neben den skandinavischen Staaten als „Pioniere des modernen Sozialstaates“ gelten, kann ein punktueller Vergleich zwischen der deutschen und britischen Sozialstaatsentwicklung aufschlussreich sein und gegebenenfalls Anstöße für mögliche Reformansätze in der Gegenwart und Zukunft geben.

Als Gemeinsamkeit für beide Länder ist zunächst festzuhalten, dass bei der Einführung sozialpolitischer Maßnahmen die Kritik an der jeweils bestehenden Armenfürsorge und deren anvisierte finanzielle Entlastung eine wichtige Rolle spielte. Weiterhin ist zu betonen, dass das Arbeits- und Sozialrecht in Deutschland von Anfang an im Vergleich zu Großbritannien einen höheren Stellenwert eingenommen hat. Die von Bismarck aus verschiedenen Motiven initiierte Sozialversicherung seit den 1880er Jahren wurde anders als in England zum „Grundpfeiler des deutschen Sozialstaates“[3]. So wurden in Deutschland bei der Unfallversiche-

---

[1] Marius Busemeyer, Bernhard Ebbinghaus, Stephan Leibfried, Nicole Mayer-Ahuja, Herbert Obinger, Birgit Pfau-Effinger (Hg.) Wohlfahrtspolitik im 21. Jahrhundert. Neue Wege der Forschung, Frankfurt/New York 2013, S. 22.

[2] Gerhard A. Ritter, Die Ursprünge des Sozialstaats in Deutschland und England vor dem Ersten Weltkrieg (Literaturbericht), in: Geschichte und Gesellschaft 2 (2008) S. 292 (auch das folgende Zitat) und zum britischen Wohlfahrtsstaat auch Franz-Xaver Kaufmann, Varianten des Wohlfahrtsstaats. Der deutsche Sozialstaat im internationalen Vergleich, Frankfurt a. M. 2003, S. 126–161.

[3] Ritter, Ursprünge, S. 294.

rung alle Unternehmen zur Teilnahme verpflichtet, während ein derartiger Zwang in England nicht bestand. Eine Krankenpflichtversicherung wurde in Deutschland 1883, in Großbritannien erst im Jahre 1911 eingerichtet, die Invaliditäts- und Altersversicherung folgte 1889 in Deutschland. Eine nur staatlich finanzierte, weitgehend einheitliche Altersrente ohne Einbeziehung der Invalidität und mit einer Bedürftigkeitsprüfung kam in Großbritannien hingegen erst 1908 zustande. Des Weiteren gab es seit 1911 in Deutschland für Angestellte eine gesonderte Versicherung, was in Großbritannien nicht der Fall war. Ein Vorreiter war England hingegen mit der Einrichtung einer – allerdings auf eine relativ kleine Gruppe von Arbeitern begrenzten – staatlichen Zwangsversicherung gegen Arbeitslosigkeit schon im Jahr 1911. Dies gelang in Deutschland erst 1927 in der Weimarer Republik. In England wurde dann nach dem Ersten Weltkrieg die Arbeitslosenversicherung auf nahezu alle Arbeiter ausgeweitet. Für Deutschland ist die Rolle der auf diesem Gebiet bis zum Ersten Weltkrieg aktiven Gewerkschaften in Rechnung zu stellen, außerdem war die Arbeitslosigkeit zumindest vor 1914 in Deutschland ein geringeres Problem.

Eine wesentliche Neuordnung erfuhr das System der sozialen Sicherung in Großbritannien nach dem Zweiten Weltkrieg durch den sog. Beveridge-Plan, während in (West)Deutschland im Prinzip an der von Bismarck eingeführten, auf Erwerbstätigkeit basierenden Sozialversicherung festgehalten wurde. Beveridge strebte eine Ausdehnung der Sozialversicherung bei Krankheit, Arbeitslosigkeit und Alter unter Einbeziehung von Kranken- und Mutterschaftsgeld auf nahezu alle Staatsbürger an. Einheitlich niedrige Standardbeiträge und einheitliche Renten ließen aber nur eine relativ bescheidene Rente zu. Organisatorisch wurden die verschiedenen Versicherungsarten zusammengefasst. Zur allgemeinen Sozialversicherung kam 1948 die Errichtung eines unentgeltlichen staatlichen Gesundheitsdienstes für alle Bürger, der aber seit den 1980er Jahren vermehrt durch private Krankenversicherungen ergänzt wurde. In Deutschland sind hingegen die Krankenkassen und die entsprechenden Leistungsanbieter für das Gesundheitswesen zuständig.

Im Unterschied zu Deutschland nehmen im britischen System der Alterssicherung neben der staatlichen Rente die Betriebsrenten oder andere private Zusatzversorgungen als zweite Säule der Alterssicherung einen wesentlich bedeutsameren Rang ein, da bald deutlich geworden war, dass die Grundrenten nicht zum Lebensunterhalt ausreichten und durch Leistungen der Sozialhilfe ergänzt werden mussten. Erst seit 1975 wurden nunmehr vom Lohn abhängige, differenzierte Beiträge von den Beschäftigten und ihren Arbeitgebern gezahlt, allerdings gibt es hier Höchstgrenzen für Arbeitnehmer und weitere Besonderheiten, die sich insgesamt vom deutschen Rentensystem unterscheiden. Das britische staatliche Alterssicherungssystem strebte nur die Mindestsicherung an, während in Deutschland insbesondere seit der Einführung der dynamischen Rente 1957 die Sicherung des Lebensstandards als Leitlinie fungierte.

Finanziert wird das britische System durch einkommensabhängige Sozialversicherungsbeiträge der Erwerbstätigen, wenn deren Einkommen die Beitragsbemessungsgrenze überschreitet. Ungefähr die Hälfte der Beiträge tragen die Arbeitgeber. Die Beiträge werden dabei insgesamt für die Sozialversicherung ohne Differenzierung nach Bereichen – im Unterschied zum deutschen System mit jeweils eigenständigen Beitragseinnahmen in den Zweigen der Sozialversicherung – entrichtet. Die soziale Mindestsicherung wird vollständig von Steuern finanziert wie auch zum größten Teil der nationale Gesundheitsdienst. Generell finanziert in Großbritannien der Staat in weitaus höherem Ausmaß die Kosten des Sozialstaates als in Deutschland. Es handelt sich somit beim britischen Wohlfahrtsstaatssystem um ein Mischsystem zwischen dem Sozialversicherungsprinzip und einer steuerfinanzierten Staatsbürgerversorgung.

Zusammenfassend ist beim Vergleich zwischen diesen beiden Pionieren der Sozialstaatsentwicklung festzuhalten, dass in Deutschland das Prinzip der Zwangssozialversicherung einen zentralen Gesichtspunkt bei der Einführung der Sozialgesetzgebung in den 1880er Jahren bildete, was in England erst mehr als zwanzig Jahre später Eingang fand. Weiterhin war bzw. ist die Differenzierung bei den einkommensabhängigen Beiträgen und Leistungen in Deutschland markant. Das britische System der sozialen Sicherung war von Anfang an und letztlich bis zur Gegenwart „bedarfsorientiert und grundsichernd“[4]. Des Weiteren ist es im Vergleich zu Deutschland zentralistisch organisiert, weniger verrechtlicht und umfasst die gesamte Erwerbsbevölkerung bzw. mittels des staatlichen Gesundheitsdienstes die gesamte Wohnbevölkerung.

Insgesamt war und ist das deutsche System der sozialen Sicherung kostspieliger als das britische. Beide Systeme blieben in ihrer Entwicklung – ungeachtet der mehrfachen politischen Umbrüche und Zäsuren in Deutschland – pfadabhängig, d. h. der weitere Ausbau bewegte sich in vorgegebenen Rahmen. Da das deutsche System im Vergleich zum britischen extrem erwerbsabhängig ist, wird es folgerichtig vom Wandel der Arbeitswelt – Stichwort u. a. atypische Beschäftigungsverhältnisse – stärker getroffen. Insofern ist eine punktuelle Verlagerung bestimmter sozialstaatlicher Aufgaben, beispielsweise die Mitversicherung von Kindern in der gesetzlichen, beitragsfinanzierten Krankenversicherung, auf die gesamte Gesellschaft und damit auf alle Steuerzahler durchaus eine stabilisierende sozialpolitische Reform.

---

[4] Bernd Schulte, Das „Europäische Sozialmodell“ zwischen Realität und Normativität, in: Ulrich Becker/Hans Günter Hockerts/Klaus Tenfelde (Hg.), Sozialstaat Deutschland. Geschichte und Gegenwart, Bonn 2010, S. 191.

„Da es ein einheitliches Modell moderner Sozialstaatlichkeit“[5] nicht gibt, stellt sich die Frage, welchem Typ der deutsche Sozialstaat im internationalen Vergleich zu zuordnen ist. Zur Einordnung des deutschen Sozialstaates im Rahmen eines systematischen und typologisierenden Versuchs sei auf die vieldiskutierten Ausführungen Esping-Andersens verwiesen.[6] Andersen unterschied im Blick auf die Varianten von Sozialstaaten bzw. Wohlfahrtsstaaten drei „Regime-Typen“: Nämlich einen liberalen oder angelsächsischen Typ, einen konservativen oder kontinentaleuropäischen Typ und schließlich einen sozialdemokratischen Typ aus Skandinavien. Im liberalen Typ sei der Markt als gestaltender Faktor noch am stärksten, es dominiere eher das Fürsorgeprinzip bei relativ niedrigen staatlichen Transferleistungen bzw. Leistungen der Sozialversicherung.

Beispielstaaten seien hier die USA und Großbritannien. Demgegenüber steht der sozialdemokratische Typ, der die Marktmacht weitgehend zurückdrängte. Seine Kennzeichen seien u. a. ein Universalismus, etwa wie in Schweden eine Volkspension für alle Bürger, weitgehende Steuerfinanzierung und ein hohes Niveau sozialer Leistungen sowie eine hohe Erwerbstätigkeit von Frauen bei ausgebauten öffentlichen Dienstleistungen. Eine mittlere Position wird schließlich dem konservativen Typ zugeschrieben, der in Ländern wie Österreich, Frankreich oder Deutschland vorherrsche. Hauptmerkmal sei hier die einkommensbezogene und beitragsfinanzierte, über die Erwerbstätigkeit zugängliche Sozialversicherung mit einer überwiegenden „Beitrags-Leistungs-Äquivalenz“, d. h. einkommensbedingte gesellschaftliche Unterschiede blieben bestehen. Soziale Dienste seien noch beschränkt ausgebaut und der Stellenwert der Familie rangiere hoch.

Die Kritik an diesem Dreiermodell verweist darauf, dass in der Realität Mischformen vorherrschten.[7] So beinhaltet der bundesdeutsche Sozialstaat mit seiner Einebnung vormaliger Unterschiede zwischen der Arbeiter- und der Angestelltenrentenversicherung universalistische Züge. Vom liberalen Sozialstaatstyp unterscheidet sich der deutsche Sozialstaat durch den umfassenden Schutz für fast die gesamte Bevölkerung und den hohen Stellenwert des Staates bei der Daseinsvorsorge. Abweichungen vom konservativen Typ bestehen in der Einbeziehung von

[5] Hans-Jürgen Puhle, Die „Konstruktion“ neuer Sozialstaaten in der Auseinandersetzung mit alten Modellen: „Pfadabhängigkeiten“, Entscheidungen und Lernprozesse, in: Ulrich Becker/Hans Günter Hockerts/Klaus Tenfelde (Hg.), Sozialstaat Deutschland. Geschichte und Gegenwart, Bonn 2010, S. 200 und S. 200 ff. (mit Verweisen auf die Modifizierungen bzw. Erweiterungen in Sozialstaaten auch außerhalb Europas).

[6] Vgl. Hockerts, Problemlöser, S. 338–341.

[7] Vgl. auch Gerhard A. Ritter, Probleme und Tendenzen des Sozialstaates in den 1990er Jahren, in: Geschichte und Gesellschaft 22 (1996) S. 394 Anm. 3, der in Bezug auf die Zuordnung Deutschlands zum konservativ-korporativen Typ auf die Umverteilung z. B. in der Krankenversicherung und in der Pflegeversicherung verweist, wo unterschiedliche Beiträge zu gleichen Leistungen führen, so dass man nicht wie Esping-Andersen behaupten könne, es gebe nur eine geringe Umverteilung; ähnlich argumentiert auch Schmidt, Sozialstaat, S. 37, der im deutschen Sozialstaat eine „Mixtur“ der Typen Esping-Andersens realisiert sieht.

weit über den Kreis der Arbeitnehmer hinausgehenden Bevölkerungsgruppen wie die Mitversicherung von Familienmitgliedern oder auch die Sozialstaatsfinanzierung zu gut einem Drittel aus öffentlichen Haushalten. Schließlich bestehen eindeutige Differenzen zum sozialdemokratischen Typ, denn neben dem Staat agieren auch die Sozialversicherungen und die Wohlfahrtsverbände und Unternehmen, letztere beispielsweise bei der betrieblichen Altersvorsorge. Eine Erweiterung auf fünf Sozialstaatstypen bringt Manfred G. Schmidt, der zum liberalen, konservativen und sozialdemokratischen Typ einen linkstotalitär-kommunistischen und einen rechtstotalitären Typ hinzufügt.[8]

Festzuhalten ist, dass sich die Grundprinzipien der verschiedenen Systeme der sozialen Sicherung im Prinzip bis in unsere Gegenwart erhalten haben, ungeachtet der in den Staaten stattgefundenen politischen Umbrüche und Regimewechsel. Daraus wird vielfach die Nachhaltigkeit der sog. Pfadabhängigkeit betont, also die Beibehaltung einmal getroffener Grundentscheidungen bei der Implementierung der Systeme der sozialen Sicherung auch im weiteren Prozess des Umbaus bzw. von Reformschritten. Jedoch kann im deutschen Fall durchaus auf manche Abweichungen vom „reinen" bzw. klassischen Sozialversicherungstyp etwa bei den oben skizzierten Reformen im Bereich des Arbeitsmarktes und in der Alterssicherung in den Jahren nach 2000 verwiesen werden. Angesichts struktureller Herausforderungen, die der Wohlfahrtsstaat seit den 1990er Jahren zu verarbeiten hat, scheinen Umbaumaßnahmen in Richtung beispielsweise mehr gesamtgesellschaftlicher Steuerfinanzierung unvermeidlich.

Der Wohlfahrtsstaat in Europa – in Deutschland wird der Begriff Sozialstaat bevorzugt – ist „historisch gesehen das Ergebnis der politisch-ökonomischen Entwicklung und der Urbanisierung im ausgehenden 19. Jahrhundert, die in der sozialen Frage ihren Niederschlag gefunden haben"[9]. Blickt man nun nicht nur auf Wohlfahrtsstaatsmodelle einzelner Staaten, sondern rückt eher das „Europäische Sozialmodell"[10] als Zielvorgabe in den Focus, so lassen sich bei aller Vielfalt unterschiedlicher Ordnungen, Kulturen und/oder Traditionen Gemeinsamkeiten konstatieren. Die Europäische Kommission zählt folgende Bereiche zum Europäischen Sozialmodell: Allgemeine und berufliche Bildung, Beschäftigung, Gesundheit, Wohlfahrt und Sozialschutz, Kollektivvereinbarungen der Sozialpartner und sozialen Dialog, Gesundheitsschutz und Arbeitsplatzsicherheit, Kampf gegen Rassismus und Diskriminierung. Dieses Sozialmodell fungierte in den 1980er Jahren im Übrigen auch als Gegenentwurf zum damals als neoliberal titulierten Wirtschafts- und Sozialsystem in den USA.

---

[8] Vgl. Schmidt, Sozialstaat, S. 64ff. (v.a. Tabelle 1 auf den Seiten 68–70).
[9] Schulte, „Europäische Sozialmodell", S. 176.
[10] Vgl. Schulte, „Europäische Sozialmodell", S. 171ff.

Wie erwähnt besteht bis heute eine Vielzahl unterschiedlicher Sozialschutzsysteme in den mittlerweile 28 Mitgliedstaaten der Europäischen Union und demzufolge ist auch bis heute keine nachhaltige Angleichung dieser nationalen Schutzsysteme zu erkennen. Es gibt somit keinen gemeinsamen europäischen Sozialstaat. Dennoch kann man einzelne Elemente von Wohlfahrtsstaatlichkeit konstatieren, die durchaus Gemeinsamkeiten aufweisen und als „*europäische Wohlfahrtsstaatlichkeit*“ und als „*Komponenten des Europäischen Sozialmodells*[11]“ zu fixieren sind. Folgende Elemente seien hier genannt:

Eine parlamentarische Demokratie als Grundlage, eine Marktwirtschaft als Wirtschaftssystem, ein Netz von privaten, informellen, familiären Unterhalts- und persönlichen Dienstleistungen, der Abbau von Diskriminierungen und die Förderung von Chancengleichheit und Bildung (Inklusion), das Staatsziel der Wohlfahrt der Staatsbürger, ein System sozialer Sicherheit und sozialen Schutz sowie Rechtsstaatlichkeit. Letzteres Element nimmt bekanntlich im deutschen Sozialstaat einen besonders hohen Stellenwert ein.

Rückt man nun zum Vergleich Elemente der Wohlfahrtsstaatlichkeit des deutschen Sozialmodells in den Mittelpunkt, so kann man folgende Aspekte hervorheben: (a) Die föderale Struktur – Bundesstaatlichkeit – und politisch differenzierte Entscheidungsebenen, also Sozialpolitik als Angelegenheit des Bundes (Zentralstaat), der Gliedstaaten (Bundesländer), der Kommunen und sonstiger rechtlich eigenständiger Anstalten und Körperschaften, (b) die Garantie der kommunalen Selbstverwaltung mit ihrer Zuständigkeit etwa in der Kinder- und Jugendhilfe oder der Sozialhilfe, (c) das System der sozialen Sicherheit mit den fünf Bereichen Kranken-, Unfall-, Renten-, Arbeitslosen- und Pflegeversicherung und deren Recht der Selbstverwaltung, (d) ein Netz privater und familiärer, informeller Leistungserbringer, (e) bedeutende Verbände der freien Wohlfahrtspflege und private Leistungserbringer und (f) der hohe Grad der Verrechtlichung in einem sozialen Rechtsstaat.

Aus einer historischen Perspektive gesehen nimmt Deutschland bei der Einführung der Sozialgesetzgebung mit den Sozialversicherungsgesetzen der 1880er Jahre weltweit einen Spitzenplatz ein. Alsbald folgten jedoch eine Reihe von Staaten wie Dänemark, Belgien, Österreich und Großbritannien, während die Vereinigten Staaten von Amerika – Unfallversicherung erst 1908, Renten- und Arbeitslosenversicherung erst 1935, Krankenversicherung für einen größeren Personenkreis erst 1965 –, Japan, Kanada und die Schweiz zu den Nachzüglern zählen.[12]

Insgesamt rangiert der deutsche Sozialstaat in der Gegenwart weltweit in der Spitzengruppe, bei Berücksichtigung der Größe des Sozialetats, dem Umfang der sozi-

[11] Schulte, „Europäische Sozialmodell“, S. 177 und S. 177f. (die folgende Aufzählung); vgl. zum deutschen Sozialstaat im europäischen Vergleich auch Krapf, Jahrhundertwende, S. 256ff.

[12] Vgl. Schmidt, Sozialstaat, S. 62f.

alpolitisch erfassten Risiken, der Höhe der Sozialleistungen und des Kreises der Adressaten.[13] Bezieht man sich auf die Sozialleistungsquote, also den Anteil der öffentlichen Sozialausgaben am Bruttoinlandsprodukt, so nimmt Deutschland im Jahr 2007 unter den 34 OECD-Staaten den 6. Rang hinter Frankreich, Schweden, Österreich, Belgien und Dänemark ein. Im Jahr 2015 lag die Sozialleistungsquote Deutschlands mit 29,2 % über dem Durchschnitt der Europäischen Union (29,0 %) und nahm dabei den 8. Rang ein.[14] An der Spitze standen Frankreich (33,9 %), Dänemark (32,3 %) und Finnland (31,6 %), während Rumänien (14,6 %), Litauen (14,9 %) und Lettland (15,6 %) und Estland (16,4 %) die Schlusslichter bildeten. In Bezug auf die Finanzierung der Sozialleistungen in der Europäischen Union wird auch die Frage nach dem jeweils vorherrschenden Typ aufgeworfen. Weit überwiegen die Finanzierungen aus Beiträgen, lediglich Irland wies einen hohen Anteil von Staatszuschüssen auf (Stand: 2014). Politisch ist der hohe Stand des deutschen Sozialstaates auch ein Ergebnis der Dominanz zweier großer Sozialstaatsparteien, die im Übrigen auf die ausgeprägte Nachfrage der Wähler nach einem voll ausgebauten Sozialstaat entsprechend reagieren.

Anhand international vergleichender Daten, die von der OECD publiziert wurden, kommt Manfred Schmidt beim Vergleich zwischen Deutschland, Schweden und den USA im Zeitraum von 1960 bis 2013 zu folgenden, etwas überraschenden Ergebnissen bzw. Antworthypothesen:[15]

Die USA sind in ihrer Wirtschafts- und Sozialordnung „europäischer" geworden, was auf den gewachsenen Bedarf an staatlichen Krisenmanagement seit der großen Finanzmarktkrise 2007/08, der allmählichen Alterung der amerikanischen Gesellschaft und daraus resultierendem verstärkten Sozialschutz für Ältere sowie die hohe soziale Ungleichheit, die mehr Nachfrage nach Sozialpolitik nach sich zieht, zurückzuführen sei. Schließlich spielen auch die sozialstaatsfreundlichere Partei der Demokraten und Präsident Obama eine eher den Sozialstaat förderliche Rolle. Allerdings bleibt ungeachtet der Bemühungen Barack Obamas (2008–2016) vor allem die Frage einer umfassenden Gesundheitsreform und einer Einbeziehung nahezu aller Bevölkerungsschichten in eine (west) europäischen Maßstäben entsprechenden Krankenversicherung weiterhin ungelöst.

Hingegen ist der Sozialstaat in Schweden im Laufe der letzten Jahrzehnte etwas liberalisiert worden, was vor allem auf tiefgreifende parteipolitische Änderungen zurückzuführen sei, denn es gelangten bürgerliche Parteien mit marktfreundliche-

[13] Vgl. dazu Schmidt, Sozialstaat, S. 62 ff.

[14] Vgl. Bundesministerium für Arbeit und Soziales (Hg.), Übersicht 2018 S. 1307 f.; Krapf, Jahrhundertwende, S. 257.

[15] Vgl. Manfred G. Schmidt, Noch immer auf dem „mittleren Weg"? Deutschland seit den 1990er-Jahren, in: Peter Masuch/Wolfgang Spellbrink/Ulrich Becker/Stephan Leibfried (Hg.), Grundlagen und Herausforderungen des Sozialstaats. Denkschrift 60 Jahre Bundessozialgericht. Eigenheiten und Zukunft von Sozialpolitik und Sozialrecht, Bd. 1, Berlin 2014, S. 235 ff.

ren, neoliberalen Ideen in Regierungsverantwortung, während die Sozialdemokratie ihre Hegemonialstellung verloren hat. Zusätzlich seien wohl die Grenzen der Abgabenbelastung und Abgabenbereitschaft der Bürger erreicht.

Deutschland verbleibt weiter auf einem „mittleren Weg“, wofür die Pfadabhängigkeit getroffener politischer Entscheidungen verantwortlich ist. Die Politik des mittleren Weges, an dem auch die wichtigen politischen Gruppierungen festhalten wollen, definiert Schmidt[16] anhand von vier charakteristischen Merkmalen: Die Priorität für Preisstabilität, ein gut ausgebauter Sozialstaat verbunden mit wirtschaftlicher Leistungskraft, ein mittelgroßer Interventionsstaat im Unterschied zu big government oder einem schlanken Staat und schließlich ein an Experten oder Verbände delegierender Staat anstelle eines Staatsmonopols bei der Regelung gemeinschaftlicher Aufgaben. Des Weiteren seien für diese Konstanz politisch-institutionelle Bedingungen ausschlaggebend, d. h. „Deutschland ist bekanntlich ein Land mit einer hohen Vetospieler- und Mitregentendichte“, wozu die Bundesländer, Koalitionspartner und das Bundesverfassungsgericht zählen.

Weil größere Reformvorhaben der Zustimmung des Bundestags und des Bundesrats bedürfen, wird letztendlich ein „Staat der Großen Koalition“ ohne Polarisierung den mittleren Weg bei sozialpolitischen Entscheidungen präferieren. Beispielhaft seien hier die sog. Hartzreformen aus der Amtszeit der rot-grünen Bundesregierung unter Bundeskanzler Schröder genannt, die durch die damalige parteipolitisch vom Bundestag abweichende Konstellation im Bundesrat manche Änderungen im Gesetzgebungsverfahren erfuhren.

Diese Ergebnisse zur Entwicklung des Wohlfahrtsstaates in 23 OECD-Staaten werden für den Zeitraum der letzten Jahrzehnte weitgehend bestätigt, denn insgesamt gesehen ist der Wohlfahrtsstaat gewachsen. Es hat zwar seit den 1990er Jahren eine Konsolidierung und ein teilweiser „sanfter Rückbau“ stattgefunden, von einem „massiven Abbau kann im Länderdurchschnitt nicht die Rede sein“[17]. Dieser Befund gilt auch für Deutschland.

[16] Vgl. Schmidt, Weg, S. 222f. und S. 237 (das folgende Zitat).

[17] Klaus Armingeon, Sozialpolitik in den Zeiten von permanenter Austerität, in: Die Zukunft des Sozialstaates (= 26. Bremer Universitäts-Gespräche), Bremen 2014, S. 12.

6. Ausblick: Der Sozialstaat in der Epoche der Globalisierung

Gestalt und Umfang des Sozialstaates befinden sich in einer nahezu permanenten Entwicklung. „Wohlfahrtsstaaten sind keine fixen Systeme, die Jahrhunderte überdauern, sondern unterliegen ständigem Wandel".[1] Der Sozialstaat insgesamt und im Besonderen auch der deutsche Sozialstaat sind somit keine statischen Gebilde. In ihnen wirken politische, gesellschaftliche und soziokulturelle Kräfte in zeitlich unterschiedlichen Phasen. Blickt man auf die europäische Entwicklung, so sieht sich der Wohlfahrtsstaat seit dem letzten Viertel des 20. Jahrhunderts grundsätzlichen *Herausforderungen* ausgesetzt:[2]

- Das Ende der Vollbeschäftigung seit der Mitte der 70er Jahre des letzten Jahrhunderts,
- der beschleunigte Wandel der Weltwirtschaft seit den 1990er Jahren unter dem Stichwort Globalisierung, d. h. ein intensivierter Austausch in den Geld-, Kapital- und Warenmärkten vor dem Hintergrund eines technologisch rasch voranschreitenden Informationsaustausches mit zunehmenden Wettbewerbsdruck in der Wirtschaft und verschärfter Standortkonkurrenz,
- ein daraus resultierender Kostendruck, der einen Sozialstaatsabbau einleitete bzw. einleiten könnte,
- die forcierte Politik der Deregulierung und Liberalisierung in der angelsächsischen Welt durch Reagan und Thatcher unter dem Schlagwort Neoliberalismus seit den 1980er Jahren,
- strukturelle Änderungen in der Wirtschaft infolge des Rückgangs industrieller Arbeit und gleichzeitigem, jedoch noch nicht zur Kompensation ausreichenden Wachstum bei den Dienstleistungen mit der Konsequenz einer strukturellen Arbeitslosigkeit,
- die Erosion des Normalarbeitsverhältnisses mit Folgen für ein auf kontinuierlicher Erwerbsarbeit basierendes System der sozialen Sicherheit,
- höhere Qualifikationserfordernis für Arbeitnehmer am Arbeitsmarkt wegen des Rückgangs standardisierter Produktion und mehr Flexibilisierung,

[1] Stephan Köppe; Peter Starke; Stephan Leibfried, Sozialpolitik. Konzepte, Theorien und Wirkungen, S. 17 (= ZeS-Arbeitspapier Nr. 06/2008). Die Autoren sprechen angesichts von Einschränkungen wie aber auch von Erweiterungen der sozialpolitischen Leistungen seit den 1980er Jahren nicht von Abbau, sondern vom Umbau des Wohlfahrtsstaates.

[2] Vgl. Hockerts, Problemlöser, S. 342–358; Schmidt. Sozialstaat, S. 75–89; Metzler, Sozialstaat, S. 236–246; Ritter, Soziale Frage, S. 133–136.

- eine wachsende Zahl wenig qualifizierter Arbeitskräfte in Verbindung mit Bildungsarmut[3],
- ein Wandel der Lebensformen etwa in Bezug auf die Familie (mehr Alleinerziehende, weniger Heiraten usw.),
- der demographische Wandel mit sinkenden Geburtenraten und steigender Lebenserwartung,
- eine punktuell einsetzende Europäisierung auch in der Sozialpolitik durch den Abbau von Diskriminierungen, durch den forcierten freien Binnenmarkt, also dem Abbau von nationalen rechtlichen Vorschriften und indirekt auch durch die finanzpolitischen Restriktionen mit Schuldenobergrenzen infolge der Euroeinführung und
- schließlich ein wachsender Migrationsdruck Richtung Europa und Deutschland im Besonderen aus unterentwickelten Regionen und Krisengebieten.

Zunächst sei kurz die Europäisierung der Sozialpolitik bzw. der Einfluss der Europäischen Union auf den Sozialstaat thematisiert. Inwieweit die fortschreitende europäische Integration die Grundlagen des – nationalen – Sozialstaates untergräbt, wird im Kontext der grundsätzlichen Frage nach nationalen Gestaltungmöglichkeiten bei einer intensivierten europäischen Gesetzgebungspolitik insbesondere nach dem Vertrag von Lissabon aus dem Jahr 2009 diskutiert.[4] Zunächst ist festzuhalten, die „EU hat bislang keinen europäischen Sozialstaat geschaffen"[5]. Hierfür sind mehrere Faktoren verantwortlich, nämlich erstens die großen Unterschiede der wirtschaftlichen und finanziellen Möglichkeiten der Mitgliedstaaten, zweitens unterschiedliche Sozialstaatsstrukturen und drittens die Interessen der jeweiligen Regierungen, selbst über ihre Sozialpolitik zu entscheiden.

Dennoch verfügt die Europäische Union über Einfluss auf die Sozialpolitik in den Mitgliedsländern. Diese sind im Kontext wirtschaftlicher Entscheidungen zum Ausbau des Binnenmarktes – dem freien Verkehr von Waren, Dienstleistungen, Kapital, Arbeit – und dem damit verbundenen Abbau etwaiger Wettbewerbsnachteile zu verankern. Es seien nur die Frage des gleichen Lohnes für Männer und Frauen, die Forcierung des Arbeitsschutzes – um hier Staaten mit gut ausgebautem Arbeitsschutz gegenüber weniger entwickelten Staaten nicht zu benachteiligen – und weitere Antidiskriminierungsgesetze gegen Ungleichbehandlungen aller Art

[3] Vgl. dazu Busemeyer, Ebbinghaus, Leibfried, Mayer-Ahuja, Obinger, Pfau-Effinger (Hg.) Wohlfahrtspolitik, S. 33 ff. die mit Blick auf die Bildungsarmut Umschichtungen innerhalb der sozialpolitischen Ausgabenfelder fordern und bei derartigen Maßnahmen präventiver Sozialpolitik auf möglichen Widerstand anderer Sozialstaatsklientel wie Rentnern verweisen, die auch als Wähler im politischen Entscheidungsprozess über eine Vetomacht verfügen.

[4] Vgl. dazu Ulrich Becker, Der Sozialstaat in der Europäischen Union, in: Ulrich Becker/Hans Günter Hockerts/Klaus Tenfelde (Hg.), Sozialstaat Deutschland. Geschichte und Gegenwart, Bonn 2010, S. 313 ff.; Schmidt, Sozialstaat, S. 80–86.

[5] Schmidt, Sozialstaat, S. 81.

erwähnt. Hier wird somit die Kompetenz nationaler Regierungen zur eigenständigen Regulierung der jeweiligen Wirtschafts- und Sozialordnung tangiert. Mehr auf indirekte Weise kann die Europäische Union nationale Sozialpolitik beeinflussen, wenn man etwa die Verschuldungsobergrenzen im Gefolge der Einführung einer gemeinsamen Währung bedenkt, wodurch der finanzielle Spielraum auch bei dem traditionell großen Sozialetatposten innerhalb des gesamten Haushalts in den jeweiligen Mitgliedsländern eingeengt wird.

Somit lässt sich konstatieren: „Gefährdungen" für den – zumindest bisher nationalstaatlich verfassten – Sozialstaat werden im Kontext der weiter verstärkten Bemühungen um eine Europäisierung des Wirtschaftsrechts bzw. der fortschreitenden Vereinheitlichung auf europäischer Ebene, was einen verschärften Wettbewerbsdruck durch den Binnenmarkt zur Folge hat, festgemacht. Diese integrativen Bestrebungen beanspruchen eine umfassende Geltung und tangieren somit auch auf das Sozialrecht. Der Einfluss „supra-nationaler Organisationen" wie insbesondere die Europäische Union auf den nationalen Sozialstaat sei wohl bisher in den Mitgliedstaaten noch begrenzt, auch weil der Wohlfahrtsstaat die überwiegende Bevölkerungsmehrheit hinter sich habe, jedoch sei ein weiterer Ausbau eher nicht zu erwarten. Verantwortlich dafür zeichne ein Spardruck im Kontext der Einführung einer gemeinsamen Währung und den entsprechenden Maastricht-Kriterien einschließlich des Stabilitäts- und Wachstumspaktes seit 1996. Dies sei ein Beleg dafür, dass indirekte EU-Entscheidungen auf nichtsozialpolitischem Gebiet die „sozialpolitischen Handlungsspielräume nationaler Regierungen und Parlamente" durch die „vertraglich legitimierte geldpolitische Kompetenz der EU"[6] einengten. Dieser Befund hat sich infolge der großen Finanz- und Staatsschuldenkrise 2008 noch verstärkt, denn nun verlangen Schuldenbremsen eine intensivierte Haushaltsdisziplin, die sich auch auf die sozialen Etatposten einengend auswirkt.

Auf die Etappen der Entwicklung zu einer gemeinsamen europäischen Sozialpolitik brauchen wir hier nicht weiter eingehen[7]. Insgesamt wird jedoch betont, dass trotz der sich seit den 1970er Jahren verstärkten sozialpolitischen Bemühungen innerhalb der Europäischen Gemeinschaft derartige übernationale Kompetenzen weiterhin zurückhaltend formuliert und exekutiert worden seien. So sei beispielsweise eine „Harmonisierung der Gesundheitspolitik" ausgeschlossen. Der soziale Schutz verbleibe weiterhin im Zuständigkeitsbereich der einzelnen Staaten, der „Sozialstaat ist nicht nur eine nationale Errungenschaft, sondern soll auch weiterhin eine nationale Angelegenheit sein"[8]. Positiv könne sogar darauf insistiert werden, dass angesichts der demographischen Entwicklungen und der fortschreiten-

[6] Armingeon, Austerität, S. 15.

[7] Vgl. dazu die knappen Ausführungen bei Schulte, „Europäische Sozialmodell", S. 180–183 und Becker, Sozialstaat, S. 314 ff.

[8] Becker, Sozialstaat, S. 317.

den Internationalisierung – Stichwort Globalisierung – ein europäischer Einigungsprozess einen gemeinsamen Block ermögliche, um diesen Herausforderungen adäquat und besser begegnen zu können. Angesichts des enormen Wirtschaftsaufschwungs Chinas und – zögerlicher – Indiens und des weiterhin hohen Stellenwerts der US-amerikanischen Wirtschaft kann die Notwendigkeit der – gemeinsamen – Behauptung Europas in der Weltwirtschaft nur untermauert werden.

Nachhaltiger als die Europäisierung der Sozialpolitik tangieren den Zustand und die Perspektiven des Sozialstaates die oben skizzierten sozialökonomischen „Megatrends“[9], in deren Sog der Sozialstaat seit den 1990er Jahren geraten ist. Krisensymptome wie hohe Arbeitslosigkeit und nachlassendes Wirtschaftswachstum belasten den Sozialstaat doppelt, denn zum einen vermindern sich die Einnahmen und zum anderen steigt die Nachfrage nach sozialen Leistungen insbesondere in der Arbeitslosenversicherung. Dazu kommt eine zunehmende prekäre Beschäftigung, wachsende soziale Ungleichheit, Haushaltsdefizite und die demographische Entwicklung und Alterung der Gesellschaft. Gerade letzterer Gesichtspunkt betrifft Deutschland neben Italien und Japan besonders und führt zu einer steigenden Rentenbelastung sowie höheren Aufwendungen für Krankheit und Pflege. Diese Problemfelder und Herausforderungen für den Sozialstaat und das System der Sozialversicherung müssen bewältigt werden.[10]

Bevor wir einzelne Themenkomplexe der Debatten um die Reform bzw. den Umbau des Sozialstaates erörtern, halten wir wesentliche strukturelle Auswirkungen des Wandels auf den Sozialstaat seit dem ausgehenden 20. Jahrhundert fest:[11]

Zunächst bewirkte *erstens* das nachlassende Wirtschaftswachstum eine Schrumpfung der finanziellen Verteilungsspielräume in den öffentlichen Haushalten mit Folgen für die nationalstaatlichen sozialen Sicherungssysteme, dann verschärfte *zweitens* die Standortkonkurrenz die Spielräume nationaler Sozialpolitik, denn die Internationalisierung von Finanz- und Kapitalmärkten ermöglichte den Unternehmen ihren Produktionsstandort mobil zu gestalten und zu verlegen – im Unterschied zu den immobil bleibenden Arbeitskräften. Damit ist zweifelsohne eine Stärkung der Kapitalseite eingetreten, man denke auch an die anhaltenden aktuellen Diskussionen über die Besteuerung multinationaler Konzerne. *Drittens* verlangt das Altern der Gesellschaft ihren Preis, denn höheres Alter zieht steigende Ausgaben im Gesundheitswesen und in der Alterssicherung nach sich. Des Weiteren belastet *viertens* die gewachsene Arbeitslosigkeit zum einen die Ausgabenseite des Sozialstaates und vermindert gleichzeitig dessen Einnahmebasis durch sinkende Beitragseinnahmen. *Fünftens* hat der Wandel der Familienstrukturen einen

9 Neumann/Schaper, Sozialordnung, S. 14; vgl. auch Hockerts, Einleitung, S. 15.

10 Vgl. dazu Neumann/Schaper, Sozialordnung, S. 167ff. mit ausführlicher Darlegung der Problemkonstellationen.

11 Vgl. Hockerts, Problemlöser, S. 348f.

Rückgang bisher von der Familie geleisteter, unbezahlter sozialer Dienste zur Konsequenz und *sechstens* war der bisher auf kontinuierliche Erwerbsarbeit und kalkulierbare Normallebensentwürfe zugeschnittene Sozialstaat mit neuen Armutsrisiken und anderen Bedarfen zunächst überfordert.

Man spricht nun, insbesondere aus konservativer und liberaler Perspektive, von der „Krise“ des Sozialstaats bzw. den „Grenzen des Sozialstaats“.[12] Der teure Sozialstaat wird als Wachstumsbremse abgewertet, er vermindere die Konkurrenzfähigkeit der Wirtschaft wegen seiner hohen Kosten und behindere Innovationen sowie Mobilität und Flexibilität auf dem Arbeitsmarkt. In Deutschland fand sich zudem eine spezifische Problemkonstellation durch die Wiedervereinigung und deren auch sozialpolitischen Implikationen, denn die „hoch problematischen Seiten der Einigungspolitik“[13], also die Abwälzung eines großen Teils der Kosten der Einheit auf die Sozialversicherung, sind in Rechnung zu stellen. Dadurch stieg die Beitragslast für Arbeitnehmer und Arbeitgeber, d. h. auch die Arbeitskosten.

Die Forderung nach einem grundlegenden Umbau[14] des Sozialstaates und die Diskussionen über mögliche Alternativen zeigen im Übrigen, wie verschieden – mit Blick auf die oben diskutierten Sozialstaatstypen – die Ausgestaltungen des Sozialstaates alleine in Europa sind und in welchem Ausmaß die „einmal eingeschlagenen Pfade“[15] der Sozialstaatsentwicklung etwaige Reformauswege beeinträchtigen können. So führen unsichere, „prekäre“ Beschäftigungsverhältnisse bei einem auf möglichst durchgehender Erwerbstätigkeit basierenden Alterssicherungssystem zwangsläufig zu niedrigeren Renten und gegebenenfalls sogar zu Altersarmut. Ein mögliches Gegensteuern müsste wohl den „Pfad“ des Versicherungsprinzips verlassen und anderweitige, gesamtgesellschaftliche Lösungen jenseits bzw. in Ergänzung der gesetzlichen Rentenversicherung anvisieren.

Blickt man auf Lösungsansätze im Umgang mit diesen Herausforderungen, so werden verschiedene Aspekte diskutiert. Zunächst ist umstritten, inwieweit eine Zuwanderung die demographische Alterung und die damit verbundene Schmälerung der Basis des auf Erwerbsarbeit fußenden Systems der sozialen Sicherheit „pfadgemäß“ aufhalten kann. Es werden die „Kosten“ der Zuwanderung, die gesellschaftliche Aufnahmekapazität und –fähigkeit in einem umfassenderen Sinn problematisiert. Eine weitere denkbare demographische Strategie wäre eine anzustrebende höhere Geburtenrate, die man durch familienpolitische Maßnahmen wie etwa dem Elterngeld auch fördern wollte, was bislang keinen Erfolg zeigt.

---

[12] Vgl. Hockerts, Problemlöser, S. 349 ff.; Franz-Xaver Kaufmann. Sozialpolitisches Denken. Die deutsche Tradition, Frankfurt a. M. 2003, S. 173–180.

[13] Hockerts, Problemlöser, S. 356.

[14] Vgl. dazu auch die knappen und prägnanten Ausführungen bei Ritter, Ursprünge, S. 292.

[15] Ritter, Ursprünge, S. 292.

In der Rentenversicherung sind wir mit dem Problem des Generationenvertrags und des Umgangs mit den davon profitierenden Kinderlosen konfrontiert. Man spricht angesichts verschiedener rentenpolitischer Eingriffe in den Jahren 1992, 1997, 2001, 2004 und 2007 zur Absenkung des Rentenniveaus bereits vom „Abschied von der dynamischen Rente". So wurde 2001 beschlossen, dass der Beitragssatz in der Rentenversicherung bis zum Jahr 2020 die Marke von 20% bzw. bis zum Jahr 2030 die Marke von 22% nicht überschreiten soll. Im Jahr 2007 schließlich legte man fest, dass das Rentenniveau vor Steuern 46% bis 2020 und 43% bis 2030 nicht unterschreiten soll. Damit wurde ein „Paradigmenwechsel in der Rentenpolitik"[16] eingeleitet, nämlich ein Übergang von der bisher am Rentenniveau orientierten Politik zu einer am Beitragssatz und damit an den Einnahmen ausgerichteten Alterssicherungspolitik. Ebenfalls wurde die stufenweise Anhebung der Regelaltersgrenze von 65 auf 67 Jahren 2007 beschlossen, eine Maßnahme, die auch angesichts der kontinuierlich zunehmenden Lebenserwartung durchaus nachvollziehbar ist.

Eine umfangreichere Einbeziehung von kapitalbasierten Anteilen der Alterssicherung (Stichwort: Riesterrente) sollte angesichts der Unsicherheiten des Kapitalmarktes als neue Säule der Alterssicherung kritisch betrachtet werden. Zusätzlich trug die Finanzkrise 2008 wohl kaum zu mehr Vertrauen in diese Form der Alterssicherung bei. In diesem Kontext gehört des Weiteren die Debatte um die Finanzierung der gesetzlichen Rentenversicherung, also die Frage der Umlagefinanzierung versus Kapitaldeckung. Befürworter derartiger Umbaupläne rücken die Belastung durch steigende Sozialversicherungsbeiträge und damit höheren sog. Lohnnebenkosten, die auf den Faktor Arbeit lasten und damit zu teuren Arbeitsplätze führen, in den Mittelpunkt. Allerdings ist kaum zu bestreiten, dass eine kapitalgedeckte Alterssicherung von wirtschaftlichen Krisen ähnlich wie die beitragsfinanzierte Rentenversicherung betroffen ist und somit keinesfalls einen „sicheren Hafen" darstellt.

Die Debatten zur Krankenversicherung thematisieren die Kostenexpansion im Gesundheitsbereich, die Art der Einnahmemethoden – Stichwort Bürgerversicherung oder Kopfprämie –, die Kosten für Arzneimittel, die demographische Entwicklung, d.h. mehr Ältere verursachen höhere Kosten, den medizinischen Fortschritt, die Zukunft der Krankenhäuser, aber auch die Chancen eines wachsenden Arbeitsmarktes im Gesundheitswesen.[17] Die vielfältigen, oben bereits erwähnten Reformmaßnahmen haben letztendlich keinen Bremseffekt erzielen können. Hier sind die zahlreichen Akteure – Ärzteschaft, Apotheken, Pharmaindustrie, Krankenkassen usw. – und auch die unterschiedlichen politischen Entscheidungsebenen

[16] Schmidt, Sozialstaat, S. 92.

[17] Vgl. dazu Neumann/Schaper, Sozialordnung, S. 222 ff. mit ausführlicher Darlegung der Problemkonstellationen.

vom Bund über die Länder bis zu den Kommunen mit ihren jeweiligen Interessenlagen in Rechnung zu stellen. Zugleich sollte jedoch auch die zunehmende Bedeutung eines wachsenden Gesundheitswesens im Hinblick auf die Schaffung neuer Dienstleistungsarbeitsplätze nicht unterschätzt werden.

Eingeleitete Arbeitsmarktreformen betrafen in Deutschland die Komplexe „fördern und fordern“, vor allem implementiert in der Kanzlerschaft Gerhard Schröders mit den bereits erwähnten „Hartzreformen“. Die Zusammenlegung von bisheriger Arbeitslosenhilfe und Sozialhilfe sollte die Integration erwerbsfähiger, bislang vielfach aus unterschiedlichen Gründen dem Arbeitsmarkt nur bedingt zur Verfügung stehender Personen, ermöglichen. Hier sei insbesondere an die Integration der sog. Langzeitarbeitslosen gedacht, also diejenigen erwerbsfähigen Personen, die mindestens ein Jahr arbeitslos sind. „Hartz IV“ bedeutete aber auch eine Absenkung von Leistungen für Arbeitslose, denn zumeist lag die bis dahin gewährte Arbeitslosenhilfe über der neuen Sozialhilfeleistung des Arbeitslosengeldes II („Grundsicherung“). Inwieweit diese Arbeitsmarktreformen tatsächlich für die anhaltend positive Arbeitsmarktentwicklungen in Deutschland verantwortlich sind, ist umstritten.

Zur Aktivierungspolitik sollte darüber hinaus eine angemessene und früh einsetzende Bildungspolitik gehören, die bereits in den Formphasen der frühkindlichen Bildung die Weichen in Richtung eines angemessenen Bildungsniveaus stellt. Mit Blick auf die Bekämpfung von Armut in Deutschland verweist Hockerts neben der materiellen Armut auf die Bildungs- und Erziehungsarmut, die weit verbreitet sei und als wesentlicher Faktor im Kontext sozialer Ungleichheit fungiere. Da gerade in Deutschland die Bildungswege erheblich von den sozialen Herkunftsverhältnissen abhängen und demzufolge auch die berufliche Bildung und damit den Stellenwert auf dem Arbeitsmarkt bestimmen, „ist es eine vordringliche, vielleicht sogar die entscheidende gesellschaftspolitische Aufgabe, die Ungleichheit der Bildungschancen zu verringern und Bildungsarmut abzubauen“[18]. Damit wird auch nachhaltig unterstrichen, dass Bildungspolitik unverzichtbarer Bestandteil des Sozialstaates ist. Die Wohlfahrtsstaatsforschung muss demzufolge den bisher dominierenden Blick auf Transfer- und Sachleistungssysteme und Arbeits- und Sozialrecht durch die Einbeziehung der Bildungspolitik erweitern, denn Bildung ist ein „zentraler Bestandteil des sozialen Interventionsstaates“[19].

Gegen eine vorschnell behauptete Kritik an einem – vermeintlich weitreichenden Sozialstaatsabbau – wendet eine neuere Untersuchung zu Recht ein, dass Deutschland „einen ausgebauten Sozialstaat [hat]. Die Behauptung, heute sei davon nur noch ein ‘Suppenküchensozialstaat’ übriggeblieben, ist empiriefreie Empö-

[18] Hans Günter Hockerts, Soziale Ungleichheit im Sozialstaat, in: ders., Der deutsche Sozialstaat. Entfaltung und Gefährdung seit 1945, Göttingen 2011, S. 291.

[19] Busemeyer, Ebbinghaus, Leibfried, Mayer-Ahuja, Obinger, Pfau-Effinger (Hg.) Wohlfahrtspolitik, S. 39.

rung."[20] Die Gefahren und Risiken eines derartigen Niedergangsdiskurses, gerade vor dem Hintergrund (rechts)populistischer Wahlerfolge und auch höchst aktuell in der sog. Coronakrise, liegen darin, wenn der Sozialstaat angeblich so wenig bewirke, „lohnt es ja kaum noch, „ihn zu verteidigen". Letztlich diskreditiere der Niedergangskurs den Sozialstaat und „ist schädlich für die Armen". Georg Cremer ist beizupflichten, „weniger Empörung und mehr nüchterne Analyse ist gefordert", denn „Deutschland ist gerechter, als wir meinen, aber es kann noch gerechter werden".

Alles in Allem bedarf es somit auch in der Zukunft eines funktionierenden Sozialstaats, denn der „Markt" kann keinen sozialen Ausgleich herstellen. Ein Korrektiv durch einen aktivierenden und solidarischen (Sozial)Staat bleibt für die Integration moderner Gesellschaften auch und gerade in Zeiten der Globalisierung unverzichtbar. Insofern ist dem Fazit des Historikers Gerhard A. Ritter zuzustimmen: „Insgesamt wird man dem demokratischen Sozialstaat – bei aller Verschiedenheit seiner Ausprägung in Ländern und Zeitepochen – bescheinigen können, daß er zur Hebung des Wohlstands, zur besseren sozialen Absicherung des einzelnen Bürgers, zur Entschärfung sozialer Spannungen und zu mehr Gleichheit in der Gesellschaft beigetragen hat."[21]

[20] Georg Cremer, Deutschland ist gerechter als wir meinen. Eine Bestandsaufnahme, München 2018, S. 230; ebenda und ebenda, S. 237 und S. 238 (die folgenden Zitate); vgl. auch ausführlicher zur Standortbestimmung des deutschen Sozialstaates seit 2000 Krapf, Jahrhundertwende, S. 342 ff.

[21] Ritter, Sozialstaat, S. 219.

Literatur

Armingeon, Klaus: Sozialpolitik in den Zeiten von permanenter Austerität, in: Die Zukunft des Sozialstaates (= 26. Bremer Universitäts-Gespräche), Bremen 2014, S. 9–20

Bäcker, Gerhard: Dauerbaustelle Sozialstaat. Chronologie gesetzlicher Neuregelungen in der Sozialpolitik 1998 bis 2019, Duisburg 2020 (http://www.sozialpolitik-aktuell.de/tl_files/sozialpolitik-aktuell/_Politikfelder/Sozialstaat/Chronik_Dauerbaustelle/Dauerbaustelle.pdf)

Becker, Ulrich/Hockerts, Hans Günter/Tenfelde, Klaus: Einleitung, in: dies. (Hg.), Sozialstaat Deutschland. Geschichte und Gegenwart, Bonn 2010, S. 7–13

Becker, Ulrich: Der Sozialstaat in der Europäischen Union, in: Becker, Ulrich/Hockerts, Hans Günter/Tenfelde, Klaus, (Hg.), Sozialstaat Deutschland. Geschichte und Gegenwart, Bonn 2010, S. 313–335

Bundesministerium für Arbeit und Soziales (Hg.), Übersicht über das Sozialrecht 2015/2016, Nürnberg 2015[12]

Bundesministerium für Arbeit und Soziales (Hg.), Übersicht über das Sozialrecht 2018/2019, Nürnberg 2015[15]

Bundesministerium für Arbeit und Soziales (Hg.), Sozialbudget 2018, Bonn 2019

Busemeyer, Marius, Ebbinghaus, Bernhard, Leibfried, Stephan, Mayer-Ahuja, Nicole, Obinger, Herbert, Pfau-Effinger, Birgit (Hg.): Wohlfahrtspolitik im 21. Jahrhundert. Neue Wege der Forschung, Frankfurt/New York 2013

Cremer, Georg: Deutschland ist gerechter als wir meinen. Eine Bestandsaufnahme, München 2018

Ebert, Thomas: Die Zukunft des Generationenvertrags, Bonn 2018

Hockerts, Hans Günter: Einleitung, in: ders., Der deutsche Sozialstaat. Entfaltung und Gefährdung seit 1945, Göttingen 2011, S. 7–20

Hockerts, Hans Günter: Metamorphosen des Wohlfahrtsstaats, in: ders., Der deutsche Sozialstaat. Entfaltung und Gefährdung seit 1945, Göttingen 2011, S. 139–149

Hockerts, Hans Günter: Integration der Gesellschaft: Gründungskrise und Sozialpolitik in der frühen Bundesrepublik, in: ders., Der deutsche Sozialstaat. Entfaltung und Gefährdung seit 1945, Göttingen 2011, S. 23–42

Hockerts, Hans Günter: Das Gewicht der Tradition: Die deutsche Nachkriegssozialpolitik und der Beveridge-Plan, in: ders., Der deutsche Sozialstaat. Entfaltung und Gefährdung seit 1945, Göttingen 2011, S. 43–70

Hockerts, Hans Günter: Wie die Rente steigen lernte: Die Rentenreform 1957, in: ders., Der deutsche Sozialstaat. Entfaltung und Gefährdung seit 1945, Göttingen 2011, S. 71–85

Hockerts, Hans Günter: Im Zenit der staatlichen Wohlfahrtsproduktion: Die Reformära 1966–1974, in: ders., Der deutsche Sozialstaat. Entfaltung und Gefährdung seit 1945, Göttingen 2011, S. 181–201

Hockerts, Hans Günter: Vom Nutzen und Nachteil parlamentarischer Parteienkonkurrenz: Die Rentenreform 1972, in: ders., Der deutsche Sozialstaat. Entfaltung und Gefährdung seit 1945, Göttingen 2011, S. 150–180

Hockerts, Hans Günter: Vom Problemlöser zum Problemerzeuger? Der Sozialstaat im 20. Jahrhundert, in: ders., Der deutsche Sozialstaat. Entfaltung und Gefährdung seit 1945, Göttingen 2011, S. 325–358

Hockerts, Hans Günter: Abschied von der dynamischen Rente. Über den Einzug der Demographie und der Finanzindustrie in die Politik der Alterssicherung, in: ders., Der deutsche Sozialstaat. Entfaltung und Gefährdung seit 1945, Göttingen 2011, S. 294–324

Hockerts, Hans Günter: Grundlinien und soziale Folgen der Sozialpolitik in der DDR, in: ders., Der deutsche Sozialstaat. Entfaltung und Gefährdung seit 1945, Göttingen 2011, S. 224–248

Hockerts, Hans Günter: Soziale Errungenschaften? Zum sozialpolitischen Legitimitätsanspruch der zweiten deutschen Diktatur, in: ders., Der deutsche Sozialstaat. Entfaltung und Gefährdung seit 1945, Göttingen 2011, S. 249–266

Hockerts, Hans Günter: Soziale Ungleichheit im Sozialstaat, in: in: ders., Der deutsche Sozialstaat. Entfaltung und Gefährdung seit 1945, Göttingen 2011, S. 285–293

Kaufmann, Franz-Xaver: Sozialstaat als Kultur. Soziologische Analysen II, Wiesbaden 2015

Kaufmann, Franz-Xaver: Sozialwissenschaften, Sozialpolitik und Sozialrecht, in: Masuch, Peter/Spellbrink, Wolfgang/Becker, Ulrich/Leibfried, Stephan (Hg.): Grundlagen und Herausforderungen des Sozialstaats. Denkschrift 60 Jahre Bundessozialgericht. Eigenheiten und Zukunft von Sozialpolitik und Sozialrecht, Bd. 1, Berlin 2014, S. 777–811

Kaufmann, Franz-Xaver: Sozialpolitisches Denken. Die deutsche Tradition, Frankfurt a.M. 2003

Kaufmann, Franz-Xaver: Varianten des Wohlfahrtsstaats, Der deutsche Sozialstaat im internationalen Vergleich, Frankfurt a.M. 2003

Köppe, Stephan; Starke, Peter; Leibfried, Stephan: Sozialpolitik. Konzepte, Theorien und Wirkungen (= ZeS-Arbeitspapier Nr. 06/2008)

Krapf, Manfred: Der deutsche Sozialstaat seit der Jahrhundertwende. Von den Reformen nach 2000 bis zur Gegenwart, Darmstadt 2019

Leibfried, Stephan: Der Wohlfahrtsstaat: Ursprünge, Entwicklungen, Herausforderungen. Eine vergleichende Hinführung, in: Masuch, Peter/Spellbrink, Wolfgang/Becker, Ulrich/Leibfried, Stephan (Hg.): Grundlagen und Herausforderungen des Sozialstaats. Denkschrift 60 Jahre Bundessozialgericht. Eigenheiten und Zukunft von Sozialpolitik und Sozialrecht, Bd. 1, Berlin 2014, S. 3–20

Metzler, Gabriele: Der deutsche Sozialstaat. Vom bismarckschen Erfolgsmodell zum Pflegefall, Stuttgart/München 2003

Model, Otto/Creifelds, Carl: Staatsbürger-Taschenbuch. Alles Wissenswerte über Europa, Staat, Verwaltung, Recht und Wirtschaft, Bonn 2012[33]

Neumann, Lothar F./Schaper, Klaus: Die Sozialordnung der Bundesrepublik Deutschland, Bonn 2008[5]

Nullmeier, Frank: Die Sozialstaatsentwicklung im vereinten Deutschland. Sozialpolitik der Jahre 1990 bis 2014, in: Masuch, Peter/Spellbrink, Wolfgang/Becker, Ulrich/Leibfried, Stephan (Hg.): Grundlagen und Herausforderungen des Sozialstaats. Denkschrift 60 Jahre Bundessozialgericht. Eigenheiten und Zukunft von Sozialpolitik und Sozialrecht, Bd. 1, Berlin 2014, S. 181–199

Puhle, Hans-Jürgen: Die „Konstruktion" neuer Sozialstaaten in der Auseinandersetzung mit alten Modellen: „Pfadabhängigkeiten", Entscheidungen und Lernprozesse, in: Becker, Ulrich/Hockerts, Hans Günter/Tenfelde, Klaus (Hg.): Sozialstaat Deutschland. Geschichte und Gegenwart, Bonn 2010, S. 197–212

Ritter, Gerhard A.: Probleme und Tendenzen des Sozialstaates in den 1990er Jahren, in: Geschichte und Gesellschaft 22 (1996) S. 393–408

Ritter, Gerhard A.: Über Deutschland. Die Bundesrepublik in der deutschen Geschichte, München 1998

Ritter, Gerhard A.: Soziale Frage und Sozialpolitik in Deutschland seit Beginn des 19. Jahrhunderts, Opladen 1998

Ritter, Gerhard A.: Der Sozialstaat. Entstehung und Entwicklung im internationalen Vergleich, München 1991[2]

Ritter, Gerhard A.: Die Ursprünge des Sozialstaats in Deutschland und England vor dem Ersten Weltkrieg, in Geschichte und Gesellschaft 2 (2008) S. 292–300

Schmidt, Manfred G.: Sozialpolitik in Deutschland. Historische Entwicklung und internationaler Vergleich, Wiesbaden 2005[3]

Schmidt, Manfred G.: Der Deutsche Sozialstaat. Geschichte und Gegenwart, München 2012

Schmidt, Manfred G.: Noch immer auf dem „mittleren Weg"? Deutschland seit den 1990er-Jahren, in: Masuch, Peter/Spellbrink, Wolfgang/Becker, Ulrich/Leibfried, Stephan (Hg.): Grundlagen und Herausforderungen des Sozialstaats. Denkschrift 60 Jahre Bundessozialgericht. Eigenheiten und Zukunft von Sozialpolitik und Sozialrecht, Bd. 1, Berlin 2014, S. 221–240

Schulte, Bernd: Das „Europäische Sozialmodell" zwischen Realität und Normativität, in: Becker, Ulrich/Hockerts, Hans Günter/Tenfelde, Klaus (Hg.): Sozialstaat Deutschland. Geschichte und Gegenwart, Bonn 2010, S. 171–195

Starke, Peter: Krisen und Krisenbewältigung im deutschen Sozialstaat: Von der Ölkrise zur Finanzkrise von 2008 (= ZeS-Arbeitspapier Nr. 02/2015)

Süß, Winfried: Die Geschichte der Sozialpolitik als Teil der Neueren und Neuesten Geschichte/Zeitgeschichte, in: Deutsche Rentenversicherung 1 (2015) S. 110–118

Walwei, Ulrich: Hartz IV – Gesetz, Grundsätze, Wirkung, Reformvorschläge, in: APUZ 44–45 (2019) S. 12–21

Wehler, Hans-Ulrich: Deutsche Gesellschaftsgeschichte. Bd. 5: Bundesrepublik und DDR 1949–1990, München 2008

Sachregister

Vorbemerkung: Die Begriffe Sozialstaat, Sozialpolitik, Sozialversicherung einschließlich Arbeitslosen-, Kranken-, Pflege-, Renten- und Unfallversicherung werden hier nicht angeführt

A

B

D

E

F

G

H

I

J

K

M

N

O

P

R

S

T

U

V

W

Z